Markus Decker

Was ich dir immer schon
mal sagen wollte

Markus Decker

Was ich dir immer schon mal sagen wollte

Ost-West-Gespräche Ch. Links Verlag

Für meinen Vater

FOTONACHWEIS
Sämtliche Fotos in diesem Band sind von Markus Wächter – bis auf
jenes von Margitta Hollick und Stefan Vesper (Andreas Stedtler)
und das von Robert Koall und Frank Richter (Daniel Koch).

Die Deutsche Nationalbibliothek verzeichnet diese Publikation
in der Deutschen Nationalbibliografie;
detaillierte bibliografische Angaben sind im Internet
über www.dnb.de abrufbar.

1. Auflage, August 2015
© Christoph Links Verlag GmbH
Schönhauser Allee 36, 10435 Berlin, Tel.: (030) 44 02 32-0
www.christoph-links-verlag.de; mail@christoph-links-verlag.de
Umschlaggestaltung: Stephanie Raubach, Berlin, unter Verwendung eines
Fotos von Markus Wächter
Satz: Ch. Links Verlag, Berlin
Druck und Bindung: Druckerei F. Pustet, Regensburg

ISBN 978-3-86153-846-2

Inhalt

Vorwort

Vor 25 Jahren wurden zwei Teile eines Landes zu einem Staat (wieder-)vereinigt. Manchen war dieser Vorgang nie der Rede wert. Den meisten anderen ist das Ergebnis längst zur Normalität geworden. Wieder andere, vornehmlich jene im Osten Deutschlands, tun sich mit dem Ergebnis nach wie vor schwer – wenngleich die Vorteile der Einheit in den Augen einer übergroßen Mehrheit der Menschen hüben wie drüben überwiegen.

Dieses Buch nimmt das Jubiläum zum Anlass, das Thema erneut auf die Tagesordnung zu setzen. Nichts scheint dabei naheliegender, als die Deutschen in Ost und West über etwas ins Gespräch zu bringen, das beide angeht – oder zumindest angehen sollte. Denn an Gesprächen auf Augenhöhe hat es in den letzten 25 Jahren zu oft gefehlt. Anfangs war die Euphorie groß. Doch das Interesse aneinander versiegte so rasch, wie es gekommen war. Der Dialog ist nie wirklich in Gang gekommen. Stattdessen dominierten Urteile der einen über die jeweils anderen. Auf den folgenden Seiten unterhalten sich mehr oder minder prominente Menschen über Teilaspekte der Einheit. Um Solidarität beim Aufbau Ost geht es ebenso wie um scheinbare Randthemen wie den Fußball, den Glauben oder die Liebe. So entsteht ein Puzzle. Die Hoffnung ist ferner, dass sich aus den abgedruckten Dialogen in der Summe eine Bilanz ergibt – auch wenn diese keinerlei Vollständigkeit beansprucht. Das Buch beginnt mit einem Gespräch über das Miteinanderreden von Menschen im Allgemeinen und Ost-West-Menschen im Besonderen und schließt mit einem Einheitsessay des Autors.

Ob ein Gespräch gelingt, hängt von verschiedenen Faktoren ab. Davon zum Beispiel, welches Temperament die Teilnehmer haben und wie offen sie sind. Auch der Gesprächscharakter gestaltet sich ganz unterschiedlich. Mal ist es virtuos wie ein Ping-Pong-Spiel. So wie das Aufeinandertreffen der gleichermaßen selbstbewussten Journalisten Sergej Lochthofen und Hugo Müller-Vogg. Zuweilen ähnelt es einer gemeinsam suchenden Bewegung – wie jenes zwischen Robert Koall und Frank Richter. Im besten Fall betreten zwei Menschen gemeinsam gedankliches Neuland, ohne bis dahin als richtig Erachtetes partout verteidigen zu müssen. In jedem Fall sind die Gespräche, was sie sein sollen: unberechenbar, unterhaltsam – und lebendig.

Lebendig wie die Einheit selbst. Zwar belegen alle 14 Dialoge, die im ersten Halbjahr 2015 stattfanden, wie wirkmächtig der Ost-West-Gegensatz unverändert bleibt. Zugleich belegen sie aber auch das Verwachsen der Landesteile und ihrer Bewohner ins Offene hinein. Ärgernisse von vor 25 Jahren sind heute keine mehr. Andere sind geblieben. Und Freudiges ist hinzugetreten. Der Austausch zwischen Rainald Grebe und Hans-Eckardt Wenzel demonstriert wiederum, dass die dem Mauerfall folgende Digitalisierung unseres Daseins auf andere Weise ähnlich radikale Konsequenzen hat. Das Buch zeigt die großen Linien und kleinen Schattierungen innerdeutscher Verständigung – ein Vierteljahrhundert nach dem Epochenereignis der Einheit. Wenn es überrascht, umso besser.

»Zu einem Gespräch gehört Respekt«

Der Philosoph, Psychologe, Autor und Coach
Olaf Georg Klein über das Miteinanderreden

Olaf Georg Klein (60) hat sich vielleicht wie kein anderer mit der Kommunikation zwischen Ost- und Westdeutschen beschäftigt. Einerseits ist das sein Beruf. Klein studierte an der Humboldt-Universität Theologie, Philosophie und Psychologie und arbeitet heute als Coach. Der Lebensweg des Ost-Berliners war und ist auf Verständigung aus. Seine Arbeit setzt ein, wo sie misslingt. Andererseits ist das Ost-West-Thema auch seine Leidenschaft. Den Mauerfall 1989 erlebte Klein mit 34 Jahren. Vor 15 Jahren schrieb er das Buch *Ihr könnt uns einfach nicht verstehen. Warum Ost- und Westdeutsche aneinander vorbeireden*, das ein Bestseller wurde. Wohl weil das Aneinandervorbeireden längst zum Alltag gehörte im neuen Deutschland.

Herr Klein, was ist die Voraussetzung für ein gelingendes Gespräch?
Oh, da gibt es eine ganze Reihe von Voraussetzungen. Es sollte
Zeit vorhanden sein und vor allem ein gegenseitiger Respekt. Zudem gelingt ein Gespräch in der Regel nur, wenn auf beiden Seiten die innere Bereitschaft vorhanden ist, dem anderen wirklich
zuzuhören.

*Es ist in Mode gekommen zu sagen, zwei Leute bewegen sich auf Au-
genhöhe. Was heißt das?*
Im besten Fall ist damit wohl ein gegenseitiger Respekt gemeint.

*Aber bedeutet Augenhöhe dann, dass Menschen den gleichen Status
haben, also ähnliche Berufe, gleich viel Geld, Ansehen in der Gesellschaft? Oder bedeutet Augenhöhe das Gegenteil, nämlich dass sie
über Status-Differenzen hinwegsehen können?*
Gegenseitiger Respekt hat aus meiner Sicht erst einmal nichts mit
dem Status zu tun. Es ist eher eine Frage der inneren Haltung gegenüber anderen Menschen und der Welt. Mit dem Begriff der
Augenhöhe ist wahrscheinlich gemeint, man solle nicht »von oben
herab« oder »unterwürfig« kommunizieren. Aber der Begriff sug-
geriert eben auch, es gäbe keine Unterschiede zwischen Menschen
in Bezug auf Herkunft, Bildung, Vermögen, Geschlecht und Kör-
pergröße. Oder man könne, wenn es doch Unterschiede gebe, dann
eben nicht auf Augenhöhe kommunizieren. Insofern verschleiert
der Begriff mehr, als er ermöglicht. Und von daher erscheint mir
der Ausdruck des gegenseitigen Respekts angemessener zu sein, als
die Metapher von der gleichen Augenhöhe.

*In den ersten Jahren nach dem Mauerfall hat es massive Kommuni-
kationsprobleme zwischen Ost- und Westdeutschen gegeben. Ist das
heute anders?*
Dass es die Kommunikationsprobleme nach dem Mauerfall gab,
ist unbestritten. Worauf sie basierten und noch immer basieren,
ist Gegenstand der Diskussion geblieben. Eine Deutung wäre, es
liege am Statusunterschied und am Kapital und daran, dass der
Osten das wirtschaftliche und politische System des Westens über-

nommen habe. Für mich hängt es eher damit zusammen, dass es leider gar keine Wiedervereinigung gab. Es war vielmehr politisch, juristisch und ökonomisch ein Anschluss des Ostens. Und dieser Anschluss war vom Westen gewollt und wurde mit politischen und ökonomischen Mitteln durchgesetzt. Das hat von vornherein den Blick darauf verstellt, dass auch der Osten etwas für den Westen Wesentliches hätte einbringen können. So kam es eben nicht zu einer respektvollen Vereinigung. Das wiederum hat die individuelle Kommunikation zwischen den Menschen auf beiden Seiten von Anfang an überlagert. Dieser »Geburtsfehler« ist bis heute nicht wirklich überwunden. Er spielt aber in der ganz jungen Generation keine vorherrschende Rolle mehr.

Der Osten sollte sich permanent anpassen. Ist diese Anpassung abgeschlossen?
Die Anpassungserwartung funktioniert nach wie vor nicht besonders gut. Wenn Sie jemanden mit Hilfe von bestimmten Machtmechanismen zur Anpassung zwingen wollen, wird das immer nur oberflächlich gelingen. Es geht aber eben nicht allein um die politische, ökonomische und juristische Anpassung. Die ist ja weitgehend abgeschlossen. Es geht noch immer um eine kulturelle Anpassung. Deswegen habe ich ja mit meinem Buch 2001, *Ihr könnt uns einfach nicht verstehen. Warum Ost- und Westdeutsche aneinander vorbeireden*, den Begriff der Kommunikationskulturen in die Diskussion eingebracht. Damit ist das Wie in der Kommunikation gemeint. Gehe ich direkter oder indirekter vor? Trage ich Konflikte offen oder verdeckt aus? Wie ist die Sprache rhythmisiert? Wie lang sind Pausen? Wie normal sind Unterbrechungen? Diese Unterschiede, die genauso in der Kommunikation zwischen Deutschen und Österreichern oder Deutschen und Schweizern auftreten, treten natürlich auch zwischen Ost- und Westdeutschen auf. Der Hauptirrtum bestand darin, diese kulturelle Dimension auszublenden. Entsprechend groß ist nach wie vor die »Enttäuschung« auf der Westseite über die noch immer nicht gelungene »Anpassung« des Ostens.

Sie schreiben unter anderem, Ostler hielten längeren Blickkontakt,
gäben immer die Hand und seien eher auf Konsens aus. Westler hin-
gegen seien statusbewusster, hielten auch körperlich mehr Abstand
und seien konfliktfreudiger. Bleiben Sie bei dieser Diagnose?
Ja. Aber es gibt Einschränkungen. Ich spreche ja bewusst nicht
von »den Westlern« und »den Ostlern«, sondern von einer westlichen und einer östlichen Kommunikationskultur. Diese komplexe
Kultur wirkt unbewusst weiter, wenn ich sie nicht reflektiere und
wandle. Und jeder Einzelne kann natürlich zu seiner eigenen ge-
lernten Kommunikationskultur auf Distanz gehen – sie also ver-
lernen und eine neue lernen. Das passiert immer, wenn man sich
in einer anderen Kultur bewegt. Typisch für Einwandererfamilien
ist: Die erste Generation passt sich gar nicht mehr an, die zweite ist
in einer Zwischenposition, adaptiert und fremd zugleich, die dritte
wiederum ist voll integriert. Aber im Unterschied dazu reprodu-
zieren sich in Deutschland beide Kommunikationskulturen und
deren unbewusste Voreinstellungen stets neu. Es gibt Abschleifun-
gen und eine »Mischkultur« nur da, wo sich beide Kulturen im
Alltag intensiv und unausweichlich begegnen: in Arbeitszusam-
menhängen und in Paarbeziehungen. Da bleibt es spannend. Das
kann ich in meinen Beratungen, im individuellen Coaching oder
Paarcoaching nach wie vor beobachten.

Eines der Probleme, so schreiben Sie, bestehe darin, dass Differenzen
geleugnet oder verdrängt würden. Es herrsche die Ideologie: »Was
eins ist, kann nicht zwei sein.«
Zum Respekt gehört für mich, bei jeder menschlichen Begegnung
davon auszugehen, dass der andere anders ist als ich. Erst dann
höre ich zu. Erst dann beginne ich ja, mich wirklich mitzuteilen
und nicht vorauszusetzen, dass der andere ja ohnehin schon wisse,
was ich meine. Eine vollzogene staatliche Einheit lässt kulturelle
Differenzen nicht verschwinden. Unterschiede zwischen Nord-
und Süddeutschland wirken ja nun immerhin auch schon seit 1870
nach, und niemand stört sich daran. Trotzdem ist es hilfreich und
sinnvoll, bestimmte kulturelle Unterschiede nicht persönlich zu
nehmen oder als individuelle Eigenheiten des anderen zu inter-

pretieren. Wenn ein Norddeutscher wortkarger ist als ein Süddeutscher, bedeutet das nicht, dass er mich nicht leiden kann. Insofern ist das Wissen um die kulturelle Differenz hilfreich, um von gegenseitigen Unterstellungen und falschen Interpretationen wegzukommen und sich gerade dadurch besser zu verstehen.

Immerhin sind die Klischees vom »Besserwessi« und »Jammerossi« weg. Ist das ein Fortschritt?

»Besserwessi« und »Jammerossi« war eines der Klischees. Denn man kann ja wohl erst einmal davon ausgehen, dass es im Osten wie im Westen in etwa gleich viele Optimisten wie Pessimisten gibt. Wenn dennoch ein solches Klischee entsteht und scheinbar immer wieder bestätigt wird, hat das mit einer kulturellen Differenz, mit unterschiedlichen »Selbstpräsentationstechniken« zu tun. Kurz gesagt, darf ich im Westen nicht als »Verlierer« rüberkommen, selbst wenn es mir gerade schlecht geht. Im Osten darf ich nicht als »Angeber« rüberkommen, selbst wenn es mir gut geht. Das ist ein fein austariertes System der Verständigung, das innerhalb der eigenen Kommunikationskultur sehr gut funktioniert, aber in der Begegnung mit der anderen weniger. Inzwischen sind beide Seiten an dem Punkt sensibler geworden. Andererseits haben Sie Recht, dass Klischees heute vor allem nicht mehr offen ausgesprochen werden. Das ist politisch unkorrekt. Aber hören Sie mal genau hin, wenn Ostler oder Westler wirklich oder vermeintlich nur unter sich sind! Kulturschocks, und genau darum handelt es sich auch in der Begegnung von Ost- und Westdeutschen, sind immer schmerzhaft und herausfordernd. Sie konfrontieren einen ja nicht zuletzt auch mit einem selbst und den eigenen unbewussten Prägungen. Insofern gilt es, mit den vorhandenen Differenzen sensibel umzugehen. Sich selbst und dem anderen gegenüber. Was einem allerdings zunehmend Hoffnung geben kann, ist, dass interkulturelle Erfahrungen, zum Beispiel innerhalb Europas, auch zu mehr Sensibilität im Bereich der Kommunikation überhaupt führen.

Die Kommunikation findet in zwei Landesteilen statt. Wo genau sind da die Unterschiede?

Nach meinen Erfahrungen ist es so, dass Ostler im Westen eher mit kulturellen Differenzen rechnen als umgekehrt Westler, die in den Osten gehen und die dann meinen, nach 25 Jahren könne es doch da gar keinen Unterschied mehr geben. Die trifft es dann leider besonders hart, weil sie oft nicht verstehen können, warum sie plötzlich in ihrem neuen Umfeld auf so massive Probleme treffen, die sie vorher nicht hatten. Da könnte ich Ihnen hunderte Beispiele nennen. Gleichzeitig bewahrt das Wissen um die Differenz beide Seiten nicht vor einem gewissen Unwohlsein, das man nun einmal hat, wenn man sein gewohntes Umfeld und seine vertraute Kommunikationskultur verlässt. Es hängt selbstverständlich auch von der persönlichen Disposition ab, ob man das Fremde eher als eine Bereicherung wahrnehmen kann oder eher als eine Bedrohung empfindet. Ostler, die im Westen leben, sind in ihrem Privatleben häufig mit Ostlern zusammen. Umgekehrt gehen viele Westler nach einer gewissen Zeit wieder zurück in den Westen.

Eine wichtige Voraussetzung für gelingende Kommunikation ist ja das Interesse an seinem Gegenüber. Nun stellt man aber immer wieder fest, dass dieses Interesse oft gar nicht vorhanden ist. Wenn über die deutsche Einheit geredet wird, dann sind Ostler nicht selten unter sich, weil sich für viele Westler gar nichts verändert hat. Umgekehrt gibt es auch Westler im Osten, die darüber klagen, dass sie noch nie nach ihrem Leben vor dem Mauerfall gefragt worden seien – entweder, weil Ostler darüber gar nichts wissen wollen oder den Westen und die Westdeutschen gut genug zu kennen glauben. Ist das im 25. Jahr der Einheit nicht tief traurig?

Dem könnte ich zustimmen. Der ostdeutsche Anschluss an den Westen hat den Ostlern individuell deutlich mehr abverlangt als umgekehrt den Westlern, für die sich außer einer neuen Postleitzahl erst einmal gar nichts geändert hat. Insofern ist auch der Schmerz über den Weg, wie es nach der gelungenen Revolution im Osten zu dem Anschluss kam, im Osten deutlich größer als im Westen. Dieser individuelle und kollektive Umbruchprozess ist für mehrere Generationen im Osten prägend gewesen. Etwas Vergleichbares haben die Menschen im Westen kollektiv nicht durchlebt. Das erklärt, warum die Revolution und der Anschluss an den Westen unter Ostlern stärker und nachhaltiger thematisiert werden. Dazu kommt auch ein zunehmendes Interesse an Alternativen zum »real existierenden Kapitalismus«, der gerade jüngere Menschen, zum Beispiel der Dritten Generation Ost dazu bringt, genauer nachzufragen, warum es zu diesem einseitigen Anschluss gekommen ist und was vielleicht bewahrenswert gewesen wäre. Auf der rein kommunikativen Ebene gab es allerdings eine ganze Reihe von Initiativen, sich gegenseitig die Lebensläufe zu erzählen und sich zu befragen. Das ist oft sehr viel ergiebiger und erfüllender, als abstrakt über Gerechtigkeit oder Freiheit zu diskutieren.

2001 diagnostizierten Sie: »In Deutschland haben wir die außergewöhnliche Situation, in einem Land mit einer Sprache und zwei unterschiedlichen Kommunikationskulturen zu leben.« Ist das Ihrer Ansicht nach eigentlich jemals als Chance begriffen worden?
Also individuell wurde das schon von vielen Menschen, und zwar in beide Richtungen, als eine Chance begriffen. In den sogenannten Leitmedien dagegen ist ja nicht einmal der Begriff einer »eigenständigen Kultur« des Ostens wirklich ernst genommen worden. Da ging es vor allem ausgesprochen oder unausgesprochen um Delegitimität, Abwertung und im besten Fall um die Forderung nach der einseitigen Anpassung des Ostens an den Westen. Das hat sich bis heute nicht nennenswert geändert. Mich amüsiert eigentlich immer nur das Erstaunen, wenn in eben jenen Medien, nach den erhobenen Statistiken, mal wieder die von mir sogenannten kulturellen Grenzen mit den ehemaligen Staatsgrenzen übereinstimmen: ob beim Leseverhalten, der Verbreitung von Zeitungen, beim Konsum, beim Heiratsalter, bei dem Umgang mit nichtehelichen Kindern, der Anzahl der Krippenplätze oder der Berufstätigkeit der Frauen. Diese Reihe ließe sich beliebig lang fortführen. Und wie man an der Dritten Generation Ost sehen kann, wirken die kulturellen Prägungen beharrlich weiter.

Und warum wird dieser kulturelle Unterschied Ihrer Meinung nach nicht respektiert?

Um eine Spaltung und Entfremdung zu überwinden, kann man ja unterschiedlich vorgehen. Anfangs war wohl auf beiden Seiten das Motiv vorherrschend, das Verbindende und nicht das Trennende zu betonen. Von daher wurden die kulturellen Differenzen zwischen Ost und West entweder als unwesentlich oder als gar nicht vorhanden dargestellt. Weil nicht sein kann, was nicht sein darf. Auf der einen Seite: die Metapher von den Brüdern und Schwestern im Osten – und auf der anderen Seite: Wir sind ein Volk. Es war der durchaus verständliche Versuch, Übereinstimmungen herbeizuzwingen. Außerdem sollte der einseitige Anpassungsdruck übertüncht werden, um die Vereinnahmung vergessen zu machen. Nach und nach wurde aber immer offensichtlicher, dass jede Kultur mit Vorteilen und Nachteilen einhergeht, und gerade im Osten entstand nach einer depressiven Phase wieder ein größeres Selbstwertgefühl. Die Ostler hatten ja außerdem den Vergleich. Sie konnten nach der eingehenden Analyse, was in der DDR alles überholt und veränderungsbedürftig gewesen ist, jetzt auch erkennen, was in dem »real existierenden Finanzkapitalismus« veränderungsbedürftig ist. Es kam zu einem größeren Selbstbewusstsein und in großen Teilen auch zu einer Rückbesinnung auf bestimmte kulturelle Eigenheiten, die nicht mehr vertuscht, sondern jetzt auch selbstbewusst vertreten werden. Ein Ausdruck dafür ist zum Beispiel die Serie: »Die Ostdeutschen«.

Nun ist es nach so langer Zeit kaum möglich, sich jeweils in den Stand der Unschuld zu versetzen und mit dem Ost-West-Gespräch gleichsam von vorn zu beginnen. Trotzdem: Sehen Sie die Möglichkeit, das Nicht-Gelungene zu reparieren?
»Reparieren« ist vielleicht nicht so ganz das richtige Wort. Kulturen und auch Kommunikationskulturen sind dynamisch. Wenn in der Kommunikation einer sein Verhalten ändert, ändert sich auch die Kommunikation insgesamt. Insofern bleibt das eine anhaltende und beständige Aufgabe. Es kommt auch darauf an, wie mit gegenseitigen Verletzungen umgegangen wird – ob etwas heilt oder eine offene Wunde bleibt. Oder ob sogar immer wieder neue Wunden aufgerissen werden. Aber nach 25 Jahren kann man konstatieren,

dass ein anderer Weg zu einer wirklichen Vereinigung der beiden Seiten zwar wünschenswert gewesen wäre, aber man nicht immer weiter darüber lamentieren sollte. Es geht ja heute auch darum, die vor ganz Europa und der ganzen Menschheit stehenden Aufgaben in den Blick zu nehmen und eine Verständigung darüber zu schaffen, wie eine lebbare Welt in der Zukunft aussehen kann. Da sind die besten Leute aus Ost und West gefragt.

Der Theologe Richard Schröder hat gesagt, die deutsche Einheit sei ein Thema ohne Brisanz. Behandeln wir Luxusprobleme?
Die Frage ist: Was bedeutet »keine Brisanz«? Was soll hier der Maßstab sein? Der ostdeutsche Anschluss und der Umgang damit sind sehr wohl relevant, für alle Menschen, aus Ost und West, die sich intensiv begegnen und miteinander in den Dialog treten. Und kulturelle Missverständnisse, die obendrein nicht einmal als solche erkannt werden, schmerzen den Einzelnen und haben empfindliche Auswirkungen. Daran sind Freundschaften und Beziehungen zerbrochen oder Firmen Pleite gegangen. Eine gewisse Sensibilität ist im Umgang mit den Feinheiten kultureller Unterschiede also durchaus gefragt. Zum Statement von Herrn Schröder fällt mir im Übrigen eine kleine Geschichte ein. Ein hoher westdeutscher Diplomat wollte einem indischen Minister in den 80er Jahren einmal den Unterschied zwischen der BRD und der DDR erklären. Der indische Minister fragte irgendwann ungeduldig zurück: »Haben die Menschen in der BRD zu essen?« »Ja, natürlich!« »Haben die Menschen in der DDR zu essen?« »Ja, zu essen haben die auch.« »Na, dann sind doch die Unterschiede ziemlich belanglos.«
Aus einer indischen Perspektive sind die deutschen Vereinigungsprobleme und Kommunikationsprobleme sicher ohne Brisanz. Es gibt in der Tat sehr viel gravierendere Menschheitsprobleme. Aber das sollte uns nicht dazu veranlassen, in dem Naheliegenden oberflächlich oder unsensibel zu sein. Außerdem könnten unsere in Deutschland gemachten Erfahrungen auch in anderen Bereichen der Welt durchaus von großer Wichtigkeit sein, gerade was die Gewaltfreiheit in der Revolution betrifft. Diese Gewaltfreiheit war ja, unter anderem, auch ein kommunikatives Meisterwerk.

Sie schrieben in dem besagten Buch, es empfehle sich, bei den Ost-West-Differenzen in sehr langen Zeiträumen zu denken. Wie fällt ihre Prognose heute aus?

Die Differenzen werden noch Jahrzehnte weiterwirken. Aber sie werden, genauso wie die Differenzen zwischen Nord- und Süddeutschland, nicht mehr als Herausforderung, Problem oder gar als Bedrohung behandelt werden. Und das wäre ja schon mal ein ziemlicher Fortschritt. Jeder ist frei, zu wählen, in welcher Gegend in Deutschland er oder sie sich am Wohlsten fühlt. In diesem Sinne würde ich uns Deutschen insgesamt mehr Mut zur Differenz und viel Sensibilität bei der Begegnung mit dem scheinbar Fremden wünschen.

»Was heißt hier eigentlich Einheit?«

*Esra Kücük von der Jungen Islam Konferenz und die
Netzaktivistin Anne Wizorek über Herkunft und Zukunft*

Als das Gespräch beendet ist, höre ich im Weggehen, dass Esra
Kücük (32, rechts im Bild) und Anne Wizorek (34) in Kontakt bleiben möchten. Das Gespräch hat beide offenkundig animiert. Ver-
wunderlich ist das nicht. Kücük wurde in Hamburg als Tochter von
Einwanderern geboren. Sie ist Deutsche durch und durch. Doch
indem die Deutschen ohne den sprichwörtlichen Migrationshintergrund den Zuwanderern immer wieder etwas zuschreiben, meistens Schlechtes, wird sie das Thema nicht los. So ging Kücük die
Sache offensiv an und gründete die Junge Islam Konferenz, deren
Geschäftsführerin sie heute ist. Wizorek wurde bekannt, weil sie bei
Twitter unter dem Hashtag *#Aufschrei* eine Debatte über Alltagssexismus entfachte. Der Aufschrei fiel zusammen mit der Debatte

über die Äußerung des FDP-Politikers Rainer Brüderle zu einer *Stern*-Reporterin (»Sie können ein Dirndl auch ausfüllen«). Aber auch Wizorek, die in Rüdersdorf östlich von Berlin zur Welt kam, ist eine besondere Deutsche, eine Ostdeutsche. Das merkt sie daran, dass das Ostdeutsche oft einseitig konnotiert oder gleich ganz unterschlagen wird. Auf jeden Fall hat Wizorek ebenfalls mit Zuschreibungen zu tun. So ergeben sich während des Treffens zweier starker junger Frauen vielerlei Bezüge.

Frau Wizorek, Frau Kücük, woran können Sie sich aus der Zeit von vor 1989 noch erinnern? Sie waren seinerzeit acht beziehungsweise sechs Jahre alt.
ESRA KÜCÜK: Ich würde sagen, die Ältere fängt an.
ANNE WIZOREK: Ich erinnere mich natürlich vor allem an die Kindergarten- und die Schulzeit. Als die Mauer gefallen war, waren in meiner Klasse nur noch vier Leute. Alle anderen waren drüben im Westen. Im Übrigen sind da so Alltagsfragmente wie: Die Westverwandtschaft kommt zu Besuch. Oder dass meine Eltern erstmals zusammen in den Westen fahren durften. Mein Bruder und ich durften nicht. Kinder fungierten damals ja auch als Pfand. Generell waren Westpakete aufregend. Dieser besondere Geruch! Wenn es das als Parfüm gäbe, hätte es bei Ostsozialisierten sicher einen Markt. Es gab auch Sachen im Westfernsehen, die wir nicht kaufen konnten und über die wir auch nicht mit Fremden reden durften. Wir waren zum Beispiel mal im Urlaub in Polen. Da haben mir meine Eltern so einen Jeansrock gekauft, den man in der DDR nicht gekriegt hat. Doch vorher wurde mir gesagt: »Wenn dich an der Grenze jemand fragen sollte, woher du den Jeansrock hast, dann sagst du, den hast du von deiner Westtante.« Wir sollten ihn nicht dort gekauft haben.

Gab es Dinge, die Sie als politische Indoktrination in Erinnerung haben?
WIZOREK: Wir haben die Indoktrination, die es gab, damals nicht als Indoktrination empfunden. Außerdem war ich, als die Mauer fiel, erst mal enttäuscht, weil ich nicht mehr Thälmannpionierin werden konnte. Nicht, dass ich die Jungpioniere so super fand:

Aber Thälmannpionierin zu werden, war das nächste Level. Jungpioniere trugen ein blaues Halstuch und Thälmannpioniere ein rotes. Und ich fand das Rot so toll.

Ist das insgesamt eine schöne Erinnerung?
WIZOREK: Mit Sicherheit. Ich habe neulich erst mit meinem Bruder darüber gesprochen. Der ist drei Jahre älter als ich. Wir sind uns beide sicher, dass wir eher eine positive Erinnerung an die DDR haben, weil wir die negativen Begleiterscheinungen des Systems noch nicht in vollem Ausmaß mitbekamen. Manches kam einem schon komisch vor. Aber man kann das als Kind schwer benennen. Wäre ich damals 18 gewesen, hätte ich vieles sicher ganz anders gesehen.

Frau Kücük, wie war das bei Ihnen im Westen?
KÜCÜK: Ich war zur Zeit des Mauerfalls sechs Jahre alt. Da hat man nicht so viele Erinnerungen. Ich bin in Hamburg groß geworden, im Süden der Stadt in einem sozialen Brennpunkt. Die Sandbek-Siedlung war berühmt für ihre Geschichten von Gewalt und Kleinkriminalität. Ich habe Erinnerungen an meine Kindergartenzeit und an die Einschulung. Am Tag des Mauerfalls saßen meine Eltern auf der Couch vor dem Fernseher und vermittelten, dass das etwas ganz Tolles ist. Aber was das bedeutet, habe ich nicht verstanden. Ich erinnere mich auch an die Bilder der Vereinigung vom 3. Oktober, an das Fest und die Musik. Später wurden die Sachen nicht mehr so positiv gesehen. Das war, als die ausländerfeindlichen Anschläge in Rostock-Lichtenhagen und Hoyerswerda geschahen. Ansonsten erinnere ich mich daran, dass wir in den Sommerferien immer in die Türkei gefahren sind. Dann saßen wir drei Tage lang Non-Stopp im Auto. Je nachdem, wie gerade die politische Lage war, sind wir durch Jugoslawien gefahren oder um Jugoslawien herum. Mal haben die Grenzkontrollen lang gedauert, mal weniger lang. Ob ich ein Land gut oder schlecht fand, hing davon ab, wie lange wir an der Grenze standen. Und deshalb mochte ich das sozialistische Bulgarien als Kleinkind überhaupt nicht. Wir haben im Übrigen auch Westpakete mitgebracht – für Verwandte in der Türkei.

Wann sind Ihre Eltern nach Deutschland gekommen?
KÜCÜK: Meine Oma war aus Mazedonien zunächst in die Türkei geflüchtet und 1968 eine der ersten Gastarbeiterinnen in Deutschland. Sie arbeitete in einer Konservenfabrik in Braunschweig und hat meine Mutter, die in Istanbul zur Schule ging, zwei Jahre später nachgeholt. Meine Mutter ist Jahrgang 1954 und war 16, als sie hierher kam. Mein Vater ist ebenfalls mit 16 nach Hamburg gekommen, und zwar bei einem Austausch zwischen dem Hotel, in dem er arbeitete, und dem Restaurant, das sich oben auf dem Hamburger Fernsehturm befand. Dort oben haben sich meine Eltern kennengelernt. Mein Vater ist in Griechenland groß geworden, kommt aber ursprünglich aus der Nähe von Istanbul.

War die deutsche Teilung für Ihre Eltern ein Thema?
KÜCÜK: Die Wiedervereinigung wurde zunächst positiv aufgenommen und gefeiert. Die Teilung war als etwas Negatives wahrgenommen worden. Aus der Migranten-Perspektive sieht es ja so aus, dass wir dazugekommen sind – und später kamen noch andere dazu, nämlich die Ostdeutschen. Das findet man erst mal ganz gut. Man fühlte sich zugehörig. Das ist dann ziemlich schnell umgeschlagen, auch wenn wir in Hamburg keinen lebensweltlichen Bezug zu Ostdeutschland hatten.

Warum ist es umgeschlagen? Wegen Rostock-Lichtenhagen und Hoyerswerda?
KÜCÜK: Das spielte auch eine Rolle. Aber was noch stärker wahrgenommen wurde, waren die extremen politischen Bemühungen, eine Wiedervereinigung wirklich zu leben. Man hat gesehen: Wenn man will, dass zwei Gesellschaften zu einer Gesellschaft verschmelzen, dann kann man da ganz viel Mühe reinstecken, damit das auch gelingt. Damit einher ging bei den Migranten das Gefühl: »Oh, wir sind jetzt nicht die Gesellschaft zweiter Klasse, sondern dritter Klasse.« Erst mal kommen die Westdeutschen, dann kommen die Ostdeutschen, und dann kommen wir. Zusätzlich hat man gesehen, dass Menschen vor einem Haus stehen, es mit Steinen bewerfen und niemand etwas dagegen tut. Das war ein richtiger

Schock. Ich habe damals Fußball gespielt und bin mit meiner E-Jugend-Mannschaft viel durch Deutschland getourt. Wenn es dann von Hamburg aus Richtung Osten ging, haben meine Eltern gesagt: »Nein, da fährst du nicht mit.« Da habe ich gedacht: »Oh, was passiert denn da? Und was würde da mit mir passieren?« Als meine Schwester einen Studienplatz in Rostock bekam, gab es eine große Debatte, ob es unter Sicherheitsgesichtspunkten möglich ist, dass sie dort hingeht. Bei vielen Migranten gab es Überlegungen, Deutschland wieder zu verlassen.

Wie hat sich das später weiter entwickelt?
KÜCÜK: Das hat sich gelegt. Außerdem ist das natürlich sehr diffus. Als Eingewanderte ist man vieles gewohnt und entwickelt eine dicke Haut, so dass man irgendwann nicht mehr weiß: Hat sich das Umfeld verändert? Oder ist nur meine Haut dicker geworden? Als ich älter wurde, habe ich aus all dem die Konsequenz gezogen, zu sagen: Ich möchte die Bedingungen, unter denen ich lebe, mitbestimmen. Es mündete eher in eine Motivation als in eine Abwehrhaltung nach dem Motto: Mir ist jetzt alles egal, und darum gehe ich. Ich hätte auch gar nicht gewusst, wohin. Denn ich bin in Hamburg sozialisiert. Die theoretische Möglichkeit des Zurückgehens gab es nur für die erste und zweite Generation der Migranten. Die dritte und vierte Generation entwickelt ganz andere Strategien.

Frau Wizorek, wie wirkt das auf Sie?
WIZOREK: Mir ist das bewusst, weil ich auch mit Leuten zusammen bin, deren Eltern eingewandert sind. Insofern habe ich da meine Perspektive erweitert. Und Rostock-Lichtenhagen oder Hoyerswerda waren auch für uns ein Schock. Es war uns völlig unverständlich, wie das passieren konnte. Nur hat mir damals noch der größere Zusammenhang gefehlt. Die Reaktionen von Migrantinnen und Migranten darauf kann ich sehr gut nachvollziehen. Schließlich wurde ihnen signalisiert: Das ist nicht euer Land.

Wie haben Sie selbst die Zeit der Vereinigung erlebt? Wie sah Ihr Leben und das Ihrer Familie aus?

WIZOREK: Rüdersorf, wo ich aufgewachsen bin, ist bekannt für seinen Tagebau. Mein Papa ist Diplom-Chemiker. Er hatte daher immer viel mit Zement und Kalk zu tun und konnte in dem Bereich weiter machen, allerdings nicht mehr in einer leitenden Position. Meine Mutter ist gelernte Maschinenbau-Ingenieurin. Für sie war die Wiedervereinigung ebenfalls ein Umbruch. Sie ist in der Baustoffbranche gelandet. Von dem, was sie gelernt hatte, war das noch mal etwas weiter weg.

Aber Ihre Eltern wurden nicht arbeitslos wie andere.
WIZOREK: Nein, nur vorübergehend. Insofern haben wir Glück gehabt. Aber im Umfeld haben wir das mitbekommen. Insbesondere Frauen sind ja Verliererinnen der Wende. In der DDR gab es Berufe, die für Frauen selbstverständlich waren, und in der BRD halt nicht. Und als die Einheit kam, gab es bestimmte Stellen für Ostfrauen nicht mehr, vor allem im technischen Bereich. Da denke ich rückblickend: Krass, dass das überhaupt so in Kauf genommen wurde!

Wie haben Ihre Eltern die Wende ansonsten erlebt?
WIZOREK: Meine Erinnerung an den Mauerfall ist freudig. Am Morgen des 10. November 1989 kam meine Mutter in unser Zimmer, um uns zu wecken, und rief: »Die Mauer ist gefallen!« Sie hat mich damals in ihrer Euphorie mit Informationen überhäuft, die ich noch nicht wirklich erfassen konnte. Meine Eltern waren super emotional. Die Aufbruchsstimmung war sehr groß. Es gab viel Hoffnung. Ab einem bestimmten Zeitpunkt setzte dann die Realität ein und man merkte: Vielleicht sind da gar nicht so viele Chancen wie erhofft. Wir sind damals auch nach Berlin gefahren und haben an der Mauer rumgeklopft. Ich selbst habe es auch probiert, aber kein Stück rausbekommen, weil ich zu klein war und die Kraft dafür fehlte. Die Mauerstücke haben wir dann unter anderem an unsere Westverwandtschaft verschenkt. Die waren heiß begehrt. In der nächsten Phase ging es um die Frage, wer etwas mit der Stasi zu tun hatte und wer nicht. Allerdings haben meine Eltern versucht, das Thema von mir fernzuhalten. Im Nachhinein festzustellen,

dass man Menschen, denen man vertraute, nicht hätte vertrauen sollen, ist hart. Es ist ein starkes Trauma, das noch immer nicht aufgearbeitet ist.

Haben Sie sich in Ihrer Familie stark mit der DDR-Vergangenheit auseinandergesetzt?
WIZOREK: Das machen wir im Grunde immer noch, weil es Teil unserer Sozialisation ist. Ich war erst am Wochenende wieder bei meinen Eltern. Und da hatte meine Mutter das Hausbuch meiner Großeltern rausgekramt. Das war ein Buch, das alle DDR-Haushalte haben mussten und in dem immer eingetragen werden musste, wenn Besuch länger als drei Tage in einer Familie verweilte. Da steht wirklich alles drin: Beruf, Geburtsort, Geburtsname. Der An- und Abreisezeitpunkt musste drin sein. Und anschließend musste das abgestempelt werden. Wenn man dagegen verstieß, dann musste man 150 Mark Strafe zahlen. Man konnte auch bis zu sechs Wochen in Haft kommen.

War der Mauerfall für Ihr persönliches Leben eine Zäsur?
WIZOREK: Ich weiß nicht. Denn ich war noch jung und konnte mich schließlich schneller an die neuen Gegebenheiten gewöhnen. Für meine Eltern war das schwerer. Andererseits glaube ich schon, dass es mich nachhaltig beeinflusst hat, zu sehen, dass es im Konsum, so hießen bei uns die Supermärkte, bestimmte Sachen gab und andere nicht. Ich weiß noch sehr gut, wie ich mich gefühlt habe, als ich zum ersten Mal in einen West-Supermarkt gegangen bin und völlig paralysiert vor diesen Regalen stand, weil sie so voll waren mit Dingen, die ich höchstens aus der Werbung kannte, wie Cornflakes zum Beispiel.

Cornflakes fanden Sie gut?
WIZOREK: Das war für mich eine große Entdeckung! Ein ähnliches Gefühl der Überforderung hatte ich dann noch mal, als ich zum ersten Mal in einem amerikanischen Supermarkt stand. Da ist das Überangebot noch extremer. Dort hatte ich förmlich Flashbacks, und wieder wusste ich nicht, wie ich mit diesem Überan-

gebot umgehen sollte. Ich denke, das Vorher hat mich auch nachhaltig misstrauischer gemacht gegenüber Werbung und überhaupt kapitalistischen Strukturen.

Frau Kücük, den Westdeutschen sagt man nach, dass die Vereinigung an ihrem Leben nichts verändert habe. Insofern haben Sie mit den Ostdeutschen ja etwas gemein. Denn in Ihren beiden Leben hat sich etwas verändert.

KÜCÜK: Die Migranten waren wie gesagt vielfach neidisch, weil sie gesehen haben, dass man auch ganz anders willkommen geheißen werden kann, als sie willkommen geheißen wurden. Zum Beispiel diese 100 Mark Begrüßungsgeld. Meine Eltern haben das Geld nicht bekommen, aber auch nicht die Geste, die damit verbunden war. Es gab das Gefühl: Wir müssen uns hier durchschlagen und kriegen keine Hilfestellung. Im Gegenteil, wir kriegen eher gesagt: »Wir wollen euch hier nicht.« Noch deutlicher war der Gegensatz zu den Russlanddeutschen, die sofort gewisse Rechte wie das Wahlrecht bekommen haben. Wir haben gesehen, wie es laufen kann, wenn man erwünscht ist. Und der, auf den man neidisch ist, den mag man vielleicht erst mal nicht so gern. Dabei hatte ich gar keine Berührungspunkte mit Ostdeutschen. Es war ja alles nur medial vermittelt. Heute wissen wir, dass da, wo man am wenigsten Kontakt hat, auch viele Vorbehalte existieren. Das sehen wir an Dresden und Pegida. Umgekehrt funktioniert das genauso: Wenn einem vermittelt wird, dass Ostdeutsche Nazis sind, um es mal ganz provokativ und platt zu sagen, dann gibt es keine Alltagserfahrung in der Realität, die das widerlegen würde. Aus all dem entstand so ein Wunsch nach einer dritten Wiedervereinigung, beginnend mit der Frage: Warum betreibt man so einen Aufwand nicht für andere neue Deutsche, damit es wirklich eine Gesellschaft wird? Heute weiß ich, dass die Vereinigung auch nicht der richtige Weg war. Denn hier wurde ja etwas übergestülpt. Die Aufforderung lautete: Assimiliert euch bitte in das West-System! Denn das West-System galt als das Gute. Und das Unrechtssystem sollten alle so schnell wie möglich vergessen und so viel Energie wie möglich reinstecken, dass die Ostdeutschen so werden wie wir.

Alle Narrationen, die damit zusammen hingen, in Ostdeutschland sozialisiert zu sein, wurden nichtig. Allein, dass ich nichts darüber weiß, zeigt, wie wenig man darüber an westdeutschen Schulen hört. Ich habe gerade erst über eine Freundin erfahren, wie die »Sendung mit der Maus« in Ostdeutschland hieß.

Nämlich wie?

KÜCÜK: »Pittiplatsch und Schnatterinchen«.

WIZOREK: Wobei das nicht so zu vergleichen ist. Aber es ist auf jeden Fall Kinderfernsehen.

KÜCÜK: Okay, es ist sicher nicht das beste Beispiel. Aber ich wette, es gibt jede Menge andere.

WIZOREK: Mich befremdet, dass das Ampelmännchen zum Merchandising-Objekt wurde. Da wurde die eigene Kultur quasi verschachert. Manchmal habe ich das Gefühl, DDR-Sozialisation schwankt in der Außenwahrnehmung zwischen *Sonnenallee,* nach dem Motto »Witzig, die hatten keine Bananen«, und *Das Leben der Anderen,* von wegen »Stasi und alles ganz schlimm«. Als habe es da nur Extreme gegeben. Meine Erfahrung und Identität sehen anders aus.

KÜCÜK: Das entsteht, weil es keine normale Auseinandersetzung gibt. Es gibt dieses große Event Mauerfall. Dann kennt man die Stasi oder meint, davon mal was gehört zu haben. Wenn man das deutsche Schulsystem durchläuft, dann weiß man insgesamt doch recht wenig. Zugleich wollen alle ganz schnell zum Alltag übergehen.

WIZOREK: Das meine ich mit Überstülpen. Ich merke das auch beim Thema Feminismus. Es ist, als habe es keine ostdeutsche Bewegung und Emanzipation gegeben. Das wird ausgeklammert. Es gibt ausschließlich die westdeutsche Perspektive auf geschlechterpolitische Entwicklungen, so zum Beispiel beim Abtreibungsparagrafen 218. Da wird nicht darüber geredet, dass wir in der DDR bereits eine bessere Regelung hatten und es sich für ostdeutsche Frauen mit der Wende wieder verschlechtert hat. Ich finde das zermürbend. Und es macht mich traurig, weil ich denke, dass wir eine Perspektive für beide Seiten schaffen müssen.

KÜCÜK: Es fängt schon damit an, dass wir keine wertneutralen Begriffe für Mehrfachzugehörigkeiten haben. Wir haben ein ganz starkes Konstrukt davon, was »normal« ist – obwohl unsere Gesellschaft gar nicht mehr da rein passt. Für alle Gruppen, die von dieser Norm abweichen, haben wir keine Begriffe und kein Gefühl, das positiv oder zumindest neutral ist.

Sie wollen damit sagen, dass sowohl die Ostdeutschen als auch die Migranten von der Normidentität abweichen und es insofern zwischen beiden eine Parallele gibt?
KÜCÜK: Ja. Und wir haben das Gefühl, dass das, was wir als normal bezeichnen, besser ist. Dann kommen solche Sprüche wie: »Du bist doch nicht mehr ostdeutsch! Du bist doch jetzt schon ganz normal!« Genau so, wie Menschen, die mich mochten, früher zu mir sagten: »Du bist doch keine Türkin!« Da dachte ich: »Sagst du das jetzt, weil du meinst, ich bin nicht so doof wie die anderen?«

Auch wenn die Frage jetzt quer dazu steht, stelle ich sie trotzdem: Sehen Sie sich heute als Ostdeutsche oder als Westdeutsche?
KÜCÜK: Das ist bei mir nicht die dominante Kategorie. Das Gefühl, Hamburgerin zu sein, ist sehr stark. Man wacht morgens auf und kriegt aus dem Radio gesagt: »Die schönste Stadt ist Hamburg.« So geht das bis zum Abend weiter.

Im Hamburger Abendblatt *steht es auch immer.*
KÜCÜK *(lacht):* Genau. Hamburg hat echt gutes Marketing. Natürlich bin ich am Ende des Tages westdeutsch sozialisiert und habe ganz wenige eigene ostdeutsche Erfahrungen. Aber ich kann mir keinen Zusammenhang vorstellen, in dem ich sage: »Hallo, ich bin Esra. Ich bin westdeutsch.«

Welche Beziehung haben Sie denn als Post-Migrantin überhaupt zu dieser nationalen Frage? Wenn Deutschland Fußball-Weltmeister wird, sind Sie dann Fußball-Weltmeisterin?
KÜCÜK: Meine primäre Beziehung dazu ist ganz stark von Fremdzuschreibungen geprägt. Das sind Störfaktoren, die einen daran hindern, eine eigene Beziehung dazu zu entwickeln. Es geht immer darum, was andere meinen, was man ist. Und man ist damit

beschäftigt, das abzuarbeiten. Stellen Sie sich mal vor, Sie stehen morgens auf und denken: »Ich bin ein Mann.« Und dann sagen alle: »Sie sind eine Frau.« In Deutschland bekommt man gesagt: »Du bist Türkin.« Und in der Türkei bekommt man gesagt: »Na ja, du bist ja eigentlich Deutsche.« So entsteht ein ungesundes Verhältnis. Deutsch geworden bin ich, als ich in Frankreich studiert und gelebt habe. Wenn ich dort gesagt habe: »Je suis Allemande« haben alle geantwortet: »Ah, cool, wie ist es denn in Deutschland?«

Das heißt, in Frankreich war Ihre Identität einfach, und hier wird sie kompliziert.
KÜCÜK: Sie wurde auch da mal kompliziert, als ich gefragt wurde: »Seid ihr alle Nazis?« Da dachte ich: »Huch, das ist ja etwas ganz Neues.« Mit der Frage wurde ich zuvor noch nie konfrontiert. Aber um das noch mal runter zu brechen: Für die meisten ist die Fußball-Weltmeisterschaft etwas Entspanntes. Für mich allerdings war sie von dem Wunsch geprägt: Hoffentlich spielt Deutschland nicht gegen die Türkei. Nicht weil ich nicht Lust gehabt hätte, mir das anzusehen, sondern weil ich all diese Fragen »Bist du jetzt für die Türkei oder für Deutschland?« so leid war. Ich fand es schon ziemlich früh ziemlich kleingeistig, dass das die einzigen Kategorien sein sollen.

Ich bin jetzt mal kleingeistig und frage: Was sind Sie, wenn Sie all die Fremdzuschreibungen abgearbeitet haben, wie Sie das eben so schön gesagt haben?
KÜCÜK: Ich bin eine Neue Deutsche.

Und Sie, Frau Wizorek, was sind Sie?
WIZOREK: Mir ist diese nationale Zuschreibung nicht wichtig, auch weil sich mein Freundeskreis dank Internet über den ganzen Globus erstreckt. Trotzdem finde ich es wichtig, darauf hinzuweisen, dass ich ostdeutsch sozialisiert bin. Denn ich merke, dass dieser Teil meiner Identität sonst unsichtbar gemacht wird. Auch wenn mich Leute aus dem Ausland nach meiner Herkunft fragen, gehen sie immer von der Westperspektive aus. Sie können sich

offenbar gar nicht vorstellen, mal jemanden aus dem Osten kennenzulernen. Und wenn, dann werde ich gefragt: »War es da wirklich so schlimm?«

Das bedeutet, in dem Punkt unterscheiden Sie sich gar nicht so sehr von Ostdeutschen, die 10, 20 oder 30 Jahre älter sind als Sie.
WIZOREK: Nein. Es wäre ja auch absurd zu behaupten, das Ostdeutsche wäre mit dem Mauerfall einfach verschwunden. Es wird nur so getan, als ob. Für mich ist das nicht nachvollziehbar. Für mich war zum Beispiel in Sachen Feminismus auch nicht Alice Schwarzer maßgeblich, sondern das Rollenbild, das mir in meiner Familie vorgelebt wurde. Es war ganz normal, dass meine Mutter arbeiten ging. Das alles wird aber immer noch beiseite geschoben.

Das leitet über zu meiner nächsten Frage. Inwieweit prägen Ihre Erfahrungen von vor 1989 Ihr heutiges Engagement?
WIZOREK: Es ist definitiv ein Teil dessen, wie ich die Welt erfahren und angefangen habe in Frage zu stellen, was mir als Norm präsentiert wird – wobei das lange nicht mit dem Begriff Feminismus verknüpft war, sondern eher mit so einem ganz schlichten Gerechtigkeitsbegriff. Also: Warum darf mein Bruder bestimmte Dinge? Und ich darf die nicht, weil ich ein Mädchen bin. Nach dem Mauerfall habe ich außerdem erlebt, dass die Frauen in der Westverwandtschaft fast ausschließlich Hausfrauen waren. Dieses Motto: »Sie hält ihrem Mann den Rücken frei« war ganz normal. Ich habe mich dann immer gefragt: »Aber wer hält denn den Frauen den Rücken frei?« Das hat mich nachhaltig geprägt. Der Übergang zum Feminismus und dass ich ihn mit mir als Person positiv besetzen will, war organisch. Dennoch gehen alle davon aus, dass ich ausschließlich von der westdeutschen Frauenbewegung geprägt wurde. Natürlich habe ich mich damit beschäftigt. Aber das war nicht der Auslöser. Hinzu kam der Alltagssexismus. Ich hatte lange nicht die Sprache, um zu benennen, warum sich das merkwürdig anfühlt, wenn die ständige Angraberei von Studentinnen einfach als Teil der Art eines Professors akzeptiert wird. Unsere

Generation hat außerdem vermittelt bekommen: Du kannst alles werden und alles schaffen, das Geschlecht spielt keine Rolle mehr. In solchen Momenten merkte ich dann: Das geht bis zu einem gewissen Punkt, aber nicht weiter.

Das war dann aber schon eine gesamtdeutsche Erfahrung.

WIZOREK: Ja. Ich will auch nicht so tun, als wäre in der DDR alles fortschrittlich gewesen. Wir hatten schließlich eine genauso patriarchale Gesellschaft. Da gab es zwar Vorteile durch gewisse Gesetze und Kinderbetreuung. Trotzdem waren auch bei uns die Staatsoberhäupter selbstverständlich Männer. Da war klar, woher der Wind weht. Es wäre Quatsch, das zu ignorieren. Gleichwohl ist es für mich eine absurde Vorstellung, dass eine Mutter als Rabenmutter gilt, nur weil ihr Kind in die Kita geht.

Wie war das bei Ihnen, Frau Kücük? Was hat Sie veranlasst, sich so zu engagieren?

KÜCÜK: Rostock-Lichtenhagen und Hoyerswerda sind nicht der Grund für mein Engagement, sondern eher die alltägliche Auseinandersetzung und das Gefühl, dass man im Einwanderungs- und Integrationsdiskurs immer wieder zurückfällt, obwohl die Zeit vorangeht. Ich hatte lange das Gefühl, es bewegt sich nichts, wir diskutieren immer über dasselbe. Die Sarrazin-Debatte war dann der letzte Tropfen. Plötzlich wurden die Grenzen wieder ganz nach hinten verschoben. Plötzlich hieß es: »Man kann es ja offen sagen, Muslime sind einfach das Problem in unserer Gesellschaft.« Und das in Kreisen, die weder rechtspopulistisch noch rechtsextrem waren, sondern ganz normale Bildungsbürger. Früher war das Label: »Ach, du Türke.« Das neue Label hieß »Muslim«. Ich wollte mich viel lieber mit Klimafragen beschäftigen oder europäischer Außenpolitik. Aber ich dachte: Irgendwie muss man hier etwas machen. Sonst überlässt man das Thema den Sarrazins dieser Welt. Ich wusste: Wenn man es in der Jugend nicht schafft, einen gesunden Umgang mit der eigenen Herkunft zu entwickeln und sich dafür schämt, dann holt es einen später ein. Darum habe ich die Junge Islam Konferenz gegründet. Ich wollte ein Gegengewicht schaffen.

*In der Jungen Islam Konferenz sind die Ostdeutschen deutlich unter-
repräsentiert, einfach weil es im Osten weniger Muslime gibt.*
KÜCÜK: Die Junge Islam Konferenz besteht zur Hälfte aus Muslimen und zur anderen Hälfte aus Nicht-Muslimen. Und es gibt in
unserem Netzwerk auch einige, die aus dem Osten kommen.

Aber es sind deutlich weniger.
KÜCÜK: Klar. Aber es gibt im Osten eine Szene, die sich mit der
Bekämpfung des Rechtsextremismus beschäftigt. Und davon sind
einige in der Konferenz dabei. Die ostdeutschen Länder haben uns
ansonsten noch nicht die Türen eingerannt, dass sie unbedingt
eine Junge Islam Konferenz wollen. Daran arbeiten wir.

*Wenn Sie jetzt wechselseitig Ihre Geschichten hören, empfinden Sie
da eine Nähe, weil manches zwar verschieden ist, sich manches aber
auch sehr ähnelt?*
KÜCÜK: Ich glaube, wir empfinden eine Nähe aufgrund des Ge-
dankenguts und nicht wegen der Herkunft. Feminismus und Mi-
grationsforschung haben ja ähnliche Herangehensweisen. Von daher würde ich sagen, dass wir durch eine ähnliche Brille schauen.

Frau Wizorek, Sie nicken.
WIZOREK: Ja, definitiv. Im Feminismus gibt es ja auch immer
wieder die Kopftuch-Debatte, wenn es um den Islam geht. Und
ich vertrete da eine andere Position, als sie bisher aus dem feministischen Bereich im Mainstream wahrgenommen wurde.
Anti-Rassismus wiederum ist genauso Bestandteil von feminis-
tischem Engagement. Insofern gibt es da eindeutig eine Schnitt-
menge.
KÜCÜK: Das ist total spannend. Denn es gibt ja in einer gewissen linken Schicht ganz vieles, was ich zunächst mal teilen würde.
Und dann wird in Islamfragen plötzlich ein neues Paradigma aufgemacht. Ich wurde zum Beispiel sozialisiert mit Texten von Alice
Schwarzer. Und plötzlich wirft sie bei Islamfragen alles in einen
Topf und sagt: »Ich reiße euch jetzt das Kopftuch ab. Denn das ist
ja ein Symbol von Unterdrückung.« Sie stellt sich über die Perso-

nen, über die sie spricht, und unterstellt ihnen, dass sie das, was sie tun, nicht aus freiem Willen tun. Da entsteht eine Hierarchie in der Diskussion, obwohl ich von Schwarzer glaubte, gelernt zu haben, dass die Beteiligten auf einer Augenhöhe stehen sollten: Männer und Frauen.

WIZOREK: Ich finde, Schwarzer hat in letzter Zeit sehr viele rassistische Positionen vertreten. Insofern kritisiere ich die auch. Dabei ist mir ganz egal, aus welcher Generation sie stammt. Wenn sie problematische Positionen vertritt, dann muss man das inhaltlich kritisieren dürfen und kann trotzdem die Errungenschaften von damals gut und richtig finden. Das widerspricht sich nicht. Frauen müssen das Recht haben, ein Kopftuch zu tragen. Genau so wenig wie eine Frau dafür kritisiert werden sollte, dass sie mit einem Minirock rumläuft, kritisiere ich Kopftuch tragende Muslima. In beiden Fällen geht es um Selbstbestimmung. Man sollte sich nicht über andere stellen und sagen: »Ich weiß jetzt aber, was besser für dich ist, weil du es selbst nicht weißt.« Dieses Paternalistische finde ich ganz schwierig.

Wenn Sie beide heute ansonsten in Ost und West unterwegs sind: Spüren Sie da einen Unterschied?

WIZOREK: Ich habe ja viele Lesungen und Veranstaltungen quer durch Deutschland. Da ist es interessant, zu sehen, wie ältere ostdeutsche Frauen immer noch Berührungsängste haben, obwohl sie durchaus feministische Positionen vertreten und sich locker Feministin nennen können. Aber sie haben immer noch dieses Identifikationsproblem, eben weil der Begriff so sehr westdeutsch besetzt ist und ostdeutsche Identität in dem Kontext so wenig stattfindet. Sie sind sehr dankbar dafür, dass ich das sichtbar mache. In Westdeutschland sehe ich dagegen, wie die klassischen Geschlechterrollen noch eher vorherrschen.

KÜCÜK: Ich merke einen extrem großen Unterschied zwischen Ballungsräumen und Nicht-Ballungsräumen. Leipzig und Berlin haben mehr miteinander gemein …

… als Hamburg und Stade.

KÜCÜK: Genau. Allerdings will ich Stade nicht verletzen. Ich bin ganz oft in so einer Berlin-Glocke. Da denkt man, die Sachen, die man jetzt gesagt hat, die sind schon old school. Doch in Stade ist man damit schon viel zu weit und muss erst mal die Brücke schlagen. Da sehe ich viel mehr Gefälle als zwischen Ost und West.

Und die Vereinigung als solche: Ist die in Ihrer Generation noch ein Gesprächsgegenstand?
WIZOREK: Bei Fragen, mit welchen Fernsehsendungen man groß geworden ist, wie überhaupt bei Fragen der Popkultur taucht das in meiner Generation noch öfter auf. Wir hatten eben nicht alle das gleiche Lieblingskinderbuch. Da gibt es Unterschiede.
KÜCÜK: Als wir uns in der Jungen Islam Konferenz mit der Frage beschäftigt haben, was Deutsch-Sein eigentlich heißt und wo die prägnanten Erzählungen sind, haben wir festgestellt, dass wir doch immer an westdeutsche Erzählungen denken. Die Narration des Deutsch-Seins wird unter anderem mit der Wiedervereinigung gefüllt. Aber sie wird nicht mit Leben gefüllt. Und als wir uns mit dem Thema Vielfalt im öffentlichen Leben auseinandergesetzt haben und wonach öffentliche Plätze oder Straßen benannt sind oder wie man in der Schule lernt, was Deutschland ist, da haben wir festgestellt, dass die neue deutsche Geschichte etwa der ersten Gastarbeiterabkommen wenig erzählt wird. Wie haben Gastarbeiter geholfen, Deutschland aufzubauen? Wie viel haben sie zum Wirtschaftswunder beigetragen? Insgesamt sind wir die Generation, die keinen Krieg erlebt hat, die Merkel-Generation, die, egal, was passiert, stumm ist und nicht auf die Straße geht. Bei den NSU-Morden stand niemand auf der Straße, auch die türkische Community nicht. Und dass wir alle überwacht werden, Stichwort NSA, interessiert ebenfalls niemanden. Uns geht es gut. Wir müssen nichts machen – egal ob mit oder ohne Migrationshintergrund. Die Nation spielt in dieser immer schneller werdenden Welt auf der einen Seite eine immer geringere Rolle, auf der anderen Seite wird das Thema Identität dadurch immer wichtiger.

Haben Sie denn das Gefühl, dass die Vereinigung insgesamt gut gelaufen ist?

WIZOREK: Nein, es wurde zu viel übergestülpt. Und außerdem ist es ja geradezu klassisch: Wenn der Feiertag ran rückt, setzt man sich mal wieder damit auseinander und sonst halt nicht. Das ist ein bisschen bizarr, obwohl es da noch so viele Baustellen gibt. Eine, von der ich gerade erst erfahren habe, ist die, dass Frauen, die nach DDR-Recht geschieden worden sind, noch mal exorbitant stärker von Altersarmut betroffen sind, weil sie durch den Einigungsvertrag bestimmte Zuwendungen als Geschiedene nicht bekommen. Auch Debatten über das Trauma der Überwachung zu DDR-Zeiten, das sich mit der heutigen Überwachung noch mal multipliziert, fehlen. Und das ist schade. Ich würde mir zudem wünschen, dass wieder mehr Ost-Alltag greifbar wird abseits der Tatsache, dass es keine Bananen gab – damit Leute sich das besser vorstellen können. Das alles findet kaum bis gar nicht statt. Und deshalb muss man sich schon fragen: Wie vereinigt sind wir am Ende? Die Vereinigung ist nicht abgeschlossen, wird aber so behandelt.

Frau Kücük, was meinen Sie? Fehlt etwas?

KÜCÜK: Ich glaube, wir müssen das Thema Rechtspopulismus in Ostdeutschland angehen. Das treibt mich sehr um. Ich erkläre mir rechtes Gedankengut auch so: Wenn man in einer Gesellschaft lebt, in der man als abgehängt gilt, dann ist es normal, dass man nach jemandem sucht, der daran Schuld trägt oder als noch randständiger erscheint, als man sich selber fühlt. Das muss mal richtig aufgearbeitet und die Ostdeutschen müssen aufgewertet werden. Ansonsten müssten in den Schulbüchern mehr ostdeutsche Geschichten erzählt werden, die eben auch Teil von Deutschland sind. Wir müssen das Tabu brechen, dass wir uns gar nicht trauen, eine Konversation darüber zu beginnen, ob jemand aus Ostdeutschland stammt. Als wir darüber nachgedacht haben, eine Junge Islam Konferenz in Ostdeutschland zu gründen, wollte ich sie Junge Islam Konferenz Ost nennen. Da haben einige gesagt: »Das können wir auf keinen Fall machen.« Ich glaube, wir müssen da ein bisschen Verkrampfung rausbekommen.

WIZOREK: Ich finde den Zusatz Ost gar nicht so schlimm.

KÜCÜK: Ja. Aber das Wort Türke ist eigentlich auch wertfrei, so wie Franzose oder Italiener. Nur ist es irgendwann zu einem Schimpfwort geworden.

WIZOREK: Das Problem gibt es auch im feministischen Diskurs immer wieder. Betont man, dass etwas für Frauen gemacht wird? Oder ist das eher kontraproduktiv, weil es das Klischee reproduziert? Das verstehe ich. Aber ich bin Ossi. Ich finde das auch keine Abwertung. Für mich ist das positiv.

Wie lautet Ihr Fazit nach 25 Jahren deutscher Einheit?

KÜCÜK: Die Zahl 25 zeigt, wie lange solche Prozesse dauern. Das unterschätzt man immer. Gesellschaftliche Veränderungen brauchen Zeit. Und sie machen Arbeit.

WIZOREK: Ich würde erst mal fragen: Was heißt hier eigentlich Einheit? Denn es gibt sie nicht – jedenfalls nicht so, wie sie landläufig verstanden wird. Wir befinden uns eigentlich doch immer noch in diesem Prozess.

KÜCÜK: Wir sollten ohnehin nicht sagen: »Weiter im Text.« Wir sollten vielmehr sagen: »Lasst uns einen neuen Text gemeinsam schreiben!«

»Die Angleichung wird noch Jahrzehnte dauern«

Die Ministerpräsidenten von Sachsen-Anhalt und Baden-Württemberg, Reiner Haseloff und Winfried Kretschmann, über Solidarität

Wenn der Ministerpräsident von Sachsen-Anhalt, Reiner Haseloff (61, rechts im Bild), CDU, und der Ministerpräsident von Baden-Württemberg, Winfried Kretschmann (67), Grüne, aufeinander treffen, dann ist es, als träfe David auf Goliath. Das gilt nicht für die Personen, sondern für die Länder, die sie vertreten: In Sachsen-Anhalt erwirtschaftete jeder Einwohner im Jahr 2013 ein Bruttoinlandsprodukt von rund 23 000 Euro, in Baden-Württemberg waren es knapp 38 000 Euro. Beide Länder gehören zur selben Bundesrepublik, spielen aber in anderen Ligen. Haseloff und Kretschmann

sind einander dennoch recht nahe. Kretschmann ist ein konserva-
tiver Grüner und Haseloff ein zumindest in Wirtschaftsfragen eher
linker Christdemokrat. So treffen sie sich politisch in der Mitte. Und
beide sind überzeugte Katholiken. Eigentlich hatte das Gespräch in
Sachsen-Anhalts Berliner Landesvertretung stattfinden sollen. Es
wird aber kurzfristig in den zwei Kilometer entfernt liegenden Bun-
desrat verlegt. Über lange Flure und Treppenhäuser finden wir uns
in einem großen holzgetäfelten Raum wieder. Die Regierungssprecher Matthias Schuppe und Rudi Hoogvliet sitzen mit am Tisch. Sie
sorgen durch humoristische Einwürfe für gute Laune.

Herr Kretschmann, tut Ihnen Herr Haseloff manchmal leid?
WINFRIED KRETSCHMANN: Das ist jetzt vielleicht nicht der
richtige Ausdruck. Aber ich wollte nicht immer mit ihm tauschen.
Denn ich habe es als Ministerpräsident eines reichen Landes mit
einer gewachsenen demokratischen Tradition, einem starken Mittelstand, starken Kommunen und einer sehr engagierten Bürgerschaft in vielem leichter. Ich bewundere meine ostdeutschen Kollegen ob der Schwierigkeiten, die sie meistern. Ich habe vor dem
Kollegen Haseloff großen Respekt.

*Die Wirtschaftskraft Baden-Württembergs übersteigt die Sachsen-
Anhalts um ein Vielfaches. Sie haben mehr Großkonzerne, höhere
Gehälter, mehr Steuereinnahmen und mehr junge Menschen.*
KRETSCHMANN: Die nach der Wiedervereinigung entstande-
nen Strukturunterschiede in der Wirtschaft zu bewältigen, ist ein
ganz großes Problem. Sie werden noch lange bleiben. Es gibt in
Sachsen-Anhalt kaum große Unternehmen, ja auch kaum große
Mittelständler, die Global Player sind wie bei uns. Aber das här-
teste Problem der Ost-Kollegen scheint mir die Abwanderung junger Leute zu sein, die zu uns kommen. Wir nehmen sie gern. Wir
brauchen sie natürlich auch. Denn wir gehen auf einen Fachkräf-
temangel zu. Andererseits ist die Steuerkraft im Osten doch schon
enorm gewachsen. Es tut sich etwas. Es baut sich etwas auf, so dass
wir jetzt auch nicht in Pessimismus verfallen müssen.

Begegnen Ihnen die jungen Ostdeutschen eigentlich auch persönlich?
KRETSCHMANN: Ja, bei uns wird ganz ordentlich gesächselt.

Und Sie, Herr Haseloff, hätten Sie gern mal die Probleme von Herrn Kretschmann?
REINER HASELOFF: Ja und nein. Alles, was er gerade beschrieben hat, hätte ich in meinem Land natürlich gern. Auf der anderen Seite hat in seinem Land jahrzehntelang die CDU regiert, die Bevölkerung ist relativ konservativ. Und es ist bewundernswert, wie er es mit einer Partei von früher sechs oder sieben Prozent hinbekommen hat, Ministerpräsident zu werden und nun Realpolitik zu betreiben. Im Übrigen können wir mit zwei Diktaturen einen Erfahrungsschatz einbringen, der zwar im operativen politischen Geschäft immer weniger eine Rolle spielt, uns aber doch hilft, Prioritäten zu setzen. Und das ist für Deutschland insgesamt vielleicht ganz fruchtbar. An manchen Punkten müssen wir zum Beispiel immer noch sagen: »Mensch, das sind eigentlich Sahne-Häubchen-Themen. Bei uns geht es immer noch um ein paar existenziellere Sachen.« Bei einer Steuerkraft pro Einwohner von 54 Prozent des Westniveaus muss man schon gucken, wo man bleibt. Wir werden noch auf viele Jahre hinaus nicht Bittende, aber von Ausgleich Abhängige sein – und zwar aufgrund einer deutschen Geschichte, die bei uns andere Konsequenzen hatte. Dabei stelle ich fest, dass Winfried Kretschmann immer noch dieses Gesamt-Geschichtsverständnis hat, das ich bei einem Politiker-Kollegen in Bayern aus der nachwachsenden Politiker-Generation nicht mehr auffinde. Damit ist nicht Ministerpräsident Horst Seehofer gemeint, sondern sein Finanzminister. Manche blenden das, was war, aus, als wäre es nicht gewesen.

Der besagte Markus Söder von der CSU hat kürzlich gesagt, man müsse es beim innerdeutschen Finanzausgleich so machen wie mit dem Finanzausgleich in Europa: Geld gegen Reformen. Wenn man die Analogie zu Ende denkt, heißt das: Wir könnten auch ohne Sachsen-Anhalt oder Mecklenburg-Vorpommern. Ist das im 25. Jahr der Einheit akzeptabel?

KRETSCHMANN: Es ist einerseits blasiert. Andererseits ist es Ausdruck von Normalität. Sie müssen bedenken: Ich habe noch hautnah mitbekommen, was die deutsch-deutsche Grenze bedeutet hat, wie es kalt wurde, wenn man nach Berlin wollte und die Volkspolizei kontrollierte. Ich habe diese Grenze in ihrer Scheußlichkeit erlebt. Und so etwas vergisst man nicht. Ich erinnere mich an dieses großartige Gefühl, als die Mauer fiel. Und ich habe heute immer noch diese Herzensfreude, wenn ich über die Grenze fahre. Ich bin schlichtweg glücklich, dass Sachsen-Anhalt und die anderen Ost-Länder wieder zu uns gehören. Was seither geleistet wurde, ist enorm. Deshalb sind wir solidarisch und wissen, dass die Strukturprobleme, über die wir eben gesprochen haben, nicht von heute auf morgen überwunden werden können. Da können sie sich anstrengen, wie sie wollen.

Was ist denn an dem, was Söder sagt, die Normalität: Dass der Westen den Osten so behandelt wie Griechen oder Spanier? Dass es also keinen Patriotismus gibt?

KRETSCHMANN: Mit normal meine ich, wenn man dieser Äußerung überhaupt etwas Positives abgewinnen will, dass man die Ostdeutschen so anguckt wie alle anderen Deutschen auch, ohne Berücksichtigung der Historie. Allerdings hat man noch nie die Zukunft gut bewältigt, wenn man nicht auch einen Blick in die Vergangenheit geworfen hat. Wenn alles belanglos wäre, was vor uns war, bräuchten wir keinen Geschichtsunterricht. Abgesehen davon redet der Söder viel, bis der Tag rum ist. Das muss man nicht alles so Ernst nehmen.

HASELOFF: Ich finde es sogar wohltuend, normal behandelt zu werden. Das ist ja genau das, was wir wollen, damit dieses Ossi-Wessi-Ding nicht noch länger eine Rolle spielt. Wir müssen uns anstrengen – auch wenn im Westen die durchschnittliche Jahresarbeitszeit drei Wochen geringer ist als bei uns. Und wir sind nur berechtigt, Solidarität einzufordern, wenn wir selbst unsere Hausaufgaben machen. Gerade deshalb habe ich mich von Markus Söder auch persönlich getroffen gefühlt, weil ich gerade in den letzten zwei Jahren eine Tortur hinter mich gebracht habe. Ich habe in allen Haushaltspositionen vom Blindengeld bis zu den Hochschulen kürzen und Proteste aushalten müssen, weil wir zu lange Haushalte über Neuverschuldung finanziert haben. Und dann kommt Markus Söder und tut so, als wäre nichts gewesen.

Ist er typisch für die Haltung der reichen Südländer?
KRETSCHMANN: Nein. Aber natürlich dürfen die wenigen, die den Länderfinanzausgleich tragen, auch nicht überstrapaziert werden. Wir konkurrieren eben nicht mit Sachsen-Anhalt. Wir konkurrieren mit dem Silicon Valley in Kalifornien, mit Singapur, mit Südkorea. Wir brauchen also enorme Mittel, nicht zuletzt für die Forschung, um in diesem internationalen Wettbewerb bestehen zu können. Wir treiben die Bundesrepublik mit unserer Wirtschaftskraft an. Und nur deshalb sind wir auch in der Lage, Solidarität zu üben. Insofern sind wir beim Länderfinanzausgleich überlastet – auch wenn das für jemanden aus den östlichen Bundesländern komisch klingt. Wer viel verdient, der hat auch viele Ausgaben. Eine wichtige Grundlage für Prosperität ist zum Beispiel eine hervorragende Hochschullandschaft. Die ist teuer. Und was die Bayern angeht: Die wollen immer so ein bisschen eine Sonderrolle spielen. Sie neigen zu starken Sprüchen. Das gehört zu ihrer Kultur. Das darf man nicht zu Ernst nehmen.

Die entscheidende Frage ist: Wie kommt man zu Verhältnissen, in denen der Ost-West-Ausgleich nicht mehr in dem Maße nötig ist? Die Ost-Länder leiden ja an einem Mangel an Konzernzentralen wie überhaupt an Unternehmen – und damit auch an einem Mangel an Steuereinnahmen. Und da gäbe es nun theoretisch zwei Möglichkeiten: Entweder man siedelt große Unternehmen in einem staatsdirigistischen Akt von West nach Ost um, also etwa Bosch oder Daimler. Oder die Länder, in denen die Großkonzerne zu Hause sind, leisten weiterhin einen finanziellen Ausgleich. Wäre da nicht die erste zwar die in einer Marktwirtschaft unmögliche, letztlich aber effektivere Variante?
KRETSCHMANN: Solche Eingriffe sind zum Glück nicht nur unmöglich, sie sind den dirigistischen Staaten auch ordentlich auf die Füße gefallen. Wir haben natürlich große Unternehmen wie Bosch

und Daimler. Trotzdem ist unser Rückgrat der Mittelstand. Im Übrigen ist Innovation sehr wichtig. Und was die Verkehrsinfrastruktur betrifft, ist der Osten teilweise auf einem besseren Stand als der Westen. Wir stehen dem Osten mit Rat und Tat zur Seite. Nur, letztlich muss er das selbst stemmen. Hinzu kommt: Die Krise um Russland und die Ukraine trifft den Osten nochmal härter. Denn die wirtschaftlichen Kontakte nach Osteuropa weiter zu beleben, ist eine Perspektive für den Osten. Wir müssen hoffen, dass wir das Problem gelöst bekommen. Das weiß der Kollege Haseloff besser als ich.

Die Erwartung ist, dass die Ostwirtschaft aus sich heraus wächst. Ist das denn realistisch?
HASELOFF: Sie ist ja gewachsen in Bereichen, die frisch am Markt waren und damit auch mit entsprechenden Risiken behaftet. So haben wir in Bitterfeld-Wolfen die Solarindustrie, das sogenannte Solar Valley, aufgebaut, allerdings durch alle möglichen Einflüsse internationaler Art dort wieder einen Rückbau erlitten. Die etablierten Märkte sind jedenfalls gesättigt. Die Frage, die sich nach 25 Jahren stellt, lautet: Ist der Instrumentenkatalog mit dem Solidarpakt und den Strukturfonds der Europäischen Union, der zu einer Verdoppelung des Bruttoinlandsprodukts geführt hat, weiter ausreichend, um den vom Grundgesetz geforderten und gewünschten Lückenschluss hinzubekommen? Und da muss ich sagen: Eindeutig nein. Das ist ausgereizt. Man braucht, um die letzten 20 bis 30 Prozent zu schließen, einen langen Atem. Wahrscheinlich werden wir den Rest des Jahrhunderts dazu benötigen. Und darum brauchen wir Änderungen. Die eine betrifft die Forschungsförderung und die Hochschulen. Von den staatlichen Aufwendungen pro Einwohner liegt Sachsen-Anhalt im vorderen Drittel. Da die Wirtschaft im Bereich Forschung aber fast komplett ausfällt, liegen wir letztlich doch auf Platz 16. Die Forschung findet nämlich in den Konzernzentralen statt. Wir haben oft nur die Dependancen und verlängerten Werkbänke. Wenn es einen steuerlichen Anreiz gäbe für den Fall, dass unsere Unternehmen ihren Gewinn für Forschung und Entwicklung einsetzen, könnte man etwas generieren,

was momentan nicht da ist. Der andere Korrekturwunsch betrifft den Steuerverteilmechanismus. Unsere Unternehmen müssen ihre Steuern auch bei uns bezahlen. Derzeit ist es manchmal so, dass sie die Konzernzentralen im Westen quersubventionieren, weil die in den roten Zahlen stecken. Den dritten Punkt hat Winfried Kretschmann schon angesprochen: Wir haben unsere Märkte gerade auch im Osten. Und jetzt haben wir durch die Krise in der Ukraine und in Russland Probleme und sogar die ersten Insolvenzen. Wir sind an einer Entspannung in Osteuropa sehr interessiert – wohl wissend, dass es um Krieg und Frieden geht und wir beim Völkerrecht nicht billige Kompromisse machen dürfen. Wir brauchen eine Perspektive.

Nun wird ja über die Abschaffung des Solidaritätszuschlages und einen veränderten Länderfinanzausgleich diskutiert. Wie ist da Ihre Position?
KRETSCHMANN: Das Aufkommen aus dem Solidaritätszuschlag sollte bleiben – allerdings nicht nur für den Osten. Die Länder brauchen insgesamt mehr Mittel, denn die Aufgaben und damit die Ausgaben sind in den letzten Jahren enorm gewachsen. Überall, wo Sie hinschauen, gibt es Sanierungsbedarf – an Straßen, Brücken, Gebäuden. Viele ehemals freiwillige soziale Leistungen sind mittlerweile verpflichtend. Und das alles im Lichte der Schuldenbremse, die es den Ländern untersagt, ab 2020 neue Schulden zu machen. Ich kann mir im Übrigen auch gar nicht vorstellen, wie wir sonst zu Kompromissen bei einer Neuordnung der Bund-Länder-Finanzen kommen wollen. Die Geberländer wollen ein Stück entlastet werden. Bremen oder das Saarland brauchen eine Möglichkeit, sich zu entschulden. Die östlichen Länder wiederum brauchen über das Auslaufen des Solidarpakts hinaus weiter Mittel. Das müssen wir austarieren. Aber wie auch immer wir den Länderfinanzausgleich gestalten: Deshalb wird sich kein Großkonzern in Sachsen-Anhalt ansiedeln. Viele Probleme haben damit gar nichts zu tun. Ich will mal ein Beispiel sagen: Wir haben an den allgemein bildenden Schulen ein Fach eingeführt, das heißt Wirtschafts-, Berufs- und Studienorientierung. Denn wir sehen sogar

in einem Land, in dem man den Mittelstand mit der Muttermilch aufnimmt, dass zu wenig Wissen über wirtschaftliche Vorgänge vorhanden ist. Doch Unternehmen gibt's nur durch Unternehmer. Und Unternehmer sind Leute, die Unternehmergeist entwickeln. Länder, die aus der Staatswirtschaft kommen, müssen sich mit der Markwirtschaft überhaupt erst mal anfreunden. Und dann müssen sie in ihr aktiv werden. Das ist grundlegend.

Herr Haseloff, Westdeutsche, die in den Osten fahren, sehen erst einmal wunderbar breite Autobahnen und Umgehungsstraßen. Und wenn einer aus Dortmund nach Erfurt kommt, dann denkt er unweigerlich: So schön möchte ich's auch mal haben. Ist der Aufbau Ost so gesehen eine böse Falle? Ist es womöglich fatal, dass man die Ungleichheit nicht mehr sieht?

HASELOFF: Na gut, wenn man neu baut, und das ist ja durch die Solidarität aller möglich gewesen, dann baut man eben neu. Man baut eine Autobahn nicht alt, damit sie keinen Neid erregt. Genauso ist es mit den Innenstädten. Als ich vor 25 Jahren das erste Mal aus meinem schönen, aber mit viel Bruch und Patina belegten Wittenberg in den Westen kam, war der Westen für mich ein glänzendes Paradies. 25 Jahre später ist da natürlich auch Patina drauf. Auch bei uns wird das, was heute noch weiß ist, in 25 Jahren wieder grau sein. Das sind Modernisierungsschübe. Ich kann trotzdem nachvollziehen, dass jemand, der aus dem Ruhrgebiet kommt, den Unterschied beklagt, will aber auf eines hinweisen: Die Einnahmen aus dem »Soli« fließen mittlerweile indirekt auch zu großen Teilen in den Westen. Wir haben derzeit Einnahmen von 15 Milliarden Euro jährlich. Aktuell gehen noch rund sieben Milliarden durch den Solidarpakt in den Osten, mit abnehmender Tendenz. Da der »Soli« in den allgemeinen Bundeshaushalt fließt und dort in der Regel nach Bevölkerungszahlen verteilt wird, landet ein Teil des Soliaufkommens also auch in den alten Bundesländern. Wir helfen nun mit unseren Solizahlungen denen, die uns 25 Jahre lang geholfen haben, die Schlaglöcher, die dran waren, zu stopfen. Darum ist eine Fortschreibung des »Soli« auf viele Jahre gerechtfertigt. Es gibt im Westen einen Investitionsstau. Den müssen wir beseitigen.

Ein weiteres Problem, über das wir eben schon sprachen, ist, dass junge Ostdeutsche lieber im Westen arbeiten, weil sie dort interessantere und besser bezahlte Jobs finden. Dadurch verschärfen sich die Probleme zusätzlich. Sie haben in Stuttgart die Menschen, die in Magdeburg fehlen, Herr Kretschmann. Haben Sie eine Idee, was man dagegen tun kann?

KRETSCHMANN: Zunächst einmal ist das ein Hinweis darauf, dass es auf die sichtbaren Infrastrukturen gar nicht ankommt. Die Autobahnen der Zukunft sind schnelles Internet. Wo das nicht ist, siedelt sich noch nicht mal eine Rechtsanwaltskanzlei an oder ein Architekturbüro. Generell gehen Menschen dahin, wo Arbeit ist. Andererseits explodieren in unseren Großräumen die Mieten, in Stuttgart zuletzt um zehn Prozent. Da müssen Sie schon saugut verdienen, um dort überhaupt wohnen zu können. Es treten also die ersten Bremsfaktoren ein, auch bei den Studierenden. Eine Studentenbude zu bekommen, ist bei uns extrem schwierig und extrem teuer.

Das heißt, vor dem Hintergrund könnte es für Leute attraktiv sein, in Sachsen-Anhalt oder Thüringen zu bleiben.

KRETSCHMANN: Ja, es kommt darauf an, sie zu halten. Allerdings gibt es einen Trend in die Städte. Selbst im reichen Baden-Württemberg haben wir Probleme, für die Top-Mittelständler im ländlichen Raum genug Fachkräfte zu bekommen. Deshalb ist es entscheidend, dass wir im Bereich Kinderbetreuung, Bildung und Wissenschaft gute Infrastrukturen haben. Kultur ist heute ebenfalls enorm wichtig. Und da ist ja in den östlichen Ländern sehr viel da. Im Übrigen ändern sich Dinge auch. Bayern ist dafür ein gutes Beispiel. Es war früher ein Agrar- und Nehmerland und ist heute das Geberland schlechthin. Ohnehin gibt es neben dem Ost-West-Gefälle heute ein gigantisches Nord-Süd-Gefälle – wenn man von Hamburg absieht. Mit solchen Unterschieden muss eine Republik einfach leben.

HASELOFF: Dass wir Bevölkerung verlieren, hängt nicht zuletzt damit zusammen, dass der Geburten-Sterbe-Saldo nicht stimmt. Und da haben wir die gleiche Statistik wie Baden-Württemberg. 1,4 Kinder pro Frau sind deutschlandweit zu wenig. Auch die Wanderungsbewegungen ähneln sich. Die Menschen gehen in die Mittelzentren. Oberzentren sind oft zu teuer für Familien. Die können sie gar nicht bezahlen. Der ländliche Raum läuft in Teilen leer. Oberfranken zum Beispiel hat seit der Wiedervereinigung enorm viele Einwohner verloren. Da gibt es gesamtdeutsche Dynamiken, die nicht mehr nach Himmelsrichtungen laufen, sondern vielleicht sogar europäisch.

Das heißt, unterm Strich muss man sich damit abfinden, dass der Osten in den harten Kennzahlen wie dem Bruttoinlandsprodukt und dem Steueraufkommen bis auf Weiteres um ein Drittel oder ein Viertel hinter dem Durchschnittswesten zurückliegt?

HASELOFF: Es wird noch dauern, bis sich alle statistischen Befunde nivellieren oder verwischen. Die Folgen des Zweiten Weltkrieges und der Diktatur in der DDR werden noch länger spürbar bleiben. Das wird sich weiterhin auch in den Steuereinnahmen und im geringeren Bruttosozialprodukt abbilden. Demografisch gesehen wird sich zwar hoffentlich manches normalisieren, gleichwohl werden wir auf Zuwanderung angewiesen sein. Das war in Mitteldeutschland aber schon immer so. Unsere Industriegebiete haben ihre Arbeiter aus Schlesien und Pommern rekrutiert. Ohne Zuwanderung kriegen wir noch mal einen richtig negativen Schub, wir nennen das das demografische Echo. Wir hatten 32 000 Geburten pro Jahr bis 1990, seitdem sind es 16 000 Geburten. Bei einer Geburtenrate pro Frau von 1,4 Kindern sind wir im nächsten Zyklus bei 9000 Geburten. Ohne Zuwanderung von außen werden wir das nicht überstehen.

KRETSCHMANN: An Pegida hat man nur leider gesehen, dass es Ressentiments gegenüber Migranten gibt – obwohl in Dresden ganz wenige Migranten leben und in Stuttgart ganz viele. Da geht's um die Aufhellung von Vorurteilen und vieles andere. Man muss aus dieser Eindimensionalität raus.

Sie meinen, der Osten muss sich da mehr öffnen.

KRETSCHMANN: Ja, er muss versuchen, das aufzulösen. Es geht nicht immer nur um Geld.

HASELOFF: Das ist richtig. Es geht auch um Imagefragen, wie zum Beispiel im Tourismus. Man muss aber sehen: Es gehört zur Besonderheit unserer Biografien, dass wir unter abgeschotteten Verhältnissen gelebt haben. Und wir haben schon mal einen persönlichen Transformationsbruch erlebt, den viele nur mit Mühe überstanden haben. Ich war ja in den 90er Jahren Arbeitsamtsdirektor in Wittenberg. Und 80 Prozent der Menschen hatten eine Arbeitsamtsakte bei mir. Alles wackelte. Das bedeutet: Es gibt jetzt noch mal Angst vor einem Bruch, bei dem die eigene Existenz gefährdet sein könnte. Idioten gibt es im Übrigen auch in den alten Bundesländern. Der Unterschied ist bloß: Dort existieren erprobte Mechanismen dagegen. Die fehlen bei uns noch. In Magdeburg haben wir inzwischen eingeübt, wie man sich dagegen wehrt, wenn Neonazis die Bombardierung der Stadt im Zweiten Weltkrieg für ihre Zwecke nutzen. Anderswo ist man noch nicht so weit.

KRETSCHMANN: Wenn in Dresden für die Rettung des christlichen Abendlandes demonstriert wird, dann ist das geradezu bizarr. Das christliche Abendland, was immer das im 21. Jahrhundert auch heißen mag, rettet man, wenn man am Sonntag in die Kirche geht.

HASELOFF: Da sind wir uns sehr einig.

KRETSCHMANN: Ostdeutschland ist wahrscheinlich eine der gottfernsten Regionen der Welt, mal rein quantitativ gesehen. Das ist auch ein Erbe des SED-Regimes. In Baden-Württemberg gehören weit über 70 Prozent der Bevölkerung einer christlichen Kirche an. Das sind Dinge, die man nicht einfach ändern kann.

HASELOFF: Ja, mit einer zusätzlichen Haushaltsposition sind solche Sachen nicht zu lösen.

Ich verstehe Sie richtig, Herr Kretschmann, dass Pegida und solche Erscheinungen dem Osten auch wirtschaftlich zum Nachteil gereichen?
KRETSCHMANN: Enorm. Wir ringen heute um die besten Köpfe auf der ganzen Welt. Die kommen doch nicht, wenn sie sich unsicher fühlen oder denken, sie sind nicht willkommen, werden ausgegrenzt oder Schlimmeres. Und wenn ich zum Beispiel den Wissenschaftsbetrieb anschaue, der ist heute international. Das

geht gar nicht mehr anders. Da muss man schon wissen, was man einem Land mit einer solchen Protestbewegung antut, nämlich nichts Gutes. Gegen Heimatverbundenheit ist ja überhaupt nichts zu sagen. Das macht auch den Charme vieler Unternehmer in meinem Land aus. Sie sind bodenständig und standorttreu, obwohl sie Global Player sind, die ihre Produkte in alle Welt verkaufen. Aber es gehört zu einer modernen Gesellschaft, dass man weiß, man ist Teil einer globalen Welt und Teil Europas. Europa ist unsere Zukunft.

Ich würde gern noch einmal zurückgehen auf einen anderen Punkt, den des Interesses aneinander. Wenn im Bundestag über den Jahresbericht zum Stand der deutschen Einheit diskutiert wird, dann sind ostdeutsche Politiker meist unter sich. Ähnlich verhält es sich bei den Journalisten. Kann es eigentlich sein, Herr Kretschmann, dass sich der Westen für die Einheit gar nicht zuständig fühlt?

KRETSCHMANN: Sie dürfen nicht vergessen, dass das Ganze tiefe historische Wurzeln hat. Wir haben im Süden sehr viel engere Beziehungen zur Schweiz oder zu Österreich als zu Nord- oder Ostdeutschland. Das war schon immer so. Die Schweiz und das österreichische Voralberg gehören zum alemannischen Sprachraum. Die Großmutter meiner Frau ist jedes Jahr nach Einsiedeln gewallfahrtet. Wenn Sie die oberschwäbische Barocklandschaft anschauen, dann merken Sie, das sind einheitliche Räume und Sprachverwandtschaften. Was haben wir mit den preußischen Traditionen zu tun? Das lernen wir im Geschichtsunterricht. Das war vor 1989 keine Bohne anders. Und darüber muss man jetzt auch nicht traurig sein. Wir leben in europäischen Räumen. Und durch die Nazis ist unser Nationalgefühl eh gebrochen. Wir sind wahrscheinlich die zivilste Nation der ganzen Welt. Erst bei der letzten Fußball-Weltmeisterschaft sind bei uns die Fahnen wieder eingezogen. Die sehe ich in der Schweiz auf jedem Bauernhof. Das ist bei uns nicht üblich. Wir sind ein föderaler Staat. Und ich bin ein großer Anhänger des Föderalismus. Gleichwohl gehören wir natürlich zu Deutschland. Baden-Württemberg ist wie Sachsen-Anhalt Mitglied des Bundesrates. Wir bestimmen die Bundespolitik mit, und zwar gern.

Sie schmerzt das aber wahrscheinlich, Herr Haseloff, weil diese Sicht der Dinge im Westen manchmal mit einer gewissen Arroganz gepaart ist.

HASELOFF: Ich bin da Realist. Deutschland ist aus Regionen zu einem Nationalstaat zusammen gewachsen. Die Regionalkultur ist prägend. Es gibt Bundesländer, die die Wiedervereinigung ohne Bruch erlebt haben – es hat sich nur ein Raum geöffnet, den man jetzt nutzen kann. Bei uns hat sich alles komplett umgekrempelt, nicht nur mit Stress, auch mit Freude. Wenn die ostdeutschen Bundestagsabgeordneten diese Sachen intensiver diskutieren, dann mit dem Stolz, dass wir jetzt dazu gehören, dass wir alle deutlich besser leben als früher und wir eine Verantwortung haben, diese Erfolge offensiv darzustellen. Wenn man sich die Personen anguckt, die die Bundesrepublik repräsentieren, kann man ja auch sagen, die Wiedervereinigung hat voll funktioniert. Mit Angela Merkel und Joachim Gauck sind die wichtigsten Positionen im Staat von Ostdeutschen besetzt – wenngleich im Rest des Kanzleramtes vielleicht noch drei weitere Ostdeutsche arbeiten und sonst bloß Westdeutsche. Gauck ist im Bundespräsidialamt vielleicht der einzige Ostdeutsche.

Der Leiter des Präsidialamtes, David Gill, ist auch Ostdeutscher.

HASELOFF: Ja, das stimmt. Dass Angela Merkel und Joachim Gauck so weit gekommen sind, hat allerdings mehr mit den Personen zu tun als mit ihrer Herkunft. Angela Merkel hat in der Spendenaffäre die CDU gerettet, als andere ausfielen, und sich dann bewährt. Das zeigt, dass wir Potenzial haben und die Republik steuern können. Und Gauck ist ebenfalls Bundespräsident geworden, weil ein anderer ausgefallen ist. Insgesamt sind die Ostdeutschen in den gesamtdeutschen Funktionseliten nicht ausreichend repräsentiert. Da ist noch Nachholbedarf. Da müssen meine Kinder und Enkel noch kämpfen und sich durchsetzen im Wettbewerb um Positionen und Funktionen.

KRETSCHMANN: Da möchte ich ein bisschen widersprechen, Reiner. Es ist ja nicht nur Zufall, dass unsere beiden Staatsoberhäupter aus dem Osten kommen. Denn sie sind grandios. Und sie sind beide außerordentlich beliebt. An der Kanzlerin führt doch kein Weg vorbei. Selbst die Linke hat sie jetzt schon gelobt.

HASELOFF: Das ist richtig. Sie sind beide gut und machen es gut. Aber Joachim Gauck wäre heute nicht im Bundespräsidialamt, wenn es nicht vorher Christian Wulff rausgekegelt hätte. Und Angela Merkel wäre in ihrer eigenen Partei nicht in diese Position gekommen, wenn sich nicht vorher andere rausgekegelt hätten.

Wobei ja nicht zuletzt die Ostfrau Merkel den Ostmann Gauck gar nicht wollte.

KRETSCHMANN: Sie kann ja auch mal einen Fehler machen. Aber jetzt sage ich etwas, was ich für gravierend halte. Das darf man wirklich nicht unterschätzen, denn es ist schlimm: Dass der Osten keinen Verein in der Ersten Fußball-Bundesliga hat. Das war am Anfang noch nicht so mit Dresden und Rostock und später mit Cottbus. Das ist fast so schlimm wie die Unterschiede in der Wirtschaft.

HASELOFF: Ja, in der Tat. Das mit dem Fußball ist fürchterlich.

KRETSCHMANN: Das zeigt, dass andere Probleme dahinter stecken. In der Alltagswahrnehmung taucht die alte Grenze wieder auf. Und das besorgt mich.

Dass der Osten in den gesamtdeutschen Eliten unterrepräsentiert ist, das sehen Sie aber nicht so, Herr Kretschmann, oder?

KRETSCHMANN: Das nehme ich nicht so wahr. Ich wüsste auch nicht, warum.

HASELOFF: In meiner Staatskanzlei sind 80 Prozent der Führungsebene aus den alten Bundesländern. Wie viele sind in deiner Staatskanzlei aus den neuen Bundesländern?

KRETSCHMANN *(schweigt lange):* Der Chef unserer Staatskanzlei ist gebürtiger Erfurter. Er ist zwar schon lange weg, aber noch stark geprägt von der Diktaturerfahrung. Er ist die liberale Stimme par excellence, auch wirtschaftspolitisch. Ich hätte aber noch eine andere Frage: Warum sind die Grünen so schwach im Osten? Auch das zeigt, dass starke Unterschiede da sind.

Wobei die Bundestagsfraktion mit Katrin Göring-Eckardt von einer Ostdeutschen angeführt wird.

KRETSCHMANN: Ja, auch deshalb nehme ich das mit den Eliten gar nicht so wahr.

HASELOFF: Es sind Einzelpersonen, die richtig gut sind und sich durchgeboxt haben. Aber ansonsten haben wir da statistisch gesehen Unwuchten im System.

KRETSCHMANN: Aber das darf einen nicht verwundern. Es handelt sich um ein gewachsenes System der Parteiendemokratie. Die politischen Eliten rekrutieren sich aus den Parteien. Und das Parteiensystem ist im Osten viel schwächer.

Dennoch sind wir im 25. Jahr der Einheit. Und auch in der Wirtschaft und der Justiz spielen die Ostdeutschen in den gesamtdeutschen Eliten nur eine geringe Rolle. Bei Frauen oder Migranten würde man jetzt eine spezifische Form der Förderung fordern, damit sich das ändert. Bei Ostdeutschen ist davon nicht die Rede.

HASELOFF: Eine Ossi-Quote möcht' ich nicht.

KRETSCHMANN *(atmet kräftig durch)*: Jetzt wird's prekär. Denn wenn man eine Ossi-Quote fordern würde, wären die Ossis erst mal beleidigt, dass sie immer noch nicht als normaler Bestandteil der Gesellschaft angesehen werden. Das ist eine Dialektik, aus der man ganz schlecht rauskommt. Alle haben beklagt, dass man von Ossis und Wessis redet. Aber wenn man darüber nicht mehr reden will, dann kann man auch die Quote nicht machen. Sonst müsste man dazu stehen und sagen: »Wir sind Ossis und wollen an die Fleischtöpfe ran.«

HASELOFF: Trotzdem. Ich war mal eingeladen zur Geburtstagsfeier einer wichtigen Persönlichkeit mit den Top 1000 dieser Republik. Da waren genau fünf Ostdeutsche dabei. Auf den Einladungslisten stehen wir nicht.

Herr Kretschmann, Herr Haseloff sagte eben noch, dass sich für bestimmte Länder wie Baden-Württemberg durch die Vereinigung nichts geändert habe, außer dass Deutschland größer geworden sei. Stimmt das?

KRETSCHMANN: Wirtschaftlich hat sich nicht groß etwas geändert, das stimmt. Wir exportieren sowieso zwei Drittel unserer Produkte ins Ausland. Aber von der Gefühlslage darf man die Vereinigung nicht unterschätzen. Wir kümmern uns jetzt zum Beispiel um die Anrainerstaaten der Donau und werfen dadurch auch einen Blick nach Osten. Wir hatten beim Aufbau Ost eine Partnerschaft mit Sachsen. Dadurch sind zahlreiche Verbindungen entstanden. Und wir haben viele sächselnde Schwaben inzwischen. Da hat sich natürlich was geändert. Andererseits ist es so, dass meine Frau nicht begreifen kann, warum die Linken im Osten immer so stark bleiben. Da hat sie irgendwie eine Wut.

HASELOFF: Das verbindet mich mit deiner Frau.

KRETSCHMANN: Wir hatten ja zum 25. Jahrestag des Mauerfalls den Grünen-Politiker und ehemaligen Bürgerrechtler Werner Schulz im Landtag. Er hielt eine brillante Rede über den aktiven Sturz der SED-Diktatur. Ziemlich wütend kritisierte er die grüne Regierungsbeteiligung mit der Linken in Thüringen. Da klatschte nahezu die CDU mehr als wir. Das sind so dialektische Verwerfungen.

Dabei kommt der grüne Justizminister Dieter Lauinger auch noch aus Ettlingen in Baden-Württemberg.

KRETSCHMANN: Obwohl ich Werner Schulz umarmt habe – es war eine furiose Rede –, weil ich ihn mag und wir uns lange kennen, respektiere ich natürlich die Entscheidung der thüringischen Grünen. Aber historisch betrachtet fasse ich das immer noch mit spitzen Fingern an.

Noch eine Schlussfrage: Wir haben ja lange von der Angleichung der Lebensverhältnisse gesprochen. Sollten wir dieses Ziel weiter formulieren? Oder sollten wir darauf lieber verzichten?

KRETSCHMANN: Das ist ja im Grundgesetz 1994 geändert worden. Bis dahin war in Artikel 72 von »Einheitlichkeit der Lebensverhältnisse« die Rede, seither von der »Herstellung gleichwertiger Lebensverhältnisse«. Denn es wird nicht überall gleich sein. Das war es auch vorher nicht. Wissen Sie, das ist so wie mit dem Glück.

Ich sage immer, der Mensch ist für das Glück nicht gemacht, sondern zur Freiheit berufen. Dass wir dauernd glücklich sein wollen und das auch von der Politik fordern, halte ich für einen Wahn. Aber das Streben nach Glück steht nicht umsonst in der amerikanischen Unabhängigkeitserklärung. Dass das Ziel gleichwertiger Lebensverhältnisse in der Verfassung steht, finde ich also in Ordnung. Sonst hört man ja auf, sich anzustrengen und nimmt alles hin. Man muss nur immer wissen, dass man es nicht erreicht. Die Sehnsucht nach dem Paradies ist geblieben, obwohl wir daraus vertrieben wurden.

HASELOFF: Da wir die gleiche theologische Wurzel haben, könnte ich das fast wortwörtlich wiederholen – obwohl sich mein Lebensstandard in den letzten 25 Jahren deutlich stärker verändert hat als sein Lebensstandard. Aber wie ich eben schon sagte: In der Realpolitik sind bestimmte Ressourcen jetzt ausgeschöpft. Da muss uns mehr einfallen. Das ist nicht nur eine Frage von Finanztransfers, sondern eine kulturelle Frage. Mit der Wiedervereinigung ist ein neuer Gründungsmythos entstanden, der in der Breite der Bevölkerung noch ungenügend realisiert wurde. Trotzdem ist die Generation, die das erlebt hat, die glücklichste Generation von allen. Das größte meiner vier Enkelkinder, Maximilian, wird heute elf Jahre alt. Für den ist es eine Selbstverständlichkeit, in diesem Deutschland zu leben. Da kann man nur Gott danken.

KRETSCHMANN: Wenn es etwas gibt, was mir an der Wiedervereinigung nicht gefällt, dann dass wir das, was ihr vorausging, Wende nennen statt Friedliche Revolution. Es war nämlich eine der wenigen Friedlichen Revolutionen, die die Menschheit überhaupt erlebt hat. Darauf können wir immer mit großer Dankbarkeit schauen, dass Menschen so mutig waren. Hannah Arendt sagte ja immer: »Wo, wenn nicht in der Politik, dürfen wir Wunder erwarten?« Und ein Wunder war es, als Menschen sich gemeinsam um eine Idee versammelt haben. Mit allem hat die SED gerechnet. Aber nicht damit, dass Leute mit Kerzen aus Kirchen kommen.

HASELOFF: Theologisch würde man sagen, wir haben ein Stück Heilsgeschichte erlebt.

»Der Osten ist jetzt eingetütet«

Die Journalisten Sergej Lochthofen und Hugo Müller-Vogg
über Deutungshoheiten

Während sich Sergej Lochthofen (62, links im Bild) dem Berliner Café Einstein vom ARD-Hauptstadtstudio kommend nähert, sitzt Hugo Müller-Vogg (68) schon an einem abgelegenen Tisch, über eine Tasse Kaffee und ein Stück Käsekuchen gebeugt. Doch dann bittet Fotograf Markus Wächter die beiden noch einmal vor die Tür. Trotz leichten Schneeregens übergeben mir der langjährige Chefredakteur der *Thüringer Allgemeinen* und der einstige Mitherausgeber der *Frankfurter Allgemeinen Zeitung* ihre Mäntel und bringen sich Unter den Linden in Positur. Als die Bilder im Kasten sind, gehen wir wieder hinein. Es kommen noch zwei Tassen Kaffee und noch zwei Stück Käsekuchen. Das Gespräch kann beginnen. Lochthofen liest abends im Brecht-Haus aus seinem neuen Buch

Grau. Er war es, der Müller-Vogg für das Gespräch vorgeschlagen hatte. Die beiden kennen sich seit Anfang der 90er Jahre, kommen politisch aus eher unterschiedlichen Ecken und geografisch sowieso – nämlich aus Workuta und Mannheim. Ansonsten sind sie gleichermaßen selbstbewusst. Lochthofen und Müller-Vogg schenken sich nichts. Dennoch wird viel und laut gelacht. Vielleicht gerade deshalb.

Herr Müller-Vogg, vor einiger Zeit fand in Berlin eine Diskussion über das Thema Staatssicherheit statt. Dabei saßen auf dem Podium fünf Westdeutsche und ein Ostdeutscher. Können Sie sich so etwas auch umgekehrt vorstellen? Also, sagen wir in Bonn debattieren fünf Ostdeutsche und ein Westdeutscher über die Aufarbeitung des Nationalsozialismus in der alten Bundesrepublik?
HUGO MÜLLER-VOGG: Aus Ihrer Frage ergibt sich die Antwort. Wir haben nach wie vor die Situation, dass in erster Linie Westdeutsche über den Osten sprechen.

Und das halten Sie nicht für richtig?
MÜLLER-VOGG: Die Ostdeutschen sollten im öffentlichen Diskurs schon eine viel größere Rolle spielen. Aber medial haben wir vielfach eine Westperspektive.

Herr Lochthofen, Sie haben den Westdeutschen jahrelang im ARD-Presseclub den Osten erklärt. Wie oft haben Sie sich nach 1989 über vorschnelle und zuweilen substanzlose Urteile von jenseits der alten Grenze geärgert?
SERGEJ LOCHTHOFEN: Es gibt Dumme im Osten wie im Westen. Ich bin da nicht der Richter. Aber um noch mal auf das Stasi-Podium zu kommen: Ich werde ja oft gefragt, wann die Einheit vollzogen sei. Dann sage ich: »Die Kanzlerin ist eine große Verehrerin von Ludwig Erhard. Sie hat seine Glaubenssätze zur Marktwirtschaft verinnerlicht. Ich meine, die Einheit ist dann vollzogen, wenn die Masse der Westdeutschen verinnerlicht hat, dass Erich Honecker auch ihr Generalsekretär war.« *(lautes Lachen auf beiden Seiten)*

MÜLLER-VOGG: Ich meine, die Einheit ist dann vollzogen, wenn die Meinungsforscher bei Umfragen keinen Unterschied mehr finden zwischen West und Ost. Wir wissen zum Beispiel vom Institut für Demoskopie Allensbach, dass es nach 25 Jahren immer noch gravierende Unterschiede gibt.

LOCHTHOFEN: Das ist kein Wunder. Die Generationen, die jetzt befragt werden, sind größtenteils noch im Osten oder Westen sozialisiert. Das heißt, sie haben auf bestimmte Dinge einen anderen Blickwinkel. Aber Umfragen in den 90er Jahren haben ergeben, dass die Unterschiede zwischen Ost- und Westdeutschland nicht so gravierend sind wie die Unterschiede zwischen Deutschland und Amerika. Man ist sich in vielen Fragen viel näher.

Die Vereinigung bescherte den Westdeutschen eine strukturelle Deutungshoheit. Die ostdeutschen Regionalzeitungen etwa fielen ausnahmslos an westdeutsche Verlage. Herr Lochthofen, wie haben Sie diesen Prozess wahrgenommen?

LOCHTHOFEN: Es ging damals nicht um Millionen-Investitionen, sondern um Milliarden. Das wäre über Management-Buy-out nicht zu machen gewesen. Allerdings haben wir diese Milliardenbeträge mit Zins und Zinseszins zurückgezahlt. Ich kann für die *Thüringer Allgemeine* sagen: Wir haben mit dem, was wir im Osten verdienten, 20 Jahre Aufbau West finanziert. Insofern gibt es da auch manchmal verzerrte Bilder.

Sie sind einer der wenigen Ostdeutschen, die sich in den 90er Jahren als Chefredakteur halten konnten. Wie erklären Sie sich das?

LOCHTHOFEN: Es gibt sachliche Erklärungen dafür. Die Verlagszentralen saßen im Westen. Die vertrauten vorzugsweise Leuten aus ihren Hierarchien. Egal, ob sie dafür qualifiziert waren oder nicht. Im Osten hatte das natürlich den Nachteil, dass diejenigen, die da kamen, oft weit weg waren von dem, was ihre Leser bewegte. Das war nicht gut. Die alten Zeitungen im Westen schrieben noch zehn Jahre nach der Einheit über den Osten wie über das Ausland – nur eben nicht wie über das befreundete Ausland wie Italien, wo die Küche einfach besser ist. Sondern die

Botschaft lautete: Der Osten benimmt sich nicht so, wie er sich benehmen sollte. Erst später hat man akzeptiert, dass Vielfalt dazu gekommen ist.

MÜLLER-VOGG: Wenn man eine ostdeutsche Regionalzeitung in die Hand nimmt, erkennt man an der Machart nicht unbedingt, wer der Anteilseigner ist. Da gibt es schon eine ostdeutsche Perspektive. Für die mediale Spaltung war viel entscheidender, dass im Osten kein überregionales Medium entstanden ist. Die bundesweit führenden Medien sind alles Westprodukte. Und die haben nach wie vor eher eine Westperspektive.

Traditionelle Ost-Blätter wie die Neue Zeit *und die* Wochenpost *gingen ein. Zugleich können überregionale Zeitungen und Magazine im Osten bis heute nicht richtig Fuß fassen. Warum?*

MÜLLER-VOGG: Das Konzept der *Frankfurter Allgemeinen Zeitung*, die die *Neue Zeit* übernommen hatte, war, die Leser zu halten und sie an die *FAZ* heranzuführen. Allerdings waren die Leser dann ganz schnell weg. Zugleich haben die überregionalen westdeutschen Printmedien im Osten kaum Leser dazu gewonnen. Diese Blätter haben nicht entsprechend der Bevölkerungszahl ein Fünftel ihrer Leser im Osten, sondern deutlich weniger.

LOCHTHOFEN: Der frühere Thüringer Ministerpräsident Bernhard Vogel hat sich bei mir mal beklagt, dass er in seiner Staatskanzlei niemanden traf, mit dem er über seine *FAZ*-Lektüre reden konnte. Er wusste, dass ich die *FAZ* las. Im Übrigen: Wenn man es aus der journalistischen Perspektive sieht, ist die Frage sehr berechtigt, warum die überregionalen Zeitungen in Ostdeutschland nicht Fuß fassen konnten. Aber die Verlage haben immer auch die wirtschaftliche Perspektive. Es gibt zudem im Osten keine so starke gemeinsame Identität, über die man eventuell berichten könnte. Die Interessenlagen sind in Mecklenburg-Vorpommern schon längst andere als in Sachsen oder Thüringen.

MÜLLER-VOGG: Es gibt nur ein Blatt, das im ganzen Osten gelesen wird: Das ist die *Superillu*. Die verherrlicht die DDR keineswegs, im Gegenteil. Aber sie pflegt eine unpolitische Ostalgie mit all den Stars von früher.

LOCHTHOFEN: Stars, die ich früher nicht kannte. Die habe ich erst in der *Superillu* kennengelernt. *(allgemeines Gelächter)* Als Bob Dylan-Freund war ich da nicht so vertreten.

MÜLLER-VOGG: Ich kenne die westdeutschen Stars der Volksmusik auch nicht. Nur ein Beispiel aus der *Superillu*: Vor der Fußball-WM 2006 gab es ein Gespräch zwischen der westdeutschen Fernsehlegende Harry Valérien und seinem ostdeutschen Widerpart Heinz-Florian Oertel, dessen Name mir bis dahin nicht geläufig war. Das wäre im *Stern* nie gedruckt worden. Die *FAZ* wiederum hat im Westen unmittelbar nach der Wende Spender gesucht für Patenschaftsabos im Osten. Da kamen relativ schnell etwa 10 000 Abos zusammen. Dann hat die *FAZ* Ostdeutsche gesucht, die sich für diese *FAZ*-Abos interessierten. Nach wenigen Wochen haben viele zurückgeschrieben, sie fänden das ja ganz nett. Aber sie könnten mit der Zeitung nichts anfangen. Da würde zu viel drin stehen, was sie nicht verstehen, und über Dinge berichtet, die sie nicht kennen. Im Westen herrschte halt die Vorstellung, dass im Zuge der Vereinigung zwei Teile eines Puzzles nur noch zusammen gefügt werden müssten. Das war der große Irrtum.

LOCHTHOFEN: Im Übrigen gibt es eine gesamtdeutsche Zeitung. Das ist die *Bild*-Zeitung. Das ist die Ebene, auf der sich die Deutschen offenbar auf Augenhöhe treffen.

Haben Sie denn immer noch den Eindruck, dass im Westen über den Osten wie über das Ausland berichtet wird?

LOCHTHOFEN: Ja. Weil der Osten manchmal das, was im Westen über 40, 50 Jahre gewachsen ist, in Frage stellt. Beispiel: Pegida. Verschreckte, abgehängte Menschen. Man hat im Westen einige Zeit gebraucht, um das zu verdauen und zu verstehen, dass es da einen anderen konservativen Hintergrund gibt. Der Westen hat doch auch bis zuletzt nicht verstanden, warum Angela Merkel Kanzlerin geworden ist.

MÜLLER-VOGG: Das sehe ich anders. Es gab eine gewisse männliche Arroganz gegenüber einer Kanzlerin. Ich würde da nicht so auf den Osten abstellen. Abgesehen davon war Frau Merkel anfangs für viele Westdeutsche schon ein wenig gewöhnungsbedürftig. Ich flog zum Beispiel Anfang der 90er Jahre mit dem damaligen Kanzler Helmut Kohl an die amerikanische Universität Berkeley. Ihm sollte da die Ehrendoktorwürde verliehen werden. Angela Merkel, seinerzeit Frauen-Ministerin, war mit an Bord der Maschine und fiel schon optisch auf. Sie kam barfuß in Jesus-Latschen, einem Flatterrock und Blüschen. Ein Kohl-Jünger erklärte mir: »Es ist ganz gut, dass sie nicht aussieht wie eine Westdeutsche, weil sie so im Osten nicht mehr akzeptiert würde.« Aber auf viele Westdeutsche wirkte ihr Outfit etwas hinterwäldlerisch.

LOCHTHOFEN: Man hat damals im Westen nicht verstanden, dass die, die im Osten in die Politik gingen, einen ganz anderen Hintergrund hatten. Die waren alternativ-studentisch. Sie müssen sich im Westen mal einen 16-jährigen Funktionär der Jungen Union ansehen, wie der sich gibt und kleidet. Der ist schon Rentner, bevor er volljährig wird.

MÜLLER-VOGG: Einen Aktenkoffer hat er schon. Er muss nur noch andere Akten rein tun.

LOCHTHOFEN: Aus dem Osten kam etwas ganz anderes dazu.

MÜLLER-VOGG: Die Schriftstellerin Monika Maron schrieb kurz nach dem Mauerfall in der *FAZ* einen Artikel über ihren ersten Besuch in einem West-Berliner Restaurant. Da habe sie festgestellt: »Wir Frauen im Osten haben Haare, die im Westen haben eine Frisur.« Über so etwas hatte ich nie nachgedacht.

LOCHTHOFEN: Ich bin da vorsichtiger. Es gibt ja zum Beispiel Weisheiten aus dieser Zeit, die besagen, dass die Ostfrauen viel besseren Sex hatten als die Westfrauen. Das gilt es wohl noch zu beweisen.

Zurück zu den Medien: Als der frühere Chefredakteur des Bayerischen Rundfunks, Rudolf Mühlfenzel, DDR-Rundfunk und -Fernsehen abwickelte, war in seiner 14-köpfigen Beratergruppe kein einziger Ostdeutscher. Ist das zumal rückblickend betrachtet nicht unfassbar?

MÜLLER-VOGG: Aus meiner Sicht ist das nachvollziehbar. Es war doch naheliegend, dass man nicht mit denen, die der SED das Wort geredet hatten, den neuen Rundfunk aufbauen konnte.

Aber man hätte ja vielleicht ein paar Dissidenten in die Kommission aufnehmen können.

MÜLLER-VOGG: Ein großer Teil der Redakteure wurde übernommen. Doch deren Stasi-Akten offenbaren dann ja, wie sehr Hörfunk und Fernsehen in der DDR im Dienste der Partei und der Stasi standen.

LOCHTHOFEN: Mühlfenzel hatte den klaren Auftrag, das Ostfernsehen zu zerschlagen. Das hat er mir gegenüber in einer schwachen Minute auch eingeräumt. Vor Publikum. Denn man hatte bis in die Mitte der 90er Jahre Angst, was dort in einer Krise passieren könnte. Fernsehen ist zu wichtig, als dass man das dem Zufall überlässt. Nicht dass der alte Karl-Eduard von Schnitzler wieder kommt. Obwohl: Im Westen gab es ja auch eine Sendung, die fast den gleichen Charme verströmte.

MÜLLER-VOGG: Sie meinen das *ZDF-Magazin* mit Gerhard Löwenthal? Das war aber viel näher an der Realität als der *Schwarze Kanal*. Der Vergleich ist nicht fair. Von Schnitzler war ein SED-Apparatschik, Löwenthal hatte wegen seiner Ansichten ständig Ärger im ZDF.

LOCHTHOFEN: Der Vergleich mag nicht fair sein: Die Darstellung der Realität war im *ZDF-Magazin* aber so mit Ideologie aufgeladen, dass ich das in der DDR eher vermutet hätte als im Westen. Und was die Zerschlagung angeht: Die Struktur des Fernsehens im Osten musste angepasst werden, das war klar. Es galt frei nach Lenin, die Kommandobrücken zu besetzen. Viele im Osten waren verbittert, dass sie bei diesem Umbruch nicht mehr mitwirken konnten. Heute würde man vielleicht manches anders machen. Andererseits ist der harte Schnitt des Gärtners manchmal der gesündere.

MÜLLER-VOGG: Man muss bei all dem immer beachten, dass das nicht generalstabsmäßig geplant war. Hier passierte etwas von heute auf morgen – nämlich der Mauerfall. Und dann musste schnell gehandelt werden.

Unterm Strich: Hätte man die Weichen bei der Umwandlung der Medienlandschaft in Ostdeutschland anders stellen müssen?

LOCHTHOFEN: Es kommt darauf an, aus welcher Perspektive man das betrachtet. Aber ich kann Müller-Vogg nur Recht geben: Die Ereignisse entwickelten sich mit einer Geschwindigkeit, die so vor allem im Westen nicht vorausgesehen worden ist. Am Abend der ersten freien Volkskammerwahl im März 1990 tranken wir in der Redaktion ein Gläschen Sekt. Und da habe ich gesagt: »Es würde mich nicht wundern, wenn wir im Herbst den Kanzler mitwählen.« Da lachten die Kollegen aus dem Westen – wir hatten ein Team vom Südwestrundfunk zu Gast – und sagten: »Da haben wir auch noch ein Wörtchen mitzureden.« Der Druck war dann aber so groß, dass wir alle nur noch reagieren konnten. Dabei hätte man auf die Ostdeutschen mehr Rücksicht nehmen können.

Kommen wir mal zu den Konsequenzen: Was folgt aus der strukturellen Dominanz des Westens für den politischen Diskurs in Deutschland? Wenn Sie, Herr Lochthofen, heute immer noch als jemand erinnerlich sind, der den Westdeutschen den Osten erklärt, dann heißt das doch, dass es von Ihrer Sorte nicht so viele gab – oder dass sie nicht rangelassen wurden.

LOCHTHOFEN: Es ist eher ein Zufall der Geschichte, dass ich mich als junger Mann schon für den Westen interessierte. Wenn ich ARD oder ZDF geschaut habe, dann nicht Rudi Carrell, sondern politische Magazine. Den Deutschlandfunk zu hören, war für mich seit dem 16. Lebensjahr eine Selbstverständlichkeit.

MÜLLER-VOGG: Herr Lochthofen, Sie waren eine singuläre Figur. Denn westdeutsche Chefredakteure ostdeutscher Medien konnte man nicht als Vertreter des Ostens ins Fernsehen setzen. Außerdem waren Sie über jeden Verdacht erhaben, Ihren Job über ein SED-Ticket bekommen zu haben.

LOCHTHOFEN: Ja, ich konnte das auch mit einem gewissen Selbstbewusstsein machen. Denn viele Leute aus dem Osten, die aus DDR-Zeiten ein einschlägiges politisches Gepäck mit sich trugen, konnten an der Stelle nicht selbstbewusst auftreten. Ich war damals zum Beispiel zu einer Talkshow mit dem ehemaligen Regierungssprecher Klaus Bölling eingeladen. Und das erste, was er mich fragte, war: »Was haben Sie denn eigentlich früher gemacht?«

Ich habe dann geantwortet: »In jedem Fall war ich nicht im Zentralrat der FDJ wie Sie.« Da war erst mal Ruhe. Bölling hatte als junger Mann zeitweilig für die FDJ-Zeitung gearbeitet. Er hat sich in frühen Jahren lange genug in Ost-Berlin herumgetrieben. Bölling hatte seine eigene Geschichte wohl vergessen. Diese Leute haben dann den Daumen über den Ostdeutschen gehoben oder gesenkt. Das konnte viele im Osten zu Recht verbittern. Und wenn man nicht genug Kraft dagegen hatte, mit einer Familiengeschichte, die ganz anders war, dann wurde man einfach an die Wand gedrückt und konnte gar nichts mehr sagen.

Noch mal zu den Folgen der westdeutschen Deutungshoheit. In den ersten Jahren nach der Wende war die Stasi im Westen und in den Westmedien ein großes Thema, während man im Osten schon bald das Gefühl hatte, die Leute haben eigentlich ganz andere Sorgen.

MÜLLER-VOGG: Mich hat es schon gewundert, dass keiner dieser SED-Gauleiter durch die Straßen gejagt oder ihm das Haus beschmiert wurde. Ich hätte mir eine so friedliche Wende nicht vorstellen können.

LOCHTHOFEN: Das war eine wichtige Voraussetzung dafür, dass die Einheit gelang. Der Westen wollte es kultiviert und nicht so wie in Rumänien. Wenn das Gleiche passiert wäre wie in Bukarest, wäre die Vereinigung viel schwerer geworden. Außerdem müsste ich, wenn es nach Ihnen ginge, heute jeden Gesprächspartner auf der anderen Seite fragen: »Was hat Ihr Großvater denn in Russland gemacht? Wie viele Leute hat er umgebracht?« Ich erwarte zum Beispiel auch von dem derzeitigen Bundespräsidenten, dass er an der Stelle mal etwas klarer wird. Sein Vater und seine Mutter waren noch vor 1933 überzeugte Nazis. Also keine Mitläufer. Das wäre doch ein schönes Thema für ihn.

MÜLLER-VOGG: Da erwarten Sie ein bisschen viel. Sie sehen ja an Richard von Weizsäcker, wie viel Verständnis er für seinen tief in das Nazi-Regime verstrickten Vater hatte.

LOCHTHOFEN: Genau deshalb war er bei seiner Rede am 8. Mai 1985 so überzeugend – weil er selbst aus der Kriegsgeneration stammt. Ich erwarte jedenfalls von Joachim Gauck, dass er viel stärker deutlich macht, wie Familien und Biografien verkrüppeln können und wie man vor diesem Hintergrund aufwächst und darauf achtet, dass das nicht noch einmal passiert.

MÜLLER-VOGG: Ich habe in Bezug auf Ostbiografien folgende Einstellung: Ich weiß nicht, wo ich politisch gestanden hätte, wenn ich in der DDR aufgewachsen wäre und meine Eltern in der SED gewesen wären.

LOCHTHOFEN: Streber, wie Sie einer sind, hätten Sie wahrscheinlich ordentlich mitgemacht.

MÜLLER-VOGG: Ich ein Streber?

LOCHTHOFEN: Entschuldigen Sie mal. Jetzt ist aber Schluss. *(lacht herzhaft)*

MÜLLER-VOGG: Streber ist etwas Negatives.

LOCHTHOFEN: So habe ich das natürlich nicht gemeint. Aber besser als die anderen sein wollen, ist schon ein starkes Motiv. In jeder Gesellschaft.

MÜLLER-VOGG: Nach meiner Erfahrung werden junge Leute in der Familie politisiert. Dann übernehmen sie entweder die Meinung der Eltern – oder sie rebellieren. Eine freie Wahl haben nur junge Leute aus unpolitischen Familien. Ich würde nie einem Ostdeutschen vorwerfen, dass er in der SED war. Was mich aufregt, sind die Jungs, die im Westen saßen und die DDR so klasse fanden.

Sie meinen, in den kommunistischen Gruppen.

MÜLLER-VOGG: Ich meine die Deutsche Kommunistische Partei. Da bin ich bei Herrn Ramelow. Herr Ramelow war zu intelligent, um in die DKP einzutreten, weil er wusste, dass dann seine Gewerkschaftskarriere nicht so steil verlaufen wäre. Aber er hat zur DKP durchaus enge Beziehungen gehabt. Wenn jemand wie Ramelow seine Hochzeitsanzeige im Zentralorgan der DKP namens *Unsere Zeit* veröffentlichte, dann tat er das, weil er davon ausging, dass seine Freunde das lesen. Und die DKP war ein Verein, der vom Osten finanziert wurde, um die Demokratie im Westen zu bekämpfen.

LOCHTHOFEN: Die DKP interessierte im Osten niemanden. Auch die Reaktionen auf die Stasi sind im Osten deutlich differenzierter.

Oder nehmen wir den Abzug der Russen: Viele Ostdeutsche hatten trotz Besetzung nur Mitleid: »Mein Gott, die armen Burschen! Wo die hinkommen, wissen wir.«

MÜLLER-VOGG: Mir geht es um die Heuchelei im Westen. Bei uns gilt vielfach: »Wer dort drüben aufgewachsen ist und ins System involviert war – Vorsicht! Aber wer im Westen aus freien Stücken die DDR toll fand, der war ein fortschrittlicher Mensch.«

Obwohl das Stasi-Thema im Osten keine große Rolle spielte, haben West-Medien nicht locker gelassen.

LOCHTHOFEN: Natürlich ist es so: Wenn man Akten und damit Beweise hat, kann man ganz anders darüber schreiben. Ich habe mich um meine Akte bemüht. Dabei klopften mir schon vorher Kollegen aus dem Westen gönnerhaft auf die Schulter und sagten: »Du musst dir keine Sorgen machen, in deiner Akte steht ja nichts.« Das heißt: Mit diesen Akten ist illegal gehandelt worden. Ein klarer Rechtsbruch. Einige waren so enttäuscht, dass sie selbst zur Tat schritten. »Der wird nicht bei der Stasi, sondern beim KGB gewesen sein«, hieß es dann. Ich habe erlebt, dass sie dieses Gerücht gezielt gestreut haben. Ein Chefredakteur tat sich hier besonders hervor. In meiner Akte standen dann Banalitäten. Die Leute waren über das Stasi-Thema schnell hinweg. Sie mussten erst mal sehen, dass sie nicht untergingen.

Die kurzlebige Tageszeitung Super! *titelte 1991: »Angeber-Wessi mit Bierflasche erschlagen – ganz Bernau ist glücklich, dass er tot ist.« War das die Antwort der Ostdeutschen auf die von ihnen als solche wahrgenommene Unterdrückung?*

MÜLLER-VOGG: Ich maße mir nicht an, mich in die ostdeutsche Mentalität von 1991 hineinzudenken. Was ich allerdings weiß, ist, dass viele Westdeutsche dort aufgetreten sind wie die neuen Besatzungsherren nach dem Motto: »Wir erklären euch jetzt mal die Welt.« Da kann ich gut nachvollziehen, dass die Ostdeutschen darauf allergisch reagiert haben.

LOCHTHOFEN: Es kamen sehr anständige und engagierte Leute. Aber viele erstklassige Jobs im Osten waren mit drittklassigen Leuten aus dem Westen besetzt. Damit konnte der Aufbau Ost nicht so einfach gelingen.

MÜLLER-VOGG: Das kann ich voll unterschreiben.

LOCHTHOFEN: Und jetzt noch mal zur *Super!*-Zeitung: Das Besondere an ihr war, dass keiner, der diese Schlagzeilen machte, aus dem Osten kam. Die stellten sich vielmehr jeden Tag vor, wie es sein könnte, als Ossi etwas zu schreiben. Eine Flasche Nordhäuser Korn und los ging's. Die *Super!*-Zeitung sollte ein Angriff auf die *Bild*-Zeitung sein. Später haben sie das Ding zugemacht.

Wäre das Bild des Ostens auch im Westen heute ein anderes, wenn die Ostdeutschen an diesem Bild selbst stärker hätten mitzeichnen dürfen?

LOCHTHOFEN: Die Geschichte hätte im Großen und Ganzen gar nicht anders laufen können. Außerdem war die Lust, gemeinsam etwas Neues zu machen, nicht groß.

MÜLLER-VOGG: Wenn man sich die Vereinigung hätte malen können und wenn die DDR wirtschaftlich nicht so katastrophal dagestanden hätte, dann hätte ich es unter dem Gesichtspunkt der politischen Hygiene viel besser gefunden, wenn die DDR noch ein paar Jahre selbständig hätte existieren können. Dann hätten die Ostdeutschen aufarbeiten können, was sie für nötig befunden hätten, und wir hätten irgendwann etwas gemeinsam gemacht.

LOCHTHOFEN: Helmut Kohl wollte aus den Stasi-Akten ein großes Feuerchen machen. Aber er war nicht in der Lage, das durchzusetzen. Insofern mussten wir durch diese Katharsis hindurch.

Gibt es denn Themen, die in den letzten 25 Jahren unterbelichtet geblieben sind – aus Ostperspektive?

LOCHTHOFEN: Das Große und Ganze ist erledigt. Und Mecklenburg-Vorpommern wird auch in 100 Jahren nicht so sein wie Baden-Württemberg.

MÜLLER-VOGG: Das ist im Westen genauso. Das Saarland wird auch nie mit dem Rhein-Main-Gebiet mithalten können – selbst wenn nur etwa 150 Kilometer dazwischen liegen.

LOCHTHOFEN: Dafür werden Thüringen und Sachsen das Saarland irgendwann hinter sich lassen. Es hält auch kein Politiker mehr eine Sonntagsrede, in der er sagt: »Die Vereinigung ist das Wichtigste, was wir haben.« Das Thema rangiert auf Platz acht oder zehn – wenn es überhaupt noch jemand erwähnt. Es gibt andere Themen, die uns beschäftigen. Der Osten ist jetzt eingereiht und eingetütet. Was ich mir wünschen würde, ist, dass die Gesellschaft durchlässiger wird für junge Talente. Da partizipiert der Osten nicht, weil die Strukturen fehlen. Die Konzerne und die großen industriellen Zentren sind nicht hier. Das heißt, man muss den Osten verlassen, wenn man Karriere machen will.

MÜLLER-VOGG: An einer Stelle merkt man die West-Dominanz in den Medien schon. Denn mit den nützlichen Idioten des SED-Regimes im Westen haben sie sich medial nicht auseinander gesetzt, weil sie …

… in vielen Zeitungsredaktionen selbst sitzen.

MÜLLER-VOGG *(lacht):* Das haben Sie gesagt.

Sie haben es mir in den Mund gelegt.

MÜLLER-VOGG: Außerdem hat uns der Aufbau Ost auch Einiges gekostet. Wir waren beim Pro-Kopf-Einkommen in Europa immer die Nummer zwei. Da sind wir jetzt abgefallen auf Platz sieben oder acht. Wir haben die ersten 15 Jahre immer drei bis vier Prozent des Bruttoinlandsprodukts von West nach Ost transferiert. Das geht medial ziemlich unter.

LOCHTHOFEN: 25 Jahre später werden wir sehen, dass es für den Westen ein gutes Geschäft war. Der Osten hat das Beste, was er hatte, seine junge Eilte, in den Westen abgegeben. Die jungen Leute sind gegangen. Es ist nicht so, dass die einen nur gegeben und die anderen nur genommen haben. Und wenn wir bei den Medien sind, dann ist es ohnehin ganz anders: Die Westverlage haben sich an den Zeitungen im Osten dumm und dämlich verdient.

Da würde ich gern anschließen. Herr Lochthofen, Sie haben sich am Ende mit der Essener WAZ-Gruppe, der die Thüringer Allgemeine *gehört, überworfen und sind 2009 als Chefredakteur ausgeschieden. Es ging letztlich um Rendite und journalistische Qualität. Steckte dahinter auch ein latenter Ost-West-Konflikt?*

LOCHTHOFEN: Nein. Ich glaubte und glaube bis heute nicht, dass das Modell aufgeht: »Ich mache das Produkt schlechter und kann es den Dummköpfen da draußen teurer verkaufen.« Das hat auf Dauer noch keine einzige Branche hingekriegt. Es gibt in Ost und West gleichermaßen eine Krise des Verlagsmodells.

Und Ihr langjähriger Verlag ist ja ein etablierter westdeutscher Verlag.

LOCHTHOFEN: Für uns in Thüringen waren 15 Prozent Rendite ganz normal. Das ist toll. Rewe würde bei so einer Rendite weinen vor Freude. Die WAZ-Gruppe wollte aber immer mehr, um damit im Westen defizitäre Zeitungen und Projekte zu subventionieren.

Sie, Herr Müller-Vogg, schreiben wie schon erwähnt unter anderem für die ostdeutsche Superillu. Schreiben Sie da eigentlich anders als für Blätter, die im Westen gelesen werden?

MÜLLER-VOGG: Ja, manchmal schon. Vor mehr als zehn Jahren schrieb ich zum Beispiel über Gerhard Schröder: »Der Brioni-Kanzler«. Da rief mich die Kollegin aus der Zentrale an und fragte, ob wir das nicht anders formulieren könnten, weil der ostdeutsche Leser bei »Brioni-Kanzler« nicht die gleiche Assoziation habe wie der westdeutsche Leser. Das hat sich inzwischen geändert. Generell muss ich bei der *Superillu* immer aufpassen, dass ich, wenn ich etwas schreibe über die mangelnde Leistungsfähigkeit der DDR-Wirtschaft, auch immer dazu sage, dass es nicht an den Menschen lag und die immer fleißig waren. Sonst kriege ich einen sogenannten Shitstorm. Bei der *Neuen Zeit*, dem ehemaligen Zentralorgan der Ost-CDU, gab es im Übrigen Leser, die schrieben, das sei ja alles gut und schön, was da in der Zeitung stehe. Nur würden sie nicht mehr finden, was die Parteileitung meine. Man muss schon unterscheiden zwischen dem System und den Menschen.

LOCHTHOFEN: Und dann noch zwischen denen, die keine Leserbriefe schreiben, und denen, die es tun. Das ist noch mal ein ganz spezieller Teil der Bevölkerung.

MÜLLER-VOGG: Ich sehe die ostdeutschen Leserbriefschreiber förmlich vor mir: Über 60, gut ausgebildet und nach der Wende nicht mehr richtig auf die Beine gekommen. Aber noch mal zum System: Angela Merkel hat mir erzählt, dass sie sich zu DDR-Zeiten immer darüber aufgeregt habe, dass die Menschen fleißig gewesen seien, aber der Output aufgrund eines bürokratischen, ineffizienten Systems stets sehr viel geringer gewesen sei als im Westen.

Haben Sie durch Ihre Beschäftigung mit Angela Merkel oder auch Gregor Gysi eigentlich so eine Art Ost-Faible bekommen?
MÜLLER-VOGG: Ich war mit 16 Jahren das erste Mal im Osten. Da lernte ich ein Ost-Berliner Mädchen kennen. Ich habe sie mehrfach in Ost-Berlin besucht, trotz schikanöser Grenzkontrollen, habe ihre Familie und ihre Freundin kennengelernt. Manche meiner Briefe an sie wurden von irgendwelchen DDR-Zensoren abgefangen. Da merkte man schon mit 16, dass die DDR nicht gerade freiheitlich war. Später als Journalist bin ich dann immer wieder rübergefahren, als Wirtschaftsredakteur der *FAZ* regelmäßig zur Leipziger Messe. Einige Male war ich auch privat eingeladen. Deshalb finde ich es grotesk, wenn mir Ostdeutsche sagen, ich sollte mal den Mund halten, weil ich von der DDR keinen blassen Schimmer hätte.

LOCHTHOFEN: Ich bin vor 1989 auch mal durch Rumänien gefahren und hatte danach eine Vorstellung von dem Land. Aber dort zu leben, ist immer noch eine ganz andere Geschichte.

MÜLLER-VOGG: Wir waren mal in Weimar bei Ostverwandten von westdeutschen Freunden. Die hatten ein Friseurgeschäft. Der Inhaber hatte ein Jagdgewehr und musste es drei Tage, bevor der Westbesuch kam, abliefern, damit diese sechs Leute aus dem Westen mit zwei Ossis keine Revolution machen.

LOCHTHOFEN: Und den ersten Kreissekretär erschießen.

MÜLLER-VOGG: Da fragt man sich schon: »Ist das ein Kasperletheater?« Die zweite Episode fand ich schon schlimmer. Ich hatte Freunden vor einem Besuch ein größeres Paket geschickt. Und wie das Leben so spielt, kam das Paket fast zeitgleich mit uns an. Plötzlich schnitt diese Frau die Adresse und den Absender aus dem

Packpapier heraus, bevor sie es entsorgte. Ich fragte sie: »Was soll denn das?« Da antwortete sie: »Der Hausmeister guckt in der Tonne nach, wer schon wieder ein Westpaket bekommen hat.« Wenn mir dann einer erklärt, das sei eine humane Form des Zusammenlebens gewesen, dann muss ich nicht dort gelebt haben, um zu wissen, dass es so human offensichtlich nicht war.

LOCHTHOFEN: Dass man mehr spitzelte, war systemimmanent. Andererseits war in der DDR bekannt, dass es so ist. Man war also entsprechend vorsichtig. Ich würde nicht unterschreiben, dass heute weniger denunziert wird. Man kriecht dem Vorgesetzten in den Hintern oder sucht sich einen Vorteil nicht, weil es die Partei befiehlt, sondern weil man auf diese Art und Weise vorankommen will.

MÜLLER-VOGG: Menschliche Schweinereien gibt es in jedem System. Aber der Unterschied ist, ob ein System diese menschlichen Schweinereien fördert und belohnt.

LOCHTHOFEN: Ja, das stimmt. Ich bin als Journalist aber immer wieder mit Menschen in Berührung gekommen, die sagten: »Vor meinem Parteisekretär hatte ich keine Angst. Vor meinem Geschäftsführer habe ich mehr Angst, weil der schon ein paar von uns entlassen hat.« Das Leben ist auch im Westen hart.

Meine Herren, wir sind am Ende. Gibt es noch etwas, was ich nicht gefragt habe?
MÜLLER-VOGG: Ich würde Ihnen noch gern meinen Lieblings-Ost-West-Witz erzählen.

Richtig. Ich kann mich erinnern, dass Sie in unserem Vorgespräch eine Anekdote nach der anderen rausgehauen haben.
MÜLLER-VOGG: Mein Lieblingswitz geht so: Kurz nach der Wende sagt der Ostdeutsche strahlend zum Westdeutschen: »Wir sind ein Volk.« Daraufhin sagt der Wessi: »Wir auch.«

LOCHTHOFEN: Ich kann da nur kontern: Was ist der Unterschied zwischen den Russen und den Westdeutschen? Die einen sind wir wieder losgeworden. *(lautes Gelächter)*

»Als der Osten aufgemacht wurde, sanken die Milchpreise«

Die Psychologin Karin Hoff und der Sozialwissenschaftler Benjamin-Immanuel Hoff über Liebe

Ob es denn möglich sei, dass wir uns am Samstagabend um 21 Uhr treffen, will Karin Hoff (38) wissen. Die Uhrzeit ist ungewöhnlich, aber logisch. Die promovierte Psychologin ist Mutter zweier Söhne und auch beruflich beansprucht. Ich gebe noch eine halbe Stunde dazu, weil die Kinder dann mit größerer Wahrscheinlichkeit schlafen – was nicht verhindert, dass das ältere der beiden gegen zehn durch die Tür lugt und sich wundert, dass da ein fremder Mann zu nachtschlafender Zeit seine Eltern interviewt. Denn auch Benjamin-Immanuel Hoff (39) ist jetzt da, Sozialwissenschaftler, Mitglied der Linkspartei und Chef der Staatskanzlei in Thüringen.

Nach der Wahl Bodo Ramelows zum Ministerpräsidenten des Landes saßen Karin und Benjamin Hoff im Bistro eines ICE von Erfurt ins heimische Berlin. Sie waren umringt von Journalisten. Vor allem waren sie sichtbar glücklich. Eine Psychologin aus dem Allgäu und ein Sozialwissenschaftler aus Ost-Berlin schienen überdies bestens geeignet, über das Thema Liebe zu reden. So sitzen wir also zusammen an einem Winterabend um halb zehn. Es gibt Süßes und Salziges zum Naschen und alkoholfreie Getränke. Karin Hoff ist wieder schwanger.

Frau Hoff, Herr Hoff, ist Ihnen eigentlich klar, dass Sie etwas ganz Seltenes sind?

BENJAMIN-IMMANUEL HOFF: Ja, in dem Sinne, dass meine Frau etwas Besonderes ist.

KARIN HOFF: Vielleicht sind wir in dem Sinne etwas Seltenes, dass ich aus dem Allgäu komme, katholisch und eher konservativ sozialisiert bin und einen Mann kennengelernt habe, der Ossi ist, nicht getauft, nicht in der Kirche sowie durch und durch ein Linker. Zudem kommt er noch aus der großen Stadt Berlin.

Ost-Männer und West-Frauen finden kaum zusammen, unter anderem weil, wie Forscher sagen, Ost-Männern die Fähigkeit zur Selbstrepräsentation fehlt. Anders ausgedrückt: Sie können nicht so gut auf sich aufmerksam machen. Stimmt's? Oder stimmt's nicht?

KARIN HOFF: Da wäre mein Mann eher atypisch. Benjamin ist ein Typ, der gut auf sich aufmerksam machen und sich in Szene setzen kann. Sonst wäre er auch nicht das, was er ist.

BENJAMIN HOFF: Ich weiß nicht, worüber meine Frau redet. Aber ich nehme es hin.

Überhaupt gibt es nicht so wahnsinnig viele Ost-West-Paare. Verstehen Sie das?

BENJAMIN HOFF: In meinem Bekannten- und Familienkreis ist das anders. Da gibt es eine ganze Reihe von Ost-West-Beziehungen.

KARIN HOFF: In Bayern, wo meine engsten Freunde leben, gibt's keine Ost-West-Paare. Und dass sich der Ost-Mann weniger gut in

Szene setzen kann, ist zwar erst mal ein Klischee. Aber wahrscheinlich stimmt es in gewisser Hinsicht doch. Dieses Unprätentiösere – das ist wohl tatsächlich etwas, das Ost und West unterscheidet.

Herr Hoff, nehmen Sie das auch so wahr?
BENJAMIN HOFF: Ich habe mir darüber nie Gedanken gemacht. Ich hatte bereits vor Karin Freundinnen, die aus dem Westen kamen. Die erste West-Freundin wohnte in Bochum und war Studentin. Ich war Abiturient und wohnte noch zu Hause. Zu ihr bin ich immer hingetrampt, damals noch vom früheren Grenzübergang Drei Linden. Da lernte ich Nordrhein-Westfalen kennen. Später war ich während meines Studiums einige Jahre mit Lena zusammen, die aus West-Berlin stammt und heute in Dänemark lebt, sowie anschließend mit Fanny, die aus Hessen nach Ost-Berlin gezogen war, aber an der Freien Universität in West-Berlin studierte. Es gab ja Zeiten, in denen war man in Ost-Kreisen ein bisschen stigmatisiert, wenn man eine West-Frau hatte. So nach dem Motto: »Jetzt haste auch noch emotional rüber gemacht.«

Sie meinen, das war Verrat?
BENJAMIN HOFF: Naja, Verrat ist etwas hoch gegriffen. Aber der unterschwellige Vorwurf lautete: Jetzt nehmen uns die West-Frauen auch noch die Ost-Männer weg. Oder: Kannst du keine anständige Ost-Frau finden? Dass es unterschiedliche Blickwinkel aufgrund von Lebenshintergründen gab und auch heute noch gibt, ist nicht von der Hand zu weisen. Lena zum Beispiel kam aus Steglitz-Zehlendorf. Damals in den 90er Jahren war der Unterschied zwischen dem betuchteren West-Berlin und einigen Ost-Kiezen noch spürbarer als im heutigen gentrifizierten Prenzlauer Berg oder Berlin-Mitte. Mit Karin ist der Unterschied durch die Differenz Ost-West, Stadt-Land, katholisch-nicht religiös am stärksten. Und wenn man jemanden heiratet und Kinder kriegt, dann geht das noch tiefer als die Beziehungen vorher. Am stärksten wurden die Unterschiede in meinen früheren Beziehungen und dem Zusammenleben mit Karin an den 1990 gebrochenen Erwerbsbiografien deutlich. Die waren bei unseren ostdeutschen Eltern der Normalfall.

Was waren Ihre Eltern?

BENJAMIN HOFF: Ost-Akademiker im Kultursektor, die nach der Wende beruflich neu angefangen haben.

KARIN HOFF: Solche Dinge habe ich damals nie wahrgenommen. Denn ich war zur Wendezeit ganz weit weg vom Osten. Ich bin 1977 geboren. Das einzige, was ich von der Wende mitbekommen habe, war, dass in der Nachbarschaft eine sächsische Familie einzog. Die kamen mit dem Trabi angefahren. Und die Kinder kamen immer zu uns auf den Hof. Der Mann hat in einer Baufirma im Dorf Fuß gefasst. Er hat sich durch fleißige Arbeit einen Stand erarbeitet.

BENJAMIN HOFF: Das finde ich spannend. Denn auch Deine Eltern sagen ja immer: »Die sind zwar aus dem Osten, aber wirklich ganz fleißige Leute.«

So, als wären es Ausländer.

BENJAMIN HOFF: Ja.

KARIN HOFF: Das andere, an das ich mich erinnere, war, dass die Milchpreise sanken, als der Osten aufgemacht wurde. Ansonsten hat sich im Allgäu kein Mensch dafür interessiert, dorthin zu fahren und sich das mal anzuschauen. Studiert habe ich in Saarbrücken und Trier. In der Zeit hatte ich auch mal einen Ost-Freund. Nach Berlin bin ich zum ersten Mal gekommen, als ich während meiner Promotion einen Vortrag hielt. Das war 2002 oder 2003. Unglaublich. Ich dachte: Was jammern die denn darüber, dass jetzt alles anders ist? Die sollen doch dankbar sein. Das war schon eine Sicht von oben herab. Ich habe damals extra noch ein Wochenende dran gehängt, um mir Berlin anzuschauen. Und ich dachte: »Warum habe ich mich nicht früher dafür interessiert, als alles so frisch war.« Das war eine gewisse Wehmut. 2002 war alles gelaufen.

Wann haben Sie sich kennengelernt?

BENJAMIN HOFF: Am 10. September 2007.

KARIN HOFF: Da war ich dann längst promoviert und habe an einem Suchtforschungsinstitut in München gearbeitet.

BENJAMIN HOFF: Ich war seinerzeit Gesundheits-Staatssekretär von Berlin und sollte einen Vortrag halten bei einem Kongress mit dem Titel: »Berlin qualmfrei«. Ich hatte aber vorher noch einen Termin. Und deshalb wurde mein Grußwort mit Karins Vortrag getauscht, so dass ich in ihren Vortrag reinkam. Da habe ich gedacht: Jetzt muss ich mich als unprätentiöser Ost-Mann anstrengen, sonst kriege ich diese West-Frau nicht ab. Nein, im Ernst: Ich habe sie gesehen und fand sie super. Und dann habe ich ein Grußwort gehalten, mit dem ich sie tatsächlich ein bisschen beeindrucken wollte. Sie guckte auch die ganze Zeit ganz aufmerksam zu mir hoch. Ich gab ihr später meine Visitenkarte. Sie schickte mir ihren Vortrag, obwohl sie wusste, dass ich ihn eigentlich schon hätte haben müssen. Dann haben wir hin- und her gemailt und hin- und her gesimst. Sie war kurz danach in San Francisco. Ich war parallel zufällig in New York. Schließlich haben wir uns in Berlin getroffen. Da hat's gefunkt.

Und Sie waren von seinem Vortrag wirklich beeindruckt?
KARIN HOFF: Ja. Allerdings hat er einen Ring getragen. Und ich war mir ganz sicher, dass er verheiratet ist. Jedenfalls habe ich gedacht: Das ist echt mal ein cooler Politiker. Der ist ganz anders als die anderen. Ich wusste aber nicht, in welcher Partei er ist. Damals war mir in München nicht so wichtig, welche Partei in Berlin regiert oder was ein Staatssekretär so tut.
BENJAMIN HOFF: Und sie hat immer andere Parteien gewählt. Woran sich leider nichts geändert hat.
KARIN HOFF: Irgendwann habe ich dann gemerkt: Mist, das ist ja ein Linker. Und ein Bekannter in München sagte noch: »Das ist echt ein Stigma.« In Bayern gibt's so was ja gar nicht.

Aber es war für Sie kein Hindernis?
KARIN HOFF: Es war insofern kein Hindernis, weil ich politisch nicht festgefahren war. Nur von der CDU oder der CSU hätte er nicht sein dürfen.
BENJAMIN HOFF: Hier bei uns regiert eine anständige Mitte-Links-Koalition. Das ist schon in Ordnung. Wir haben am Anfang

ganz viel diskutiert. Was Karins Elternhaus ihr interessanterweise mitgegeben hat und was man, wenn man Vorurteile hat, erst mal nicht mit dem Allgäu verbindet: eine ziemlich große Toleranz. Das haben ihre Eltern auch mir gegenüber immer gezeigt. Da gab es diese Stigma-Situation nie. Im Übrigen nähert man sich im Laufe des Zusammenseins in seiner Gedankenwelt ja auch an. Wir sind von sehr unterschiedlichen Punkten gestartet und haben uns dann aufeinander zubewegt. Das hatte durchaus mit Ost- und West-Dingen zu tun. Wir haben zum Beispiel ganz intensiv über die These diskutiert: »Jeder ist seines Glückes Schmied.« Da habe ich gesagt: »Schau dir doch mal die Situation 1989 an. Da passierte ein revolutionärer Umbruch. Und danach war im Osten die Gesellschaft weg. Da mussten ganz viele einfach von null anfangen. Da kannst du doch nicht sagen: Jeder ist seines Glückes Schmied.« Das war bei uns ein heißes Thema.

KARIN HOFF: Das würde ich jetzt anders reflektieren. Ich lerne ja durch die Psychotherapie viele Menschen kennen, die schlechte Startbedingungen haben. Trotzdem bin ich immer noch bei dem Spruch von des Glückes Schmied. Den Kopf in den Sand zu stecken, das lass ich auch bei meinen Patienten nicht gelten. Ich würde das nur in dieser Absolutheit nicht mehr formulieren.

Wie war es, als Sie sich näher kennenlernten? Haben Sie da Dinge aneinander entdeckt, die Ihnen fremd waren und Ihnen irgendwie westdeutsch oder irgendwie ostdeutsch vorkamen?

BENJAMIN HOFF: Ich weiß nicht, wie du es reflektierst. Aber man erzählt ja, wenn man sich so kennenlernt, oft sich wiederholende Geschichten. Und ich habe dann immer Geschichten erzählt aus einem anderen Land. Das beginnt bei anderen Fernsehsendungen. Es ging auch um die Jungen Pioniere, wo Karin gesagt hat: »Seid ihr bescheuert, euch eine Uniform anzuziehen und zum Fahnenappell zu gehen.« Gerne auch mit dem Zusatz: »Das ist ja wie bei Hitler!« Worauf ich natürlich erwiderte: »Das ist was völlig anderes.« Irgendwann gab es dann mal im *Spiegel* einen Artikel mit dem Begriff: »Bundesdeutsche mit sozialistischem Migrationshintergrund«. Das fand ich eine schöne Beschreibung, in der ich mich aufgehoben fühle. Zwar gibt es das Land, aus dem ich komme, nicht mehr. Aber einen Migrationshintergrund habe ich mit den anderen Ostdeutschen dennoch.

Wie haben Sie sich dem Osten weiter angenähert, Frau Hoff?
KARIN HOFF: Ich bin 2007 nach Dresden gegangen. Dadurch hat sich viel verändert. Ich hatte in München zwar eine unbefristete Stelle, wollte aber mal an eine Uni-Klinik gehen. In Dresden hat sich dann eine Chance aufgetan. Aber ich wäre nie gewechselt, hätte ich nicht vorher Benjamin kennengelernt. Ich habe das getan, um ihm näher zu sein, ohne schon den Schritt zu wagen, ganz nach Berlin zu gehen. In Dresden habe ich schnell Fuß gefasst. Die Leute waren eher unsicher. Aber es ist für einen Fremden schöner, wenn die Leute zurückhaltender sind. So kam ich das erste Mal mit Ost-Biografien in Kontakt. Da lernte ich viele Patienten kennen, die die Wende beruflich oder privat nicht oder nur schwer überstanden hatten. Es geschafft zu haben, war etwas Besonderes. Das hatte ich vorher überhaupt nicht wahrgenommen. Ich war schockiert über die eigene Arroganz dem Osten gegenüber. Da habe ich ganz oft bei Benjamin nachgefragt, weil ich viele Fakten einfach nicht kannte. In der Krankenpflege zum Beispiel waren fast ausschließlich Ostdeutsche beschäftigt, vornehmlich Frauen. In der Chefetage aber saßen nur Westdeutsche. Da ist mir zum ersten Mal bewusst geworden, wie krass der System-Wechsel gewesen sein muss. Und dann die Plattenbauten. Da muss ich eine Geschichte erzählen.
BENJAMIN HOFF: Das ist eine meiner Lieblingsgeschichten.
KARIN HOFF: Ich hatte eine Bekannte, die ich über Benjamin kennengelernt habe. Sie hatte ein Kind und sagte irgendwann: »Ach, lass uns ins Neubaugebiet gehen.« Wir liefen dann los und ich dachte immer: »Wann kommt's denn?« Da sagte sie: »Na hier!« Das war das Plattenbauviertel. Und ich hatte geglaubt, im Neubaugebiet stehen Einfamilienhäuser. Ich dachte, ich falle vom Glauben ab. Was das Politische angeht, grabe ich auch heute immer wieder nach und will Kritik am Osten hören, zum Beispiel auch in dieser Unrechtsstaatsdebatte. Da denke ich: »Mensch, Benjamin, sei doch mal souverän diesem Staat gegenüber. Das war doch auch

Scheiße.« Da fehlt mir manchmal die andere, die ganz kritische Seite, die wir als Wessis hatten und die ich selbst ja eh schon nicht mehr habe.

Wann haben Sie geheiratet?
KARIN HOFF: 2009 standesamtlich in Dresden und 2010 kirchlich im Allgäu.

Wenn Sie zunächst nicht nach Berlin wollten, um Distanz zu halten, dann ging es vom Kennerlernen 2007 bis zur Hochzeit 2010 aber relativ schnell.
KARIN HOFF: Da war unser erster Sohn Luis schon unterwegs. Außerdem hatte das weniger mit meiner katholischen Herkunft als mit meinem Sicherheitsdenken zu tun. Das sollte dann schon in Sack und Tüten sein. Das mit der kirchlichen Hochzeit im Allgäu ist eine Frage der Tradition – aber nicht weil ich sagen würde, ich bin so eine Wahnsinns-Katholikin.
BENJAMIN HOFF: Das hat auch was mit Heimat zu tun. Und die Heimat ist das Allgäu. Aber Sie haben ja nach dem Ost-West-Ding im Kontakt mit den Eltern gefragt. Das spielte eher bei Karins Mutter als bei ihrem Vater eine Rolle. Bei Karins Vater gab es eine zeitliche Zufälligkeit, als Karins Bruder sich damals gerade entschieden hatte, für die Grünen im Gemeinderat zu kandidieren. Und dann sagte ihr Vater den schönen Satz: »Man kann sich ja abends nicht mehr in die Wirtschaft trauen. Der Sohn ist bei den Grünen, und die Tochter ist mit einem Kommunisten zusammen.« Das war aber schon so halb spaßig gemeint. Für die Eltern war eher entscheidend: Akzeptiert der uns in der Art, in der wir hier als Bauern leben? Das hat weniger mit Karins Eltern als mit dem Bauern-Sein an sich zu tun. Es gibt einen unglaublich großen Stolz auf das, was man macht. Und gleichzeitig oder vielleicht gerade deshalb das Gefühl, dass die Welt das, was die Bauern tun, nicht zu schätzen weiß. Da gab's eher den Blick auf den fremden Städter als auf den »ostzonalen Kommunisten«. Und wenn die Tochter verheiratet wird, ist das für die Eltern vermutlich ohnehin nicht so einfach. In der Debatte um die Frage, warum ich nicht getauft bin, ging es üb-

rigens auch um das Thema Gerechtigkeit. Da habe ich gesagt: »Ihr nennt es christlichen Glauben. Ich nenne es Sozialismus. Aber im Wesentlichen kommt es auf das Gleiche heraus.« Damit war Karins Mutter nicht ganz einverstanden. Doch letztlich haben sie akzeptiert, dass wir hier ein bisschen anders sind. Spannend fand ich zu sehen, dass es da im Allgäu ein hohes Arbeitsethos gibt. Ich sage immer: »Das sind Katholiken. Sie leben aber Max Webers protestantische Ethik in Reinkultur.« Das ist wiederum, was Karin und mich verbindet: Wir tun beide gern viel und akzeptieren auch den anderen darin, dass er viel tut.

Wie war das denn mit der kirchlichen Hochzeit? Da hat doch eine Katholikin einen Gottlosen geheiratet, oder?
KARIN HOFF: Wir haben uns einen linken Pfarrer gesucht. Außerdem ist Benjamins Mutter getauft. Seine Großmutter war katholisch. Mit ihr zusammen waren wir Pfingsten in der Kirche. Ich hatte das Gefühl, er kennt die Bibel besser als ich.
BENJAMIN HOFF: Meine Großmutter war polnische Katholikin und ist später in Frankfurt/Oder und in Senftenberg gelandet. Meine Mutter ist aus der katholischen Kirche aus- und in die SED eingetreten. Insofern komme ich aus einem humanistisch geprägten Elternhaus. Nach der Wende bin ich zuerst in Junge Gemeinde-Strukturen gewesen, bevor ich linke Politik machte. Da waren Freunde, mit denen ich diskutiert habe. Karin war es kulturell wichtig, dass die Kinder getauft sind. Ihr sprecht ja auch abends noch das Nachtgebet.
KARIN HOFF: Ja, aber das kann ich vergessen, ihnen hier in Berlin katholische Werte zu vermitteln, die ich ihnen eigentlich gerne vermittelt hätte. Dass es etwas gibt, an das man glauben und das einen auch als Kind ein Stück tragen kann: an Schutz, an Hoffnung, finde ich eigentlich wichtig. Ich tue mich aber auch selbst oft schwer damit, wie die Kirche agiert – etwa gegenüber Homosexuellen.

Wir sprachen über die Eltern Ihrer Frau, Herr Hoff. Wie war das mit Ihren Eltern?

BENJAMIN HOFF: Meine Eltern haben sich im Dezember 1989 getrennt. Ich bin dann bei meiner Mutter geblieben, bis ich 18 war. In meinem damaligen Bekanntenkreis gab es viele Familien, in denen die Eltern sich trennten. Für uns, so gerade in die Pubertät kommenden, war das nicht einfach. Die DDR als Gesellschaft war weg, das Schulsystem veränderte sich radikal, und die Familie brach auch auseinander.

KARIN HOFF: Zu mir sind Benjamins Mutter und Vater sehr offen. Aber letztlich kommen wir aus völlig unterschiedlichen Familien. Es gibt bei uns in der ganzen Familie zum Beispiel niemanden, der sich hat scheiden lassen. Unsere Familienbiografien sind wirklich krass unterschiedlich. Meine Familie ist tief im Allgäu verwurzelt.

BENJAMIN HOFF: Ich habe mal gefragt, wie lange sie schon Landwirtschaft betreiben. Da bekam ich zur Antwort: »Auf diesem Hof sind wir seit dem 16. Jahrhundert freie Bauern.« Da schluckt man dann und denkt: Dadurch erklärt sich vieles andere auch.

Gab es weitere Punkte, an denen sich dieser Ost-West-Unterschied in Ihrer Beziehung ausgewirkt hat?

KARIN HOFF: Der größte Vorteil, dass ich in den Osten gezogen bin, bestand darin, dass es mir so wahnsinnig leicht gefallen ist, beruflich wieder einzusteigen. Denn bei uns im Allgäu blieb man als Kind so lange zu Hause, bis man in die Schule kam. Daheim gab es nicht mal einen Kindergarten. Das Verhältnis zur Mutter war ganz eng. Mein Kind mit einem Jahr in eine Kita zu geben, das hätte ich nicht geschafft, wenn Benjamin nicht gesagt hätte: »Ist doch ganz normal.« Alle in unserem Umfeld haben das so gemacht. Benjamin hat sich auch um die Eingewöhnung in der Kita gekümmert. In keiner anderen Stadt wäre ich so schnell und so gut wieder in den Beruf eingestiegen. Das würde ich als wahnsinnigen Vorteil sehen. Du sagst ja auch immer: »Ich will keine Frau zu Hause haben, die nur Mama ist und kocht.« Das macht es mir mit einem Ost-Mann wahnsinnig leicht. Das läuft deutlich besser als mit West-Männern.

Ostfrauen sagt man nach, auf eine natürlichere Art emanzipiert und weniger »schwierig« zu sein. Was im Umkehrschluss heißt, dass Westfrauen schwierig sind. Ist das Männer-Gerede oder wahr?

KARIN HOFF: Ich würde jetzt von mir sagen, dass ich total unkompliziert bin.

BENJAMIN HOFF *(grinst)*: Wir führen hinterher noch mal Vier-Augen-Gespräche, in denen man Sachen richtig stellen darf, oder? Aber im Ernst: Ohne meine West-Frau hätte ich nicht sparen gelernt.

KARIN HOFF: Oh ja, das ist auch so ein Thema. Mann, Mann, Mann.

BENJAMIN HOFF: Wenn man zusammen lebt und Kinder bekommt, dann denkt man auch noch mal mehr an das Thema Vorsorge. Ich weiß nicht, ob das eher was Ostiges oder was Linkes ist, auf jeden Fall habe ich früher gedacht, das Geld soll eher im Kreislauf sein. Das sei makroökonomisch sinnvoller, als es auf die hohe Kante zu legen. Kurzum: War mir nicht so wichtig. Karin ist da sicherheitsorientierter. Sie fragte mich: »Du warst Staatssekretär und elf Jahre Abgeordneter, lass uns doch mal schauen, wie viel Geld du auf der hohen Kante hast.« Darauf habe ich gesagt: »Da musst du mal aufs Girokonto gucken. Da wird nicht viel drauf sein.«

KARIN HOFF: Da habe ich gedacht, ich fall vom Glauben ab. Was hat der denn gemacht? Er fährt nicht in Urlaub. Er kauft Klamotten bei H&M. Der ist, obwohl er einen coolen Job hat, voll auf dem Boden. Fand ich toll. Umso mehr habe ich mich gefragt: »Was macht er denn mit dem Geld?«

Und?

KARIN HOFF: Er kauft Bücher. Aber so viele Bücher kann man gar nicht kaufen. Ansonsten sitzt das Geld bei ihm lockerer als bei mir. Er unterstützt Leute und auch die Eltern. Insgesamt ist das Geld eher so nebenbei rausgelaufen. Am Anfang haben wir uns ums Taxi fahren gestritten, weil ich gesagt habe: »Taxi fahren muss nicht sein. Man kann öffentliche Verkehrsmittel nehmen.« Ich hatte mir als Doktorandin in München jedenfalls immer was auf die Seite gelegt, obwohl ich weniger hatte.

BENJAMIN HOFF: Ich gehe mit den öffentlichen Finanzen deutlich sorgsamer um als mit meinen Privatfinanzen. Das muss ich jetzt natürlich betonen. Aber ich war bereits mit 19 Jahren Landtagsabgeordneter. Alle in meinem Freundeskreis hatten damals weniger Geld. Klar habe ich die eingeladen. Ich hab's auch nicht gebraucht. Das ist jetzt anders. Ich spare was. Und meine Frau freut sich darüber, dass ich was spare. Günstiger kann man es nicht haben. Um nochmal auf den Punkt des Bewusstwerdens über West-Ost-Unterschiede zu kommen: Ich bin politisch nach 1990 in einem Jugendverband sozialisiert worden, der ein Fusionsprojekt eines West- und eines Ost-Jugendverbandes war. Dadurch, dass wir über rund 10, 15 Jahre gemeinsam Politik machten und erwachsen wurden, sprachen wir auch viel über West-Ost-Unterschiede.

Wie wäre es denn, wenn Sie in Frankfurt am Main leben würden?
BENJAMIN HOFF: Frankfurt am Main würde gar nicht gehen. Das liegt daran, dass ich die Stadt wirklich ganz grauenhaft finde. Obwohl mein bester und langjährigster Freund, den ich in dem Jugendverband kennenlernte, dort lebt.

Könnten Sie sich selbst denn in München vorstellen?
BENJAMIN HOFF: Ich könnte mir vorstellen, dorthin zu ziehen. Aber nur, wenn ich die Wohnung in Berlin behalten könnte. Ich könnte nicht sieben Tage in der Woche in München leben. In Berlin sieht sogar der Punk noch anders aus als der Punk in München. Er ist eben ein richtiger Punk. Hamburg könnte irgendwie gehen.
KARIN HOFF: Letztlich bist Du weniger anpassungsfähig, was das angeht. Wir haben auch mal darüber nachgedacht, den Alterssitz im Allgäu zu nehmen. Aber da würde Benjamin eingehen wie eine Mauerblume – vor allem weil er weniger Gesprächspartner findet, die so ticken wie er. Ich bin leichter nach Berlin verpflanzbar – was nicht heißt, dass ich nicht eine Sehnsucht nach Bayern hätte.
BENJAMIN HOFF: In meiner Kindheit endeten alle unsere Straßen an der Mauer, von der Schule konnte man rüber schauen nach

West-Berlin. Insofern bin ich schon so ein Berliner Mauer-Kind. Ich habe auch zumeist in Berlin gelebt. Und jetzt ist es das erste Mal so, dass ich in Erfurt lebe und nach Berlin pendele.

Aber mit den Wessis als solchen würden Sie schon klar kommen?
BENJAMIN HOFF *(ironisch):* Mein Gott, es bleibt ja nicht aus. Wenn ich in meine Verwaltung in Erfurt gucke, da sind zwei Drittel der Beschäftigten Westdeutsche. Auf der Ebene meiner Referatsleiter sprechen mehr Leute bayerisch als sonst wo. Ansonsten war ich für die PDS im Abgeordnetenhaus und im Senat. Jetzt bin ich für die Linke in der Landesregierung. Das hat Folgen. Ich habe mich mal in Bayern beworben. Und da haben die gefragt, ob ich noch ganz bei Trost sei und wie ich auf die Idee käme, an einer bayerischen Hochschule anzuheuern. 25 Jahre nach dem Mauerfall gibt es da immer noch eine Grenze. Wenn du meinen politischen Hintergrund hast, dann kannst du im Westen immer noch bestimmte Jobs nicht machen. Das finde ich empörend, auch weil es das Leistungsversprechen der bürgerlichen Gesellschaft in Frage stellt.

Gibt es in Ost und West einen Unterschied, Beziehungen zu leben?
KARIN HOFF: Es gibt Prägungen durch die eigene Familie. Also den Glauben an die Liebe fürs ganze Leben und dass eine Ehe halten muss.

Da muss man auch mal die Zähne zusammen beißen.
KARIN HOFF: Ja, genau.

Sehen Sie das noch so?
KARIN HOFF: Ja, ich würde darauf weiter beharren. Es gehört zwar ganz viel zu einer langen Ehe. Aber sie ist machbar. Und es ist bei Schwierigkeiten nicht unbedingt besser, sich zu trennen. Denn man trägt das Problem ja manchmal auch mit in die nächste Beziehung. Darüber diskutieren wir viel.
BENJAMIN HOFF: Da hat sie Recht.

Weil Sie das anders sehen? Oder warum?

BENJAMIN HOFF: Mein Vertrauen in die Stabilität menschlicher Beziehungen ist generell nicht übermäßig ausgeprägt. Und Karin war zwar die erste und einzige Frau, die ich fragen wollte, ob sie mich heiratet. Aber wir haben dann festgestellt, dass wir auf das, was mit der Ehe verbunden ist, einen anderen Fokus haben. Für mich bedeutet Partnerschaft natürlich auch, dass man Probleme durchsteht. Nur das Normative, das Karin mit der Ehe verbindet, habe ich nicht.

KARIN HOFF: Ich kalkuliere die Möglichkeit des Scheiterns nicht von vornherein mit ein – obwohl ich viele Paare kennengelernt habe, von denen ich sagen würde, es wäre besser, wenn sie sich getrennt hätten. Ich sehe auch Kinder, denen es nicht gut tut, dass ihre Eltern auf Gedeih und Verderb zusammen bleiben, bloß weil sie sich das irgendwann versprochen haben.

BENJAMIN HOFF: Ich bin da Scheidungskind. Ich finde dieses Normative ein bisschen realitätsfremd und überhaupt nicht evidenzbasiert.

Der Charakter von Beziehungen hat sich in den letzten 25 Jahren verändert. Paare lernen sich häufiger übers Internet kennen. Patchworkfamilien sind nichts Besonderes mehr. Frauen sagen ihren Männern auch in späten Jahren noch Adieu. Ist das, zumal aus der Perspektive links orientierter Menschen, eher ein Fortschritt? Oder bekommen Mitmenschen den Charakter von Waren, die man austauschen kann?

BENJAMIN HOFF: Ich finde, dass die Akzeptanz vielfältiger Beziehungsmuster ein großer Fortschritt ist, weil es viel ehrlicher zugeht. Denn mal Hand aufs Herz: Die hat's ja immer gegeben. Auch aus der Nachkriegszeit gibt es ja 1000 Geschichten, wer mit wem unehelich zusammen war und so weiter. Die Akzeptanz der Vielfalt macht die Probleme in den Beziehungen nicht kleiner. Aber sie verhindert, dass Probleme entstehen, weil man bestimmte Beziehungsmuster nicht leben kann. Dass man sich trennt aus Beziehungen, die erkennbar nicht mehr funktionieren, nimmt auch Gewalt raus.

KARIN HOFF: Es macht es zudem leichter, allein und unabhängig zu bleiben – nicht zuletzt als Frau. Ich finde das gut. Und ich finde es schön, hier in Berlin diese Freiheiten zu sehen. Aber ich find's nicht gut, nur immer zu sagen: »Jeder kann machen, was er will.«

BENJAMIN HOFF: Wenn man gemeinsam Kinder hat, geht man nicht so leicht auseinander. Das hat ja auch was Beruhigendes, bedeutet aber: Du musst eine höhere Toleranz gegenüber der Kritik des anderen an dir entwickeln. Das ist das Anstrengende. Andererseits: Auf Regen folgt Sonnenschein. Und dann hat man das Gefühl, man ist gemeinsam einen Schritt weiter gekommen. Das schätzen wir.

KARIN HOFF: Durch die Unterschiedlichkeit ergibt sich für beide Entwicklungspotenzial. Das bereichert.

BENJAMIN HOFF: Ich habe beruflich von Karin unheimlich viel gelernt. Sie therapiert. Und ich verhandele mit Menschen. Ich bitte sie oft um Einschätzungen. Manchmal geht es auch um Situationen, in denen ich heillos überfordert bin. Dabei ist Karin die wichtigste Hilfe.

Die Beziehungsforschung sagt auch, dass es kaum mehr Paare von Menschen unterschiedlicher Schichten gibt. Der Chefarzt heiratet nicht mehr die Krankenschwester, sondern die Chefärztin. Das müsste Ihnen als Linker doch korrekturbedürftig erscheinen. Oder täusche ich mich da?

BENJAMIN HOFF: Ich würde mir wünschen, dass man über Klassengrenzen hinweg deshalb nicht mehr heiratet, weil es keine Klassengrenzen mehr gibt. Aber das ist derzeit nicht absehbar. Das halte ich für ein Problem. Es kommt eher zur Verfestigung. Gerade hier am Prenzlauer Berg spielt ja das Thema Segregation und Gentrifizierung eine große Rolle. Wenn wir sehen, mit wem unsere Kinder in die Kita gehen, dann ist das ein sozial geschlossener Zirkel.

KARIN HOFF: Kürzlich kam ein Vater im Malergewand in die Kita. Und da sagte ein Kind: »Mama, schau, ein Maler!« Das war erschreckend zu sehen, wie wenig selbstverständlich die Berufsnormalität in diesem Kreis ist.

BENJAMIN HOFF: Das ist eine gesellschaftliche Spaltung, die ich bedrohlich finde. Wir versuchen, unseren Kindern zu vermitteln, dass sie nie einen Standesdünkel entwickeln dürfen. Wohlstand ist nichts, was sicher ist. Und Armut ist nichts, was zu verachten ist. Das sind wesentliche Grundwerte, die ich unseren Kindern beibringen möchte. Das kriegen wir auch ganz gut hin.

KARIN HOFF: In der Art sind wir uns sehr ähnlich. Wenn ein Lehrerkind glaubt, etwas Besseres zu sein, kriege ich Ausschlag. Benjamin hat im Übrigen auch deshalb das Herz meiner Eltern gewonnen, weil er fleißig ist und das, was er tut, mit 1000 Prozent Überzeugung und Herzblut tut.

Mal ganz prinzipiell gefragt: Ist Liebe in Zeiten der Konkurrenzgesellschaft bedroht?

KARIN HOFF: Nein, das glaube ich gar nicht. Ich glaube vielmehr, dass Liebe früher viel weniger bewusst gelebt wurde als heute. Die Leute machen sich mehr Gedanken.

BENJAMIN HOFF: Weil man sich trennen kann, sind die Leute bewusster auf der Suche nach der Liebe.

Sie haben Kinder von drei und fünf Jahren. Wissen die schon, was Ossis und Wessis sind?

BENJAMIN HOFF: Das spielt gar keine Rolle mehr. Meine frühere Senatorin Katrin Lompscher erzählte mir 2007 die Geschichte, dass ihr Kind nach Hause kam und erschreckt fragte: »Sind wir Ossis oder Wessis?« Da sagte sie: »Wir sind Ossis.« Darauf sagte das Kind, das auf eine Ostschule ging: »Puh!« Es war erleichtert und berichtete: »Bei uns in der Schule werden Ossi-Wessi-Witze erzählt. Und ich wusste nicht, wer ich bin.«

Nun jährt sich die deutsche Einheit zum 25. Mal. Wird Ihnen die persönliche Komponente an diesem Festtag eigentlich bewusst?

BENJAMIN HOFF: Ich erinnere mich noch sehr genau an den 3. Oktober 1990. Denn ich habe geweint, weil die DDR weg war. Das hatte weniger politische Gründe. Ich kann nur Veränderungen nicht besonders gut leiden. Und das war eine ziemlich einschneidende Veränderung. Ich hatte in meinem Umfeld auch sonst niemanden, der gesagt hat: »Yippie, die Einheit ist da!«

KARIN HOFF: Die Bayern feiern ja ihre katholischen Feiertage durchaus mit Entenbraten und Schieß-mich-tot. Aber der 3. Oktober ist im Allgäu ein Tag wie jeder andere. Da wird nicht gefeiert.

BENJAMIN HOFF: Mir ist der 8. Mai, also der Jahrestag der Befreiung, wichtiger als der 3. Oktober.

Gibt es trotzdem so etwas wie eine historische Dankbarkeit – auch im privaten Sinne?

BENJAMIN HOFF: Wenn die Mauer nicht gefallen wäre, hätte ich Karin nie kennengelernt. Und dann hätte ich darüber auch nicht traurig sein können. Es ist ein glücklicher Umstand, für den ich dankbar bin. Aber möglicherweise hätte sie ihr Glück auch ohne mich gefunden.

KARIN HOFF: Möglicherweise.

Blöde Frage, aber ich stelle sie trotzdem: Bedeutet Liebe im Osten etwas anderes als im Westen?

BENJAMIN HOFF: Ich weiß nicht, ob wir anders lieben. Aber die Freizügigkeit des Ostlers ist schon etwas, was Karin immer auffällt. Sie würde sagen: »Man ist da im Osten weniger verdruckst.«

KARIN HOFF: Ja. Ich weiß noch, wie wir das erste Mal auf Rügen waren. Und da waren dann diese FKK-Strände ausgewiesen. Da habe ich gedacht: »Was ist denn das?« Wir haben sie sofort benutzt. So war's nicht. Aber das war schon erst mal interessant.

BENJAMIN HOFF: Bizarr – aus Karins Sicht.

KARIN HOFF: Ja, oder dass du erzählt hast, dass du mit deinen Eltern an einen FKK-Strand gegangen bist. Da wäre ich mit meinen Eltern nie hingegangen. Ich hätte es auch nicht gewollt.

BENJAMIN HOFF: Ich fand es mit elf oder zwölf auch ultrabeschissen.

Ist dieses Mehr an Freizügigkeit ein Gewinn?

KARIN HOFF: Ja, absolut.

BENJAMIN HOFF: Mehr freizügige West-Frauen sind ein großer Gewinn. *(allgemeines Gelächter)*

»Es war klar, dass wir miteinander weitergehen werden«

Der Regisseur Andreas Dresen und der Schauspieler Axel Prahl über Seelenverwandtschaft

Die beiden sind pünktlich wie die Maurer. Wie verabredet um 15.30 Uhr erscheinen sie vor der Glasfassade des Tasty, einem Café direkt hinterm Haupteingang der Filmstudios in Potsdam-Babelsberg. Vorher läuft noch Andreas Schmidt vorbei, der schlaksige Schauspieler, der in *Sommer vorm Balkon* als Ronald die kauzige Hauptfigur gab und dem seine Film-Freundin Nadja Uhl den unvergesslichen Satz hinwirft: »Glaubst du, weil hier sexuell wat läuft, kannste dich wie ein Arsch benehmen?« Der Regisseur Andreas Dresen (52, rechts im Bild), Ronalds Schöpfer, sagt gleich, eigentlich sei er des Ost-West-Themas überdrüssig. So viele Anfragen habe er bekommen. Und immer mal wieder habe er gedacht: »Ach nee, gibt's nicht noch andere Ossis?« Aber mit Axel Prahl (55) der »sein« Schauspieler, Musikerkollege und Freund ist, da habe er das Thema noch nie behandelt. Während der zwei Stunden merkt man dann: Die beiden behaupten nicht nur, Freunde zu sein. Sie sind es. Dresen und Prahl sind einander in jeder Minute zugewandt. Vor dem Gespräch hatten sie ein Casting. Nachher gehen der Regisseur und der Schauspieler was essen. Und abends sind sie mit den anderen Mitgliedern ihrer gemeinsamen Band zur Probe verabredet. Mehr Kumpel geht nicht.

Herr Dresen, Sie haben in einem Interview mal gesagt, bei Axel Prahl dächten die meisten, das sei ein Ost-Schauspieler. Haben Sie eine Ahnung, warum?

ANDREAS DRESEN: Das hat natürlich damit zu tun, dass Axel in einigen Filmen den Ossi gegeben hat. Aber es hängt vor allem mit seiner Art zusammen, die sehr direkt ist, sehr volksnah, sehr erdverbunden. Axel ist nicht der Typ Mensch, bei dem man Scheu hätte, ihn anzusprechen – was man, wenn man mit ihm unterwegs ist, auch merkt. Die Menschen fühlen sich ihm nah. Er kommt nicht von oben herab, was man Wessis manchmal nachsagt. Dieses Uneitle spielt sicher eine Rolle. Damit will ich nicht sagen, dass die Klischees stimmen. Axel ist ja lebender Beweis dafür, dass sie nicht stimmen.

Herr Prahl, wie erleben Sie das selbst?

AXEL PRAHL: Die genannten Attribute finde ich erst mal positiv. Ich habe es auch immer als Lob empfunden, für einen Ossi gehalten zu werden. Zum einen, weil man mir das, was ich gedreht habe, abgenommen hat. Zum anderen, weil mir die oben aufgeführten Attribute, die oft mit den Ostdeutschen verbunden werden, selbst am Herzen liegen – also Menschlichkeit und Herzenswärme. Allerdings ist es auch ein gewisses Vorurteil, dass Wessis immer viel Wert auf Äußeres legen und Statussymbole für sie wichtiger sind als Humanität und Zwischenmenschlichkeit. Es ist nicht so, dass sie immer ihren Profit in den Vordergrund stellen. Ich erlebe es umgekehrt mit Jan Josef Liefers, mit dem ich den *Tatort* drehe und der aus dem Osten kommt. Den hält man ja immer für einen Wessi, weil er was Hübsches anhat oder sich für solche Dinge interessiert. Daran sieht man: Das mit den Klischees ist im Grunde genommen völliger Quatsch. Arschlöcher gibt es hüben wie drüben. Tolle Menschen ebenso. Menschen, die großartige Leistungen vollbringen und die ich bisher kennenlernen durfte, sind ohnehin meistens bescheiden und höflich.

DRESEN: Ich sehe das genau wie Axel. Allerdings verbirgt sich hinter jedem Klischee doch so ein Funke Wahrheit. Es gab eine Zeit Anfang der 90er Jahre, da konnte ich die Spaziergänger hier in Babelsberg auf 200 Meter gegen den Wind auseinander halten. Das galt noch mehr für die Fahrradfahrer, die in Neon-Klamotten wie zu einem Mountain-Bike-Racing durch den Park fuhren. Das hatte so einen Show-Effekt. So etwas gab es in der DDR nicht. Klapprige Räder dienten der Fortbewegung von A nach B. Man schreibt das Abgerockte ja nicht zu Unrecht den Ossis zu. Ein gewisser Pragmatismus bestimmte in der DDR das Leben. Ich habe das erste Mal nach der Wende im Restaurant so richtig gut gegessen. Eine Offenbarung! Ernährung war im Osten profaner. Etwas Gutes zu essen, ist aber etwas sehr Schönes, eine Form von Lebensqualität, Genuss.

PRAHL: Es gab in der DDR ja auch nicht die kulinarischen Einflüsse aus aller Welt. Vieles war Sättigungsbeilage.

DRESEN: Gutes Wort, »Sättigungsbeilage«! Das bringt es auf den Punkt. Und der Wein im Osten, nun ja. Den Rosenthaler Kadarka möchte ich heute auch nicht mehr unbedingt trinken. So lässt sich eben alles aus unterschiedlichen Perspektiven betrachten. In Klischees liegt immer ein Kern Wahrheit, aber die Realität ist komplexer. Zum Glück. Mein Freundeskreis ist mittlerweile komplett durchmischt. Ich frage nicht mehr nach der Herkunft.

Und dass Sie Fahrradfahrer auf 200 Meter erkennen, ist vorbei?
DRESEN: Das ist vorbei, weil es mittlerweile genau so viele Ostdeutsche gibt, die sich diese komischen Radfahrer-Klamotten kaufen. Axel könnte ich mir darin nicht vorstellen. Der würde so etwas nicht anziehen. Das ist ne Typfrage. Ich denke in Berlin auch nicht

mehr dauernd darüber nach, wo die Mauer gestanden hat. Das ist mir total wurscht.

Um noch mal auf den Münster-Tatort zurückzukommen: Da wird ja mit den Klischees regelrecht gespielt. Der Ostler Jan Josef Liefers gibt den eleganten Gerichtsmediziner von Welt namens Boerne, während Sie, Herr Prahl, den eher einfach gestrickten Kommissar Thiel geben, der auf FC St. Pauli steht. Macht Ihnen das Spaß, mit diesem Gegensatz zu kokettieren – womöglich mit dem Hintersinn, dass sich andere das Ost-West-Ding noch dazu denken?
PRAHL: Das mit dem Ost-West-Ding war von vornherein nicht so gedacht. Eigentlich sollte ein westdeutscher Kollege die Rolle von Jan Josef spielen. Und der hat recht kurzfristig abgesagt. Insofern war das nie ein Bestandteil der Überlegungen. Man hat dann händeringend nach Ersatz gesucht. Es ist glücklicherweise Jan Josef geworden. Denn wir sind ein Herz und eine Seele. Er ist sehr uneitel, zumindest was die Arbeit anbelangt. Wir treffen uns mit den anderen Kollegen seit 2002 zweimal im Jahr zu den Dreharbeiten und sind mittlerweile eine kleine Gemeinschaft.

Trotzdem noch mal gefragt: Machen diese Klischees einen Reiz aus?
PRAHL: Film hat nahezu immer mit Klischees zu tun. Damit arbeiten wir. Entweder, indem wir versuchen, sie zu konterkarieren – oder sie noch zu vergrößern.

Was ja auch eine Form der Unterwanderung ist.
PRAHL: Korrekt.
DRESEN: Ich habe den *Tatort* nie als Ost-West-Geschichte gesehen. Da ging es mehr um die verschiedenen Charaktere. Tatsächlich spielt Axel ja auch einen Norddeutschen, der mir von seiner Gemütslage sowieso nahe ist. Denn genau so wie den Ost-West-Gegensatz gibt es den von Norden und Süden. Viel wichtiger finde ich in unserer Gesellschaft ohnehin das Gefälle zwischen Oben und Unten. Es wäre eine grobe Vereinfachung, das nur an Himmelsrichtungen festzumachen.

Sie haben Axel Prahl 1999 das erste Mal besetzt, nämlich als Polizist in Nachtgestalten. *Wie kamen Sie auf ihn?*

DRESEN: *Nachtgestalten* ist ja ein Film, der im Milieu spielt – mit Junkies und Obdachlosen. Da hat mir jemand einen Tipp gegeben und gesagt, ich solle doch mal ins Grips-Theater gehen und mir das Stück *Café Mitte* angucken, weil es da auch um diese Szene ging. Dann saß ich da und habe wirklich eine ganze Garde fantastischer Schauspieler gesehen, die offensichtlich eine Beziehung zu normalen Leuten hatten und sie demzufolge auch spielen konnten. Ich habe gedacht, es kann eigentlich nicht sein, dass die keiner kennt, obwohl sie so eine super Arbeit machen. Einer davon war Axel. Er spielte drei oder vier Figuren mit unterschiedlichen Dialekten.

PRAHL *(imitiert):* Den türkischen Stot-te-rer namens Mungo, Blümchen, einen Politiker, und dann noch einen Punker.

DRESEN: Mit drei oder vier Handstrichen stellte Axel jeweils andere Charaktere hin. Das war faszinierend. Und dann habe ich ihn als Polizisten in *Nachtgestalten* besetzt. Er spielte zwei Szenen, natürlich mit norddeutschem Dialekt.

PRAHL: Und du hast nach der ersten Szene improvisieren lassen.

DRESEN: Ja, weil ich dachte, da ist noch mehr drin. Ich habe die Schauspieler also gebeten, die zehn Minuten zu spielen, die der Szene vorausgehen. Da war Axel in seinem Element. Er hat diese Improvisation weggezogen – mit ganz vielen Ideen, Nuancen und sehr viel Spaß. Das war ein wunderbarer Drehtag. Es ist auch eine schöne Szene geworden. Da haben wir uns kennen- und lieben gelernt. Und es war klar, dass wir miteinander weitergehen werden. Dann kam der Film *Die Polizistin*, in dem ich Axel gern in der Hauptrolle haben wollte, und dazu Gabriela Maria Schmeide. Es gab damals große Diskussionen mit dem WDR. Der Sender wollte die Schauspieler nicht, weil sie ihm zu unbekannt waren. Darum musste ich sehr lange kämpfen. Es endete fast mit einem Eklat.

Sie hatten aber vorher schon Filme gedreht, Herr Prahl, oder?

PRAHL: Ja, aber immer nur kleine Nebenrollen. Vor meinem Engagement am Grips war ich am Schleswig-Holsteinischen Landestheater und hatte bis dahin maximal zwei bis drei Drehtage bei *Adelheid und ihre Mörder* oder ähnlichen Fernsehformaten. Sechs Drehtage in einem Krimi-Zweiteiler war bis dahin die »größte« Rolle. Ich war völlig unbekannt und hatte auch noch nie vorher eine Rolle gespielt, die einen gesamten Film trägt. Das hat man mir beim WDR seinerzeit wohl auch nicht zugetraut.

DRESEN: Außerdem nehmen die Sender und Produzenten immer erst mal das, was sie kennen und mit dem sie sich sicher fühlen. Doch wenn man allein danach geht, kann nie ein Schauspieler bekannt werden, weil er ja keine Chance bekommt. Dann bleiben immer die Etablierten. Nach dem Film wollte der WDR weiter machen.

PRAHL: Die wollten aus dem Stoff von *Die Polizistin* eine Serie machen.

DRESEN: Der Film war sehr erfolgreich. Danach kam *Halbe Treppe*.

Und Halbe Treppe, *in dem Sie den Imbissbudenbetreiber Uwe Kukowski spielen, war der Durchbruch für Sie, Herr Prahl, nicht wahr?*
PRAHL: Der Durchbruch kam eigentlich schon mit *Die Polizistin*. Dafür haben wir den Grimme-Preis in Gold bekommen. Und dann hieß es:»Machen wir doch eine Serie draus.« Daraus wiederum entwickelte sich die Idee mit dem *Tatort*.

Es fällt auf, dass Die Polizistin *im Rostocker Neubauviertel Lütten Klein spielt,* Halbe Treppe *in Frankfurt/Oder und* Willenbrock *in Magdeburg. Die Orte haben ein eher tristes Image. Liegt das daran, dass Sie den Blick auf die Probleme des Ostens lenken wollten, Herr Dresen? Oder liegt es daran, dass Sie das Vollkommene nicht interessiert?*
DRESEN: Das hat was mit den Geschichten und den Figuren zu tun. Ich gehe nicht bewusst dahin, wo es hässlich ist. Das wäre ja Quatsch. Die Frage ist: Wovon handelt der Film? In welchem Milieu spielt er? Und was könnte der richtige Ort dafür sein? Mich interessieren weniger die Orte als die Menschen, die an den Orten zu Hause sind. Bei *Halbe Treppe* war klar: Das ist eine Geschichte über vier Leute, die in eine Lebenskrise geraten und in der Mitte ihres Lebens noch mal alles in Frage stellen. Sie sind nicht richtig

glücklich. Aber sie sind auch nicht richtig unglücklich. Und dann haben wir nach einem Ort dafür gesucht. Frankfurt/Oder schien gut zu passen, mit dem Fluss, der Grenze, den scheinbar wenigen Möglichkeiten. Das produziert ja Sehnsüchte.

Dennoch rührt nicht zuletzt aus der Auswahl der Orte Ihr Ruf, ein ostdeutscher Filmemacher zu sein.
DRESEN: Das bin ich ja auch.

Das ist Ihnen nicht unrecht?
DRESEN: Ich sage es mal so: Ich finde es ein bisschen seltsam, dass ich immer der ostdeutsche Filmemacher bin, es aber offenbar gar keine westdeutschen gibt. Niemand würde auf die Idee kommen, zu sagen: der westdeutsche Regisseur Tom Tykwer oder der westdeutsche Regisseur Christian Petzold. Das sagt man nur über die Ostdeutschen. Dabei habe ich gleich einen meiner ersten Filme in Baden-Baden gedreht.

Wie kam das?
DRESEN: Das war *Mein unbekannter Ehemann*. Der Südwestfunk hat produziert und wollte das so. Selbst wäre ich darauf nicht gekommen. Denn in einem Kurort eine Asylbewerbergeschichte zu drehen, führt zwangsläufig zu einer Komödie. Baden-Baden mit seiner hohen Millionärsdichte ist halb so groß wie der Friedhof von San Francisco, aber doppelt so tot.

Aber Ihr Ziel ist schon auch, die Geschichte Ostdeutschlands abzubilden.
DRESEN: Das kann man gar nicht. Ich erzähle einfach da Geschichten, wo ich mich am besten auskenne. Ich lebe hier. Ich bin mit den Menschen vertraut. Warum soll ich nicht von ihnen erzählen? Die schon genannten Filme spielen zwar überwiegend im Osten, erzählen aber keine explizit ostdeutschen Geschichten. Einen Film wie *Halbe Treppe* könnte man ebenso gut in Castrop-Rauxel drehen. Auch dort kommen Leute in eine Lebenskrise.
PRAHL: Viele der Geschichten in *Halbe Treppe* sind deshalb sehr persönliche Geschichten. Im Film muss Uwe Kukowski ja unter

anderem zum Zahnarzt. Ich war damals tatsächlich selbst in zahnärztlicher Behandlung – am Alexanderplatz, weil ich seit 1992 in Ost-Berlin lebe. Ich habe dann zu meiner Zahnärztin gesagt:»Lassen Sie den gammeligen Zahn da hinten mal stehen. Wir drehen da gerade einen Film in Frankfurt/Oder.« Der Besuch beim Zahnarzt ist etwas, was jeder kennt und was immer auch Emotionen beim Betrachter auslöst. Es kann gleichsam ganz viel über die Rolle und den Menschen erzählen, und Klischees können ad absurdum geführt werden. Die Geschichten haben nichts mehr mit dem Ort zu tun, an dem sie stattfinden.

DRESEN: Ich war mit dem Film in Bombay. Glauben Sie, es hat dort irgendjemanden interessiert, ob er in Ost- oder Westdeutschland spielt? Die haben einen Film gesehen über die Lebenskrise von zwei Ehepaaren und fanden es eigentlich nur unmöglich, dass eine Frau ihren Mann mit zwei Kindern sitzen lässt. Das war die indische Perspektive. Darüber haben wir dann gestritten. Wichtig ist, dass die Geschichten universal sind. *Halbe Treppe*, *Wolke 9* oder *Halt auf freier Strecke* können überall spielen. Das sind Geschichten, die vom Schmerz und vom Glück einfacher Menschen handeln. Wir erzählen sie auf einer ostdeutschen Folie. Man müsste sie aber nur ein bisschen umbauen, dann könnten sie auch in Montreal stattfinden.

Aber das Besondere ist doch, dass es zumindest in den 90er Jahren in Ostdeutschland besonders viele Leute gab, die bedingt durch den Umbruch in Lebenskrisen reingerutscht sind.
PRAHL: Ja, das stimmt. Da sind auch viele über den Löffel barbiert worden, gerade von Westlern. Und die Ostdeutschen mussten sich auf viele neue Dinge einstellen und hart an sich arbeiten.

Sie wurden in Eutin in Schleswig-Holstein geboren, Herr Prahl. Ihre Mutter war Verkäuferin, Ihr Stiefvater beim Arbeitsamt beschäftigt. Sie brachen dann eine Lehre ab und machten Straßenmusik in Spanien. Das klingt nicht nach heiler Welt. Schafft das eine Nähe zum Osten?
PRAHL: Da entsteht ein falscher Eindruck. Meine Eltern waren zwar keine Großverdiener. Aber es ging mir bei Weitem nicht

schlecht. Wir hatten nur nicht den akademischen Überbau. Der ist an der Familie bisher vorbei gegangen. Trotzdem bin ich mit moralischen Werten erzogen worden. Ich bin sehr getrimmt worden auf Höflichkeit und Zuvorkommen. Und das hat meines Erachtens mehr mit dem Osten zu tun: eine Wertschätzung anderer Menschen gegenüber. Im Osten war man zwangsläufig darauf angewiesen, miteinander zu agieren. Ich bin ja auch schon 1966 das erste Mal in der DDR gewesen. Denn mein leiblicher Vater kam aus Ost-Berlin. Er ist Mitte der 50er Jahre rüber nach Schleswig-Holstein und hat da meine Mutter kennengelernt.

1966 waren Sie sechs Jahre alt. Können Sie sich daran noch erinnern?
PRAHL: An viele Dinge kann ich mich extrem gut erinnern, vor allem aber daran, dass man mir an der Grenze das Fix- und Foxy-Heft weggenommen hat. Ich habe überhaupt nicht verstanden, was das sollte.
DRESEN: Die haben wahrscheinlich gedacht, du schmuggelst es rein und willst die Ost-Jugend unterwandern.
PRAHL: Meine Eltern haben gemutmaßt, dass der Grenzbeamte noch ein Weihnachtsgeschenk für seine Kinder brauchte. Woraufhin ich dem Grenzer zurief, er solle sich dann doch ein eigenes kaufen. Das war keine gute Idee! Wir wurden heraus gewunken und komplett auseinander genommen. Vier oder fünf Stunden standen wir an der Grenze. Das hatte sicherlich auch damit zu tun, dass der Bruder meines leiblichen Vaters Aufseher in einem Gefängnis war, ich glaube in Rummelsburg. Wir haben ihn dort mal besucht. Auch das werde ich nicht vergessen. Da kam ein Typ auf mich zu in einer Uniform, die aussah wie eine Original-Nazi-Uniform. Woran ich mich auch noch sehr gut erinnere, ist ein kleiner NVA-Spielzeugpanzer, den ich geschenkt bekam. Der Geruch von diesem Panzer war so ähnlich wie der von dem Putzmittel im Osten. In nahezu allen Gebäuden der DDR schien man nämlich dieses eine einzige Putzmittel zu verwenden. Den Geruch gab's nur im Osten. Der ist inzwischen aber sehr, sehr selten geworden.

Waren Sie vor dem Mauerfall noch häufiger dort?

PRAHL: Ja, mit Zwangsumtausch und so. 25 D-Mark pro Tag und »Teilnehmer« waren das damals. Das war manchmal schwierig, die innerhalb von 24 Stunden auszugeben. Das Einzige, was es seinerzeit für mich Interessantes zu kaufen gab, waren Bücher, Fotoequipment und Platten.

DRESEN: Platten? Im Osten? Das war ja gerade mein größter Frust, dass es da kaum vernünftige Platten gab. Außer Ostbands und Klassik. Die waren sogar relativ preiswert. Man kriegte Westbands nur ganz selten, und diese Lizenzplatten waren dann sofort vergriffen und der größte Schatz. Wir waren auf Mitbringsel aus dem Westen angewiesen.

PRAHL: Ich habe sogar mal versucht, eine Kassette in den Osten zu schmuggeln. Die ist dann aber auch kassiert worden.

DRESEN: Meine Eltern, die manchmal mit dem Theater in den Westen reisen durften, haben mir Platten mitgebracht – und meine Tante *Sticky Fingers* von den Stones als Kassette. Ich habe die noch lange gehabt, mit der Zunge drauf. Das war geil.

Aber das heißt, Sie hatten für einen Westdeutschen einen relativ starken Ost-Bezug, Herr Prahl?

PRAHL: Es gab zumindest Kontakte.

DRESEN: Das Mädchen aus Ost-Berlin, gib's zu. Es kann sich da nur um Frauen handeln ...

Wie kam es denn, dass Sie 1992 nach Ost-Berlin gegangen sind?

PRAHL: Erst mal wurde ich in Schleswig-Holstein geschieden, was zur Folge hatte, dass ich ein Engagement in Berlin annahm. Das lief über drei Monate, und danach wäre ich am liebsten gleich wieder gegangen. Doch dann kam das Angebot vom Grips-Theater hinterher.

Warum wären Sie gern wieder gegangen?

PRAHL: Wenn man aus klein- oder mittelstädtischen Verhältnissen kommt, wo man fünf Mal über den Marktplatz geht und alle Menschen trifft, die man sympathisch findet, dann ist es in Berlin schwer – wenn man nicht unbedingt der Typ ist, der in einer Straßenbahn zu einem Mädchen hingeht und sagt: »Hey, du siehst total cool aus, wollen wir nicht mal was trinken gehen?«

DRESEN: Andererseits ist die Auswahl größer. Und du kommst nicht sofort ins Gerede.

PRAHL: Das ist der große Vorteil, ja.

Dass Sie nach Ost-Berlin gegangen sind, hatte mit dem Osten insofern nichts zu tun?

PRAHL: Nein, das hatte damit zu tun, dass ein Freund in Ost-Berlin eine Wohnung gefunden hatte, nämlich in der Hufelandstraße im Prenzlauer Berg. Ich konnte bei ihm einziehen. In der Straße standen fünf Trabis und zwei VW-Busse. Das war's. Und es gab geile Kneipen. Bei mir unten im Haus war eine Kneipe, die hieß Hally Gally. Später bekam ich durch Zufall eine Wohnung, in der ich heute noch zu Hause bin.

Das heißt, Sie haben die ganzen Umbrüche der letzten zwanzig Jahre mitbekommen. Heute ist ja der Prenzlauer Berg sehr westlich.

PRAHL: Ja, viele Schwaben, viele Bayern.

Und Schleswig-Holsteiner.

PRAHL: Ja, und Schleswig-Holsteiner. Viel zugezogenes Volk. Aber solche Entwicklungen sind nicht aufzuhalten. Die werden auch immer weiter gehen.

DRESEN: Jetzt ist mit der Gentrifizierung Neukölln dran. Dann kommt der Wedding. Friedrichshain ist schon so weit. Das ist der Lauf der Welt. Das kann man nicht verhindern.

Und Sie beklagen es auch nicht.

DRESEN: Ich beklage bestenfalls, dass eine bestimmte Gruppe von Menschen in diesen Stadtgebieten kaum noch vorkommt. Zu DDR-Zeiten war der Prenzlauer Berg ein sehr armes, runtergerocktes Stadtviertel mit Ofenheizung, kaputten Treppenhäusern und Klo auf der halben Treppe. Da waren viele Studenten, einfache Leute, alte Leute. Die gibt's dort heute nicht mehr. Darüber haben wir ja mit *Sommer vorm Balkon* einen Film gemacht.

PRAHL: Als ich 1992 ankam, war das kunterbunt. Da war vom Kohlenträger bis zum Akademiker alles da.

DRESEN: Aber auch das hat mit Ost oder West herzlich wenig zu tun. Die Innenstädte werden weltweit immer schicker. Einfache Leute kommen da nicht mehr vor, weil die sich das nicht leisten können. Sie werden an die Ränder abgedrängt. Die Frage, die sich heute stellt, ist nicht mehr Ost oder West, sondern Oben oder Unten, darüber haben wir ja schon gesprochen. Die Gesellschaft driftet auseinander. Und darüber muss man sich unterhalten, weil es nicht ohne Folgen bleibt für das Zusammenleben. Auch die Berliner Eckkneipe existiert ja kaum noch. Die gab's früher wirklich an jeder Hausecke. Da biste abends auf ein Bier hingegangen. Dazu gab's ne Bockwurst. Das war nichts Besonderes. Aber es war ein preiswerter Treffpunkt der Kommunikation. Jetzt gibt's dafür überall diese Cafés mit 70er Jahre-Sofas und tausend Kaffee-Sorten. Ich kann für mich sagen: Ich war nie Großstadt-affin. Ich war immer ein Provinzonkel, ähnlich wie Axel.

PRAHL: Provinzonkel? Das klingt jetzt aber irgendwie ... Es ist ja nicht so, dass wir die Vorzüge der Großstadt nicht auch durchaus zu schätzen wissen. Insbesondere in Hinblick auf unsere Arbeit.

Haben Sie denn mal in Berlin gelebt, Herr Dresen?

DRESEN: Nein. Ich habe in dieser Hinsicht um die Stadt immer einen Bogen gemacht. Meine Freundin wohnt in Berlin, und ich bin oft die halbe Woche in der Stadt, weil ich da viel arbeite. Dennoch war es mir dort irgendwie immer zu groß. Und ich hatte immer das Gefühl, mein Puls schlägt schneller in Berlin. Das geht mir übrigens heute noch so. Ich wohne ja jetzt in Potsdam. Und wenn ich mit dem Auto von Berlin nach Hause fahre, habe ich das Gefühl, ich werde ruhiger. Ich finde gut, dass beide Städte so dicht beieinander liegen und so anders sind. Das Beste an Berlin ist Potsdam. Und das Beste an Potsdam ist Berlin.

Wenn ich mal meinen Eindruck wiedergeben darf von dem, was Sie bisher gesagt haben, dann ist es so, dass Sie, Herr Prahl, sich halb biografisch bedingt und halb zufällig auf den Osten zubewegt haben und sich da eine Nähe eingestellt hat, während Sie, Herr Dresen, sich auf das Ost-Ding nicht reduzieren lassen möchten.

DRESEN: Nicht in meiner Arbeit! Biografisch habe ich damit null Probleme. Ich bin sogar stolz darauf. Warum sollte ich das auch nicht sein? Ich durfte meine Erfahrungen in diesem gesellschaftspolitischen Versuch DDR machen und den Systemwechsel erleben. Es ist aufregend, sich selbst in Umbruchsituationen zu erleben, und man lernt eine Menge. Menschen verhalten sich ja nicht immer edel in solchen dramatischen Transformationsprozessen. Man erlebt sich also auch in der eigenen Kleinheit und Feigheit. All diese Dinge sind für mich enorm wichtig. Und ich trage das in mir. Als die Mauer fiel, war ich 26. Das war natürlich eine sehr prägende Zeit, die ich bis dahin durchschritten hatte. Nur: Wenn man in der Kunst arbeitet, muss man weiter gucken. Der engstirnige Provinzhorizont hilft da nicht. Wenn ich beispielsweise sehe, wie Wong Kar-Wai in seinen Filmen Hong Kong beschreibt, dann ist das für mich spannend, weil er so genau hinguckt und mir damit eine fremde Welt eröffnet. Auf der anderen Seite finde ich die Filme nur deshalb gut, weil sie so universal sind und ich mich in den Schicksalen der Figuren wiederfinde. Das ist das Entscheidende. Meine Geschichten spielen im Osten. Sie handeln aber nicht vom Osten.

PRAHL: Ich fand jetzt eine Formulierung sehr spannend, die du gerade benutzt hast: die DDR als gesellschaftspolitischer Versuch.

Warum fanden Sie das spannend?

PRAHL: Das Ziel war ja, eine gerechtere Verteilung zu schaffen. Und ich fand manche Dinge in der DDR von der Idee her nicht schlecht. Ich fand beispielsweise gut, dass der Gehaltsunterschied zwischen einem Bauarbeiter und einem Akademiker nicht so groß war wie heute. Ich habe nichts gegen Wohlstand. Ich weiß auch, dass schöne Dinge manchmal ihren Preis haben. Ein Kobe-Steak zum Beispiel ist sein Geld wert. Damit hatte ich im zarten Alter von 52 Jahren ein Geschmackserlebnis, das komplett neu war. Dafür zahle ich gerne mal 80 Euro. Aber es gibt Grenzen.

Sind Sie politisch?

PRAHL: Ja, aber natürlich, das war ich eigentlich immer. Ich habe beispielsweise mit 14, 15 Jahren Jugendarbeit gemacht, bei der Arbeiterwohlfahrt und in einem Jugendheim in meiner Heimatstadt Neustadt in Holstein. Die Leitung dort hatte Frau Reinecke, die 1973 aus dem Osten gekommen war. Das war ziemlich spannend, weil ich einen älteren Freund hatte, der studierte auf Lehramt und war Mitglied der KPD-ML. Und der hat von Frau Reinecke sofort Hausverbot bekommen. Da habe ich gedacht: Was soll das denn? Und Frau Reinecke erzählte: »Du glaubst ja nicht, wie ich im Osten unter diesen Linken gelitten habe.« Da habe ich gesagt: »Gute Frau Reinicke, das glaube ich Ihnen durchaus, aber mein Freund hier, der hat doch gar nichts gemacht.« Woraufhin sie antwortete: »Das merkst du ja gar nicht, wie die dich auf ihre Seite ziehen.« Der Mann hat übrigens später noch Berufsverbot bekommen. Das gab es nämlich auch in unserem ach so demokratischen Westen.

Haben Sie beide sich untereinander über dieses Ost-West-Ding unterhalten?

DRESEN: Ja, wir haben ja viel gemeinsam recherchiert, gerade für die improvisierten Filme. Axel hat zur Vorbereitung auf *Halbe Treppe* zwei Wochen lang in einer Imbissbude in Frankfurt/Oder gestanden. Da bleibt es nicht aus, dass man sich darüber unterhält. Wir sind befreundet über all die Jahre. Es gab nie einen Dissens, sondern immer Übereinstimmung in den grundsätzlichen Fragen.

Sie sagen das mit so einer Selbstverständlichkeit, dass Sie Freunde sind. Nun kenne ich mich im Filmgeschäft nicht aus. Aber ich denke mal, dass es da auch nicht unbedingt die Regel ist.

DRESEN: Bei uns ist das so. Ich bin nicht mit allen meiner Hauptdarsteller befreundet, logischerweise. Das geht ja auch gar nicht, schon weil das über die Jahre viel zu viele werden. Doch zu bestimmten Menschen hat man eine Nähe. Und das bleibt irgendwie. Das ist wie in der Liebe. Man sieht sich. Und man ist sich nahe.

Worauf beruht das?
PRAHL: Andi hat es ja schon gesagt: Es ist eine Form von Liebe.

Und eine Form der Seelenverwandtschaft?
DRESEN: Ja.
PRAHL: Auf jeden Fall. Bei uns ist es auch die Musik. Und ganz, ganz wichtig ist der gemeinsame Humor.

Gleiche Werteüberzeugungen?
PRAHL: Ja, auch. Und dass man Dinge ähnlich verletzend findet.

Was finden Sie verletzend?
PRAHL: Es gibt Scherze, die übers Ziel hinaus schießen. Da werde ich schon mal ungehalten.
DRESEN: Durch den *Tatort* ist Axel eine öffentliche Figur geworden, die er noch nicht war, als wir uns kennenlernten. Und das ist manchmal echt grenzwertig. Wir saßen zum Beispiel, nachdem wir ein Konzert gespielt hatten, mal gemeinsam am Frühstückstisch und haben uns unterhalten. Dann kam plötzlich einer und fing an, zu fotografieren – ganz so, als ob Axel ihm gehören würde. Bei sowas kriege ich einen Hals und denke: »Lass ihn doch mal in Ruhe!« Er ist im Übrigen Axel und nicht Kommissar Thiel, verdammt noch mal. Ich bewundere sehr, wie Axel es immer noch schafft, zu allen nett zu sein.
PRAHL: Die Popularität ist Fluch und Segen.

Sie haben 2008 auch begonnen, gemeinsam Musik zu machen, und zwar aus Anlass des zehnten Todestages des ostdeutschen Liedermachers Gerhard Gundermann. Wie kam es dazu?
DRESEN: Eigentlich begann es viel früher, nämlich bei *Halbe Treppe*. Ich habe darum gebeten, dass alle mal ihre Instrumente mitbringen – sofern vorhanden.
PRAHL: Wir waren drei Monate in demselben kleinen Hotel. Und das war gerade im Umbau. Plötzlich brach irgendeine Rohrleitung. Es roch im ganzen Haus so dermaßen nach Kloake, dass wir das Hotel scherzhaft Hotel Güllus genannt haben.

DRESEN: Am ersten Morgen, an dem ich da erwachte, stand ich auf der Auslegware in einer Kollektion von Fußnägeln. Da dachte ich: »Oh Mann, oh Mann. Habt ihr nicht mal einen Staubsauger?« Aber zurück zum Film und zu den Instrumenten: Ich fand immer, dass *Halbe Treppe* ein bisschen wie Jazz ist. Man kann einen Film wie große Oper machen oder eben wie Jazz. Für das eine braucht man eine Partitur und für das andere eine gute Idee und ein perfektes Zusammenspiel in der Improvisation. Deshalb dachte ich, es wäre schön, wenn wir da abends zusammen sitzen und miteinander Musik machen könnten. Axel spielte Gitarre. Und ich kann die mehr oder weniger halten. Es ging wild und ungeordnet zu, hat aber viel Spaß gemacht. Wir haben uns später auch noch oft bei Axel am Kamin in seinem Haus in Marienwerder getroffen. Das war eine Bier trinkende Jungsrunde, die auf den Gitarren rum schrammelte und zunehmend betrunken wurde. Am Ende haben wir meistens bei Axel gepennt. Er hat immer einen Riesenschweinsbraten in die Röhre geschoben, den wir dabei verspeist haben. Das Babyfon ging von Zeit zu Zeit. Axel war gerade Vater von Zwillingen geworden. Da haben wir das Lied geschrieben: »Mach das Babyfon leiser.«

DRESEN UND PRAHL *(singen gemeinsam)*: »Mach das Babyfon leiser. Mach das Babyfon aus. Das Baby redet nur Scheiße. Ich halt das nicht aus.«

DRESEN: Nun ja, ein Text mit Tiefgang eben ... Das Musikmachen war reiner Spaß und Übermut. Und das ist es bis heute. Dass wir jetzt Konzerte spielen, ist ein schöner Nebeneffekt. Natürlich hat sich das professionalisiert in den Jahren. Aber im Vordergrund steht die Lust am Musizieren.

PRAHL: Wenn es keinen Spaß mehr machen würde, sollte man es bleiben lassen.

Das alles spricht dafür, dass Sie eine Lust haben am Nicht-Perfekten.
DRESEN: Ein gewisses Understatement ist uns wichtig. Denn wir sind nun mal keine Vereinigung von professionellen Musikern. Trotzdem spielen wir mittlerweile manchmal vor 1000 Leuten. Da wollen wir was Vernünftiges abliefern. Die Leute sollen nach einem schönen Abend beglückt da rausgehen. Sie sollen Menschen

sehen, die Spaß miteinander und an der Musik haben. Im günstigsten Fall haben sie dadurch selbst Spaß.

Aber Gundermann kennt im Westen wirklich niemand, oder?
DRESEN: Das würde ich so nicht sagen. Es gibt zum Beispiel die *Randgruppencombo* aus Tübingen, die Gundermann seit Jahren sehr erfolgreich spielt. Die Lieder von Gundi hat man sich in den 90er Jahren in Ostdeutschland wie ein Kleid übergezogen. Sie passten einfach perfekt. Er hat diese Zeit in die richtigen Bilder gepackt. Er hat eine Identität geliefert, die viele Leute verloren zu haben glaubten. Dadurch hat er nach der Wende so eine Karriere hingelegt. Aber natürlich ist er insgesamt im Westen leider kaum bekannt.

Gab es trotz der Seelenverwandtschaft eigentlich auch mal Fremdheitsmomente zwischen Ihnen?
PRAHL: Fremdheitsmomente gibt es zwischen allen Männern. Denn Männer sind grundsätzlich nicht so, dass sie sich bis ins Letzte aufblättern.

Männer weinen heimlich.
PRAHL: Naja, so ähnlich. Gewisse Dinge behält man eben doch besser für sich. Wer sich zu weit öffnet, macht sich verletzlich!
DRESEN: Wobei wir uns gegenseitig auch schon in sehr elenden Situationen erlebt und sehr schwierige Phasen durchlebt haben. Aber Axel hat Recht: Als Mann ist man nicht so gestrickt, dass man permanent das Seelenleben voreinander ausbreitet. Da geht es eher etwas spröder oder auch kumpeliger zu.
PRAHL: Es hat auch damit zu tun, dass man funktionieren muss.
DRESEN: Dabei bist du in der Arbeit gar nicht so. In der Arbeit ist Axel im besten Sinne eine Rampensau – auch was das Darstellen von Gefühlen betrifft. Da ist er sehr offen im Gegensatz zu den meisten anderen Schauspielern. Weinen vor der Kamera als Mann, das machen nicht viele. Viele können es auch gar nicht. Da ist Axel sofort bereit, sich total nackig zu machen. Manchmal muss man ihn dann fast bremsen, um ihn zu schützen. Ich möchte, dass Axel

mir sagt, wenn etwas, was ich tue, peinlich ist – genau so wie ich das umgekehrt mache. Bei den Dreharbeiten zu *Willenbrock* haben manche mit den Ohren geschlackert, wie wir miteinander umgehen. Aber das können wir halt, weil wir uns so lange kennen. Dann ist die Sprache manchmal sehr direkt. Das ist keineswegs verletzend gemeint. Es gehört in der Arbeit wie im Leben dazu, dass man offen ist. Man muss im Film auch aufpassen, dass man nicht in Sentimentalität abgleitet.

PRAHL: Es ist auch ein Stück weit Arbeitsmodus, sich auf so ein Gefühl einzulassen. Wenn man merkt, dass das gut funktioniert und es nicht jeder kann, dann ist man als Schauspieler gern geneigt, auf diese Technik zurückzugreifen.

Willenbrock – ein Film über einen vermögenden Gebrauchtwagenhändler, der die Kontrolle über sein Leben verliert – ist mir tief reingegangen. Da ist viel Leere drin.

PRAHL: Und Kälte.

DRESEN: In dem Film spielen übrigens lauter westdeutsche Schauspieler ostdeutsche Charaktere.

Ich nerve Sie jetzt trotzdem noch mal mit dem Osten, Herr Dresen. Einer Ihrer ersten Filme im Jahr 1989 hieß Jenseits von Klein Wanzleben. *Klein Wanzleben ist ein Ort in der Magdeburger Börde. Und ihr letzter Film 2015 hieß* Als wir träumten. *Er zeigt, wie ostdeutsche Jugendliche in Leipzig den Umbruch vor und nach 1989 erleben. Ist der Osten eigentlich mal auserzählt?*

DRESEN: Nein, warum? Der Osten bietet viele Möglichkeiten der Erzählung. Es gibt auch immer wieder Filme über die Nazizeit, die unterschiedlichste Geschichten erzählen – ohne dass ich das vergleichen will.

Gibt es denn Interesse an den Stoffen?

DRESEN: Ich gebe die Hoffnung nicht auf, aber die Zuschauerzahlen belehren mich natürlich eines Besseren. In den 90er Jahren bin ich drei Mal hintereinander mit DDR-Stoffen gescheitert. Auch *Als wir träumten* ist keineswegs gut gelaufen. Ich brauche immer wieder Abstand, um mich von diesen Tiefschlägen zu erholen. Denn offensichtlich gibt es beim Publikum bei einer subtil erzählten Sicht auf den Osten – ich sag's mal vorsichtig – relativ wenig Interesse. Das ist nach der Wende so gewesen und hat sich leider kaum verändert. Wenn man Geschichten sehen will, dann eher solche, die mit Verstrickung und Schuld zu tun haben, oder die Komödien – wogegen ich nichts habe. Da, wo es in die Zwischentöne reingeht, wird es schwierig. Man muss es trotzdem immer wieder versuchen – auch weil der Osten unter der mangelnden Aufarbeitung dieses gesellschaftspolitischen Versuchs, von dem wir bereits sprachen, leidet. Jeder Wissenschaftler, dessen Experiment misslingt, legt ja größten Wert auf die Analyse. Wenn man den Osten als soziales Experiment betrachtet, eine gerechtere Welt zu schaffen, dann ist das ja per se kein schlechtes Ziel, und zumal gemessen an der Welt, in der wir jetzt leben, ein Ziel, das durchaus sinnvoll erscheint. Also wäre es nur konsequent, zu fragen: Warum hat das nicht geklappt? Oder ist die Idee verkehrt? Wenn man aber zu dem Ergebnis kommt, dass die Idee so falsch nicht ist, dann wäre ein bisschen Analyse ganz interessant, auch um für heute etwas zu lernen.

PRAHL: Ich fürchte, die Antwort ist relativ einfach: Es scheitert am Menschen.

DRESEN: Ja, gut. Das mag sein. Es ist aber die Frage: Kann man Bedingungen schaffen, die dem Menschen helfen, sich anders zu verhalten?

PRAHL: Die Zahl derer, die sich mit solchen Fragen überhaupt beschäftigen mögen, ist leider sehr gering. Das sieht man ja auch an den Zuschauerzahlen, die sich mit solchen Stoffen generieren lassen.

Haben Sie sich, Herr Prahl, auch aufgrund des Klischees, das von Ihnen existiert, mittlerweile in einen Ost-Schauspieler verwandelt?

PRAHL: Nein, ein Ost-Schauspieler bin ich nicht geworden. Vielleicht weiß ich etwas mehr über die DDR und das Leben dort als andere Wessis. Aber ich bin nach wie vor jemand, der immer noch manchmal zum Osten sortiert wird, obwohl das Gegenteil eigentlich bekannt ist und wieder und wieder zu hören war, dass ich in

Holstein geboren wurde – wenn auch in Ost-Holstein. Diese Verwechselung gibt es hin und wieder noch. Das finde ich aber nicht so tragisch. Die Verwechselung mit *Tatort*-Kommissar Thiel, die ist tragisch.

DRESEN: Genau so wenig, wie ich ein West-Regisseur werde, wird Axel ein Ost-Schauspieler sein. Wir leben jetzt 25 Jahre nach dem Mauerfall in diesem größer gewordenen Land. Da spielt das nämlich auch gar keine große Rolle mehr.

PRAHL: Für dieses Buch und dieses Thema natürlich schon. Deshalb sitzen wir hier zusammen.

DRESEN: Mich persönlich interessiert dieses Etikett nicht mehr so sehr. Ich bin zwar im Osten geboren. Aber bald lebe ich den längeren Teil des Lebens im vereinigten Deutschland.

Aber Sie leben ja weiter im Osten und nicht in Baden-Württemberg oder Bayern.

DRESEN: Das stimmt. Dort könnte man mancherorts sowieso den Eindruck haben, dass sich durch die Wiedervereinigung nichts geändert hat – außer vielleicht mit dem Solidaritätsbeitrag. Da gibt es Leute, die noch nie im Osten waren. Wie es im Osten eben auch Menschen gibt, die sich in ihrer Kleinstadt verbarrikadieren und noch nie westwärts gereist sind. Es ist eben immer auch eine Frage der Neugier und Offenheit.

PRAHL: Wir sind trotzdem natürlich alle Produkte unserer Vorfahren, unserer Geschichte und unserer Sozialisation. So werden wir auch immer wieder reagieren.

DRESEN: Es braucht noch mindestens ein, zwei Generationen, bis das überhaupt kein Thema mehr ist.

PRAHL: Ich glaube, nicht mal dann.

»Freiheit ist am Anfang schwer«

*Die ehemaligen Profi-Fußballer Arne Friedrich und
Axel Kruse über Autorität auf dem Rasen*

Anfangs stellen Arne Friedrich (36, links im Bild) und Axel Kruse (47)
einander immer wieder Fragen. Es sind Fragen wie: »Kennst du
den noch? Und kennst du den noch?« In der Regel geht es dann
um Spieler oder Trainer. Die Antwort lautet meistens: »Klar, den
habe ich letzte Woche gesehen.« Oder so ähnlich. Die Welt des
Profifußballs ist eine überschaubare. Zunächst sitzen wir auf einem braunen Sofa in Kruses Filmfirma unterm Dach eines Altbaus
in Berlin-Moabit. Alles ist hell und modern. An der Wand hängt
ein Flachbildschirm, der die neueste Erschütterung der Branche
anzeigt: Jürgen Klopp nimmt bei Borussia Dortmund seinen Hut.
Später wird der Konferenzraum mit dem gläsernen Tisch frei, und
wir ziehen um. Friedrich, der unweit des Brandenburger Tors lebt,

und Kruse, nun in Kleinmachnow zu Hause, kennen sich seit langem. Denn Friedrich hat nach seinem Wechsel von Arminia Bielefeld jahrelang bei Hertha BSC gespielt, genau wie Kruse – nur dass der nach seiner Flucht aus Rostock zehn Jahre eher kam. Während der Ostdeutsche zweimal aufsteht und die Hände an die Hosennaht legt, um den Drill aus DDR-Zeiten zu demonstrieren, beugt sich der Westdeutsche stets aufs Neue vor – immer dann, wenn es für ihn besonders spannend wird.

Herr Kruse, ostdeutsche Vereine sind in der Fußball-Bundesliga schon seit Jahren nicht mehr präsent, auch in der Zweiten Liga sind sie unterrepräsentiert. Gerade ist mit Erzgebirge Aue ein weiterer Ost-Verein abgestiegen. Blutet Ihnen manchmal das Herz, wenn Sie das sehen?

AXEL KRUSE: Ich sehe Hertha als Verein, der zu Ostdeutschland gehört. Ein zusätzlicher Verein in der Ersten Liga wäre sicherlich noch angebracht. Dann würde es passen. Und RB Leipzig entwickelt sich ja so, dass sie es demnächst schaffen werden. Mir blutet eher das Herz, wenn ich sehe, was mit Hansa Rostock ist, weil das mein eigener Verein war und ich ihm die Daumen drücke. Drei ostdeutsche Vereine in der Zweiten Liga fände ich völlig in Ordnung. Das entspricht ja ungefähr der Verteilung der Einwohner. Es müsste also wieder ein Ost-Verein aufsteigen. Und dass Energie Cottbus in der Ersten Liga war, war sowieso eher ein Wunder, wenn man die Region sieht. Dort haben sie nicht die finanziellen Mittel. Ähnliches galt für Aue in der Zweiten Liga. Das war auch großartig, was die da gemacht haben.

Herr Friedrich, wie geht's Ihnen damit? Man hat den Eindruck, dass es den Westdeutschen eigentlich ziemlich egal ist, ob Cottbus, Dresden oder Rostock nun dabei sind oder nicht.

ARNE FRIEDRICH: Ich find's schade. Denn der Trend geht leider dahin, dass Vereine stark werden, weil sie einen starken finanziellen Rückhalt haben: Hoffenheim, Wolfsburg, jetzt auch Leipzig. Damit verbunden sind Fanstrukturen, die auch nicht organisch wachsen. Traditionsvereine wie Dresden dagegen spielen in der Dritten Liga.

Herr Kruse, Sie wurden 1967 in Wolgast ganz im Nordosten Deutsch-
lands geboren, haben bei BSG Motor Wolgast und Hansa Rostock
gespielt und sind 1989 in den Westen geflohen. Können Sie mal er-
zählen, warum und wie das geschah?

KRUSE: Ich bin 1986 mit der U19 (Nationalmannschaft der bis
19-Jährigen) von der Europameisterschaft zurückgekommen, bei
der wir den Titel geholt haben. Zwei Wochen später wurde ich verhaftet und sechs Stunden lang verhört, ohne dass ich mir etwas
hatte zuschulden kommen lassen. Das war für mich so ein Schock,
dass ich von einem auf den anderen Tag erwachsen wurde. Ich war
19 damals und hatte mir vorher nie Gedanken gemacht. Mein Leben war schön. Es war immer mein Traum, für Hansa zu spielen.
Ich habe mit Rostock in der DDR-Oberliga gespielt. Ich hatte alles,
was ich wollte. Man war ja auch privilegiert als Spieler. Aber von
dem Zeitpunkt an habe ich überlegt: »Was ist denn hier eigentlich
los? Die können ja mit dir machen, was sie wollen.« Man gehörte
immer der Gesellschaft. Man musste sich immer rechtfertigen! Ich
hatte eine Wohnung in einem Hochhaus. Und da wurde ich dann
zusammengeschissen, weil ich nicht bei einer Wohnungsversamm-
lung war. In der Zeit ist der Entschluss gereift, zu sagen, wenn ich
noch mal die Gelegenheit kriege, werde ich fliehen.

Und die Gelegenheit war dann bei einer Auslandsreise da.

KRUSE: Ich durfte zwischen dem Verhör und der Flucht nicht
mehr ins Ausland reisen. Ich war gesperrt. Die Sperre wurde dann
aufgehoben. Und bei einem Auswärtsspiel in Kopenhagen habe ich
die Chance genutzt.

Herr Friedrich, Sie wurden 1979 in Bad Oeynhausen geboren. Ist Ih-
nen die deutsche Teilung überhaupt noch erinnerlich?

FRIEDRICH: Ja, aus der Schule und von meinen Eltern. Ich hatte familiär mit dem Osten ansonsten gar nichts zu tun. 1989 war
ich erst zehn Jahre alt. Für mich sind auch diese Geschichten über
Flucht und dass man sich immer rechtfertigen musste unglaublich. Deshalb ist es für mich interessant, dass wir dieses Gespräch
haben. Dadurch bekomme ich ein paar Einblicke. Es gab ja auch

nur ein Länderspiel Bundesrepublik Deutschland gegen die DDR, nämlich bei der Weltmeisterschaft 1974. Das fand fünf Jahre vor meiner Geburt statt. Trotzdem wächst man damit auf. Denn von den Sportlern aus dem Osten hieß es immer, sie seien besser als die West-Sportler.

Sie wechselten 2002 von Arminia Bielefeld zu Hertha BSC. Hat das Ihre Sicht auf das deutsch-deutsche Thema verändert?
FRIEDRICH: Nein. Denn in der Zeit gab es für mich nur Fußball. Es ging ja auch alles ganz schnell. Ich habe schon nach zwei Spielen für Hertha das erste Länderspiel gemacht. Es gab für mich nur diesen Fußballfokus. Ich habe mir überhaupt keine Gedanken gemacht. Das kam erst im Laufe der Zeit.

In welcher Weise ist Ihnen der Osten im Fußball begegnet? Einer Ihrer Trainer, Falko Götz, war ja ein Ost-Fußballer.
FRIEDRICH: Ja, und Andi Thom war mal mein Co-Trainer. Aber im Fußballerischen hat das überhaupt keinen Unterschied gemacht.
KRUSE: Das war 13 Jahre nach der Wende. Das hat damals schon keine Rolle mehr gespielt.

Aber es gab doch Unterschiede in der Fußball-Kultur, was zum Beispiel die Trainer angeht. Ostdeutsche Trainer galten als ein bisschen autoritärer.
FRIEDRICH: Als Ost-Trainer hatte ich Hans Meyer und Falko Götz. Und über Eduard Geyer habe ich viel gehört. Aber ich hatte nur einen wirklichen Schleifer, nämlich Felix Magath. Der ist schon hart, aber aus dem Westen. Geyer muss von der Art genau so sein. Nach allem, was ich gehört habe, war Sport in der DDR ja auch sehr wichtig. Dafür wurde hart trainiert. Deshalb denke ich schon, dass es härter zuging als bei uns. Erst jetzt habe ich die Zeit, mich mit all dem, was den Osten angeht, so richtig zu beschäftigen. Ich bin oft mit einem sehr guten Freund unterwegs, der aus dem Osten kommt und der mir immer wieder historische Plätze in der Stadt näher bringt.

Herr Kruse, Sie haben für verschiedene Jugend-Nationalmannschaften der DDR gespielt. Hat Ihnen das etwas bedeutet? Ist Ihnen die DDR überhaupt als Nation erschienen?

KRUSE: Ja, es hat mir etwas bedeutet, ein Länderspiel zu haben. Ich bin da geboren und groß geworden. Das Lustige war aber, dass wir die Nationalhymne nicht mitsingen konnten. Eines meiner ersten Länderspiele war gegen Holland. Und die Holländer haben volle Kanne mitgesungen und dabei die Hand aufs Herz gelegt. Und irgendwann habe ich mal gefragt: »Warum singen wir eigentlich nicht mit?« Und da sagte mir einer: »Na, weißt du das denn nicht? Bei uns ist doch Deutschland einig Vaterland mit drin.« Da habe ich gedacht: »Was ist denn das für ein Schwachsinn?!« Trotzdem hat mir das was bedeutet. Ich war stolz. Aus westdeutscher Sicht hat man ja immer gesagt: »Das ist die Zone.« Aber so habe ich das nicht gesehen. So wurde ich auch nicht erzogen. Ich habe die DDR als eigenständiges Land gesehen – und auch als mein Land. Als 13-, 14- oder 15-Jähriger war man ja auch durch die Schule total beeinflusst. Wenn du nur hörst »Hier wohnen die Lieben« und »Da drüben wohnen die Faschisten«, dann hast du das irgendwann drin. Meine Eltern haben auch nicht gesagt: »Das ist alles Unsinn, was die hier erzählen.« Die mussten ja immer Angst haben, dass ich in der Schule sage: »Mein Vater hat gesagt, ihr seid Schwachmaten.«

FRIEDRICH: Gerade bei dir, der kein Blatt vor den Mund nimmt.

KRUSE: Ja. Ich weiß noch: Mein Vater hat drei Geschwister. Und die sind alle sehr früh in den Westen abgehauen. Als die dann mal bei uns zu Besuch waren, habe ich gedacht: »Die sind aber nett.« Das stand im Widerspruch zu dem, was ich als Zehnjähriger bis dahin über Westdeutsche gehört hatte.

Sie wurden drei Jahre nach Ihrer Flucht vom damaligen Nationaltrainer Berti Vogts zu einem Sichtungslehrgang der gesamtdeutschen Nationalmannschaft eingeladen. War das ein anderes Nationalgefühl?

KRUSE: Ich war ja sogar mal im Kader bei einem Länderspiel gegen Mexiko. Geil fand ich die Leute, die dabei waren. Als Konkurrenten hatte ich zum Beispiel Rudi Völler, Jürgen Klinsmann, Kalle Riedle, Andi Thom, Dolli (Thomas Doll), Ulf Kirsten, Lothar Matthäus. Lothar war ein Held. Der hatte bei Inter Mailand gespielt. Und den hatte ich bis dahin nur im Fernsehen gesehen. Dann saß ich plötzlich mit Lothar und Rudi an einem Tisch. Da habe ich schon gedacht:»Wie geil ist das denn?« Aber dass das jetzt ein anderes Gefühl war, das kann ich nicht sagen.

Sie, Herr Friedrich, waren von 2002 bis 2011 Nationalspieler. Können Sie die Ostdeutschen unter den Nationalspielern noch benennen?
FRIEDRICH: Jens Jeremies war dabei. Bernd Schneider.

Genannt »Schnix«.
KRUSE: Genau, Ossi aus Jena.
FRIEDRICH *(überlegt)*: Wen haben wir denn noch gehabt? Carsten Jancker, Michael Ballack ...
KRUSE: Und dann noch einer, mit dem du gut auskamst: Tim Borowski aus Neubrandenburg.
FRIEDRICH: Echt, ja? Das hätte ich jetzt nicht gedacht. Ja, gut. Aber ein paar habe ich zusammen gekriegt.

Wie ist das, wenn man aufs Feld läuft und die Nationalhymne erklingt: Hat man dann das Land, für das man spielt, in Gedanken vor sich?
FRIEDRICH: Bis zum Anpfiff macht man sich schon Gedanken, gerade wenn man noch relativ jung ist. Sobald der Ball rollt, ist das Thema gegessen. Später ist das Normalität. Ich habe ja auch über 80 Mal für Deutschland gespielt. Das war zwar immer etwas Besonderes. Aber man hat sich dran gewöhnt. Und ich habe mir zum Beispiel nie Gedanken darüber gemacht, ob Mitspieler in der ehemaligen DDR aufgewachsen sind. Überhaupt nicht. Das gleiche galt für Mesut Özil oder Gerald Asamoah, die ja auch andere Wurzeln haben.
KRUSE: Ich gucke gern Länderspiele, das ist ja klar. Aber ich habe mich immer aufgeregt, dass Özil oder andere die Nationalhymne nicht mitsingen. Ich habe das als Beleidigung für mich aufgefasst.

Denn du spielst ja eben nicht nur für dich allein, sondern für 80 Millionen. Wie habt ihr das gesehen?

FRIEDRICH: Oliver Bierhoff (Manager der Nationalmannschaft) hat damals gesagt: »Das ist jedem selbst überlassen. Da gibt es keinen Druck unsererseits.« Ich finde auch, dass man niemanden zwingend sollte. Denn das ist dann nicht authentisch. Aber ich finde es schön, wenn jemand die Hymne singt. Ich bin ja jetzt bei der U18 Co-Trainer. Und wir singen die Hymne auf der Bank mit. Wir sind uns bewusst, dass wir für Deutschland spielen. Das ist schon ein Stück weit Nationalstolz.

KRUSE: Habt ihr denn untereinander darüber diskutiert?

FRIEDRICH: Nee, überhaupt nicht.

KRUSE: Ich weiß noch, dass bei einem Länderspiel Sami Khedira mitgesungen hat. Da habe ich mich echt gefreut, auch weil es Respekt wiederspiegelt gegenüber den Leuten.

Hat es überhaupt mal Gespräche gegeben über die Unterschiede zwischen Ost- und West-Fußballern?

FRIEDRICH: Eigentlich nur mit André Hofschneider, der aus Ost-Berlin kam und mit dem ich bei Arminia Bielefeld zusammen gespielt habe. Der hat immer gesagt: »Im Osten wurde viel mehr Wert auf Technik gelegt. Ich kann dir 1000 Mal den Ball mit links hoch spielen. Mach du das mal!« Da habe ich das probiert. Und bei mir war wirklich nur der rechte Fuß geschult. Das war immer ganz witzig mit ihm und einer der wenigen Berührungspunkte, die ich beim Fußball hatte.

KRUSE: Das mit der fußballerischen Ausbildung war tatsächlich so. Du hast ja eben Felix Magath erwähnt. Magath war verglichen mit den Ost-Trainern ein harmloser Waisenknabe. Im Osten wurde zum Teil vier Mal am Tag trainiert. Das war krank. Nur mal so ein Beispiel: 20 Mal einen 400-Meter-Lauf musstest du noch nie machen, oder?

FRIEDRICH: Nee.

Bundesligisten trainieren heute einmal am Tag, nicht wahr?

FRIEDRICH: Ja, und es wird viel individueller trainiert. Das hat sich natürlich auch geändert. Zu meinen Anfängen wurde nicht so individuell trainiert wie heutzutage. Aber es wurde auch nicht so geschliffen, definitiv nicht.

KRUSE: Die Grundausbildung war im Osten einfach großartig, also die Schulung rechts-links. Nicht umsonst kamen ja zeitweilig über 20 Prozent der Nationalspieler aus dem Osten.

Kapitän zu Ihrer Zeit, Herr Friedrich, war überwiegend Michael Ballack. Der Name fiel schon mal kurz. Ballack wurde später abgelöst. Ein Vorwurf lautete, er sei zu autoritär. Haben Sie das auch so erlebt?

FRIEDRICH: Das kann ich nicht bestätigen. Ich bin ja dabei gewesen. Und bei uns hat niemand gesagt: »Wir wollen ihn nicht mehr, weil er zu autoritär ist.« Bei Ballack war das so: Er hatte sich 2010 kurz vor der WM in Südafrika verletzt, und wir brauchten für das Turnier einen neuen Kapitän. Philipp Lahm war dafür der angemessene Mann. Er hatte Erfahrung. Und als Ballack wieder fit war, war natürlich die Frage: Was machen wir jetzt? Wie lange spielt er noch in der Nationalmannschaft? Er war zu dem Zeitpunkt ja schon relativ alt. Dann haben Jogi Löw und das Trainerteam die Entscheidung gefällt, Philipp Lahm im Amt zu lassen. Aber das alles hat nichts mit Ost und West zu tun. Oliver Kahn war auch ein anderer Spielertyp.

KRUSE: Ballack kommt aus einer Generation, in der zum Beispiel junge Spieler nicht automatisch Teil der Mannschaft waren. Sie waren erst Teil der Mannschaft, wenn sie sich den Respekt der älteren Spieler erarbeitet hatten. Ich kenne das auch nicht anders. Im ersten halben Jahr habe ich mich bei Hansa Rostock hinten in der Ecke umgezogen. Das war eine Extra-Kabine für die Jungen. Da hat kein Mensch mit mir geredet. Nach einem dreiviertel Jahr kam Juri Schlünz zu mir und sagte: »Du kannst dich jetzt vorn bei uns umziehen.« Das bedeutete so viel wie: »Jetzt gehörst du dazu.« Ich war damals schon Stammspieler bei Hansa. Wenn du das so erlebt hast, gibst du das so wie Ballack weiter. Jetzt ist das ja alles ein bisschen humaner.

FRIEDRICH: Ich kenne so was nicht persönlich. Aber ich kenne das zum Beispiel von Olli Kahn. Schweini (Bastian Schweinsteiger) hat ja 2006 die Geschichte erzählt, dass er drei Jahre neben Olli in der Kabine saß und der kein Wort mit ihm geredet hat. Der wusste gar nicht, wer Schweini war, und es hat ihn auch gar nicht interessiert. Und Olli Kahn war nicht aus dem Osten. Das hat was mit dem Alter zu tun. Ich bin immer ein komplett anderer Typ gewesen. Ich bin immer ein Typ gewesen, der Menschen mit ins Boot genommen hat. Mir wurde als Kapitän auch immer vorgeworfen, ich sei zu ruhig. Ich war nach außen hin nie ein Schaumschläger, habe aber nach innen Sachen angesprochen und dann auch diskutiert. Ich mag's immer gern, mit mehreren Leuten Lösungen zu finden.

KRUSE: Du lebst ja jetzt auch in einer Gesellschaft, in der das überall so ist. Zu meiner Zeit war das anders. Da war der Chef der Chef. Und der Chef war manchmal ein Choleriker.

Ein cholerischer Chef wird heute oft nicht mehr alt.

KRUSE: Wenn früher ein jüngerer Spieler einen Elfmeter schießen wollte, dann habe ich gesagt: »Mensch, geh nach hinten. Du hast hier nichts zu suchen.« Heute würde ich es auch anders machen.

FRIEDRICH: Du würdest das heute noch genau so machen, weil du so ein Typ bist. Aber das finde ich auch gut so. Solche Typen wie dich gibt's ja heute fast gar nicht mehr.

KRUSE: Damals war es zu autoritär. Heute ist es zu liberal. Ich kann mich zum Beispiel noch erinnern, dass Jérôme Boateng der *Bild*-Zeitung mal ein Interview gegeben und gesagt hat: »Die älteren Spieler verdienen zu viel Geld im Verhältnis zu dem, was sie bringen.« Jedenfalls so sinngemäß. Der war damals 18 oder 19. Dass ein 19-Jähriger überhaupt schon Interviews gibt, finde ich grenzwertig. Aber wenn, dann kann er sagen: »Ich bin froh, dass ich dabei sein darf.« Der hätte sich zu meiner Zeit auf dem Klo umziehen können, aber nicht in der Kabine. Was ich damit sagen will, ist: Spieler können nicht schon Respekt einfordern, ohne etwas geleistet zu haben. Lehrjahre sind keine Herrenjahre. Das war schon immer so.

FRIEDRICH: Wenn sie dann noch vom Verein geschützt werden, hast du ein Riesenproblem. Ich kann mich noch an meine Zeit bei

Gütersloh erinnern. Damals habe ich ein Probetraining gemacht. Da haben die zu mir gesagt: »Arne, pass auf, versuch bloß nicht, hier jemanden zu tunneln. Die treten dir die Beine kaputt.« Wenn heute ein älterer Spieler einen Tunnel bekommt, dann ist er einmal kurz sauer, mehr nicht. Früher hast du richtig was auf die Socken gekriegt als junger Spieler. Und das war im Westen, glaube ich, genau so wie im Osten.

Wir haben eben über die gute Ausbildung der ostdeutschen Spieler gesprochen und darüber, dass viele dann nach 1990 in der Bundesliga und der Nationalmannschaft Karriere gemacht haben. Zugleich sind die alten DDR-Oberligaklubs sehr bald in den Keller gegangen. Ist das die Tragik des Ostens und typisch für seine Situation insgesamt?

KRUSE: Das Leben in der DDR und das Leben in Westdeutschland kann man nicht mal ansatzweise vergleichen. Die Vereine haben Geld von den Betrieben bekommen, und das war's. Diese Marktwirtschaft und was sie im Einzelnen bedeutet, das haben die Vereine nicht gewusst. Und die Ostdeutschen ansonsten auch nicht. Als ich anfing, in der Bundesliga zu spielen, habe ich zum Beispiel dauernd irgendwelche Rechnungen vom Arzt gekriegt. Da habe ich gefragt: »Warum kriege ich denn diese Rechnungen?« Bis mir mal einer gesagt hat: »Die musst du bezahlen. Du hast doch eine Versicherung.« Das mussten die mir erst mal erklären. Im Osten war die Gesundheitsversorgung umsonst. Im Osten wurde dir dein Leben vorgeschrieben und leicht gemacht. Und im Westen warst du selbstbestimmt. Diese Freiheit musst du erst mal annehmen. Zum Beispiel auch, dass du dann selbst entscheiden kannst, welche Versicherung du nimmst. Freiheit ist am Anfang schwer, wenn man's nicht gelernt hat. Das war bei den Vereinen auch so. Die wussten auch nicht: Wie mache ich jetzt weiter? Wie mache ich Verträge? Wie kriege ich Spieler dazu, dass sie dableiben? Und man darf auch nicht vergessen: Damals kamen auch ein paar Glücksritter aus dem Westen, die schnell versucht haben, im Osten abzugreifen. In Dresden gab's zum Beispiel so einen dicken Bauunternehmer, Otto hieß der. Und dass die Spieler schon vor der

Währungsunion Westgeld haben wollten, das verstehe ich. Da ist doch klar, dass die rübergegangen sind und versucht haben, in der Bundesliga zu spielen. Das ist ganz normal.

Aber trotzdem ist es doch bedauerlich. Denn der Osten hatte ja eigentlich das fußballerische Potenzial, um stärker aufzutreten.

KRUSE: Das erste Jahr vom Mauerfall bis zur Wiedervereinigung herrschte im Osten Anarchie. Selbst die Polizei hat sich nicht mehr getraut, durchzugreifen. Und wie sollte dann ein Verein Spieler an sich binden? Zu einem Spieler wie Arne hätten sie vor der Währungsunion gesagt: »Du kannst 2000 Ost-Mark haben.« Dann hätte Arne gesagt: »Da hinten kann ich 8000 West-Mark haben.« Natürlich ist das schade. Aber man muss die Dimension sehen und dass das 40 Jahre lang völlig auseinander gegangen ist. Ich kann mich noch an die Winterpause 1989/90 erinnern. Da sind die Spieler regelrecht abgehauen von ihren Vereinen. Die haben sich auch gar nicht mehr abgemeldet. Die sind einfach rüber.

FRIEDRICH: Ich finde es schade, dass über diese Dinge zu wenig gesprochen wurde. Ich habe mir darüber damals überhaupt keinen Kopf gemacht. Wenn ich das gewusst hätte, hätte ich Axel zum Beispiel mit komplett anderen Augen gesehen.

KRUSE: Man kriegt dadurch ja auch ein besseres Verständnis. Ich hasse eigentlich die Begriffe Ossi/Wessi. Ich mag das nicht. Ich bin Gesamtdeutscher. Aber über die unterschiedliche Sozialisation kann man natürlich sprechen. Bevor das Training begann, standen die Spieler zum Beispiel stramm da, die Hände an der Hosennaht.

Wie beim Militär, oder wie?

KRUSE *(stellt sich hin und macht es vor):* Ja, und dann standest du so da mit gesenktem Kopf. Manche Trainer haben noch gesagt: »Sport« – und die Spieler haben geantwortet: »frei«.

FRIEDRICH: Das ist ja der Wahnsinn. Dagegen würde ich rebellieren. Wenn ich zum Beispiel einen Laktat-Test absolviert habe, dann wollte ich wissen: »Habe ich mich verbessert? Habe ich mich verschlechtert?« Darauf hat der Trainer gesagt: »Das hat dich nicht zu interessieren. Du bist Spieler.«

KRUSE: Ihr wollt mündig sein. Ihr wollt Erklärungen haben. Das ist ja auch richtig. Das gab es im Osten nicht. Es war knallhart. Auch trainingsmethodisch. Natürlich habe ich manchmal gedacht: »Was für eine Scheiße, die wir hier wieder machen.« Meinst du, da hätte ich gesagt, das mache ich jetzt nicht? Da hätte ich nach Hause gehen können.

FRIEDRICH: Da muss man einen Mittelweg finden. Ein Trainer ist hauptverantwortlich. Wenn er etwas anordnet, dann denkt er sich was dabei. Trotzdem muss man auch mal was hinterfragen dürfen.

KRUSE: Manche Sachen habe ich als total sinnlos empfunden. Mir hat aber das Wissen gefehlt. Es gab zum Beispiel mal eine Zeit, da durften wir nichts trinken.

Sie meinen Alkohol.

KRUSE: Nein, ich meine Wasser. Während des Trainings durften wir überhaupt kein Wasser trinken. Und auch nach dem Training habe ich als 15- oder 16-Jähriger nur eine 0,3-Liter-Wasserflasche gekriegt. Dabei haben sie noch gesagt: »Wehe, du gehst hinterher aufs Klo und hältst den Kopf unter den Wasserhahn!« Beim Essen haben dann Spieler gefragt: »Kann ich noch einen Schluck Wasser haben?« Da haben die Trainer geantwortet: »Du hast doch genug Soße auf dem Teller.«

FRIEDRICH: Die Frage ist: Wie führe ich eine Mannschaft? Versuche ich, über Angst zu führen? Jogi Löw war immer offen. Der hat immer die Diskussion gesucht. Aber er hatte am Ende die gleiche Autorität wie Felix Magath oder Eduard Geyer. Ich finde die Methode von Jogi Löw besser. Er gibt zum Beispiel ganz klar Freiheiten vor. Wenn du dich in deren Rahmen bewegst, hast du nie Probleme. Wenn du da rausgehst, wird er natürlich auch knallhart. Das, was Axel über seine Jugend sagt, ist für mich total spannend. Ich bin aber sehr froh, dass meine Jugend anders war. Ich bin behütet aufgewachsen. Da hast du einen ganz anderen Erfahrungsschatz als ich.

Gibt es noch weitere Ost-West-Unterschiede? In der Sportförderung? Oder bei den Fans?

KRUSE: Die Akademien von heute sind nichts anderes als die

Sportschulen von vor 25 Jahren. Kurz nach der Wende wollte davon niemand etwas hören. Denn es kam ja aus dem Osten. Und alles, was aus dem Osten kommt, ist schlecht. Jetzt hat man das wieder übernommen. In der DDR musstest du fünf oder sechs Jahre studieren, um Trainer zu sein. Heute reichen sechs Monate aus. Wir hatten Top-Trainer. Und wir hatten in Rostock eine eigene Sportmedizin. Das war mit dem, was ich danach bei Hertha erlebt habe, nicht zu vergleichen.

FRIEDRICH: Aber war der Sport nicht auch wichtig, um sich vom Westen abzusetzen?

KRUSE: Na klar, das war Klassenkampf. Es hieß: »Wir, die kleine DDR, sind viel besser als Westdeutschland. Und wir sind zum Teil genau so gut wie die 300-Millionen-Nation Amerika.« Das war ein Mittel, um die Überlegenheit des eigenen Systems zu zeigen.

Deshalb war ja auch der 1:0 Sieg der DDR gegen die Bundesrepublik bei der WM 1974 so wichtig.

KRUSE: Den Spielern war das nicht so wichtig. Aber für die Kommunisten war das ein innerer Vorbeimarsch. Die haben ja extrem viel Geld in die Sportförderung investiert. Das war kein Zufall. Und es war nicht nur Doping. Die sind ja schon in die Kitas gegangen und haben die Kinder vermessen. Ich sage immer: Der Sport in der DDR war das einzig Kapitalistische in dem Land. Wenn du es nicht geschafft hast, hieß es: »Der Nächste bitte!« Das war Auslese. Dir wurde auch gesagt: »Du bist etwas Besonderes. Du bist Botschafter im Trainingsanzug.«

Aber bei aller Kritik wollen Sie auch sagen: Man kommt heute richtigerweise auf Dinge zurück, die in der DDR schon Praxis waren.

KRUSE: Ja, absolut.

FRIEDRICH: Was die Fans angeht, die Sie eben ja auch angesprochen haben, gibt es, so glaube ich, schon ein bisschen mehr Rechtsradikalität als im Westen, in Dresden oder Rostock zum Beispiel. Das ist noch eine kleine dunkle Seite.

KRUSE: Zu Ost-Zeiten war das nicht so. Wenn du rechtsradikal gewesen wärst und hättest das artikuliert, dann wärst du ins Heim gekommen, und zwar für schwer Erziehbare. Da hat sich erst später eine Protestkultur entwickelt. Rostock hatte zu DDR-Zeiten im Übrigen die zweitmeisten Zuschauer. Die meisten hatte immer Dynamo Dresden.

Politisch waren die Fans vor der Wende doch teilweise auch. Union-Fans zum Beispiel wollten mit dem System nicht so viel zu tun haben. Dynamo Berlin galt hingegen als Stasi-Klub.
KRUSE: Ja, Dynamo Berlin war das einzige Feindbild. Dynamo Berlin war Erich Mielke. Das war Stasi. Das könnt ihr euch gar nicht vorstellen, wie damals Spiele abgelaufen sind und was da am Rand los war. Da waren Hundertschaften der Polizei. Und da wurde geknüppelt. Das war der blanke Hass. Das hast du auch als Spieler gespürt. Ich hatte zeitweise richtig Angst. Der Pressesprecher von Hansa hat mal einen Stein auf den Solarplexus bekommen. Der war bewusstlos.

Und wie ist das heute? Haben sich die Unterschiede verwischt?
FRIEDRICH: Heute wird auf das Technische in ganz Deutschland viel mehr Wert gelegt als früher.
KRUSE: Akademien gibt es jetzt überall. Das hat sich alles professionalisiert. Leute wie Matthias Sammer bringen diese Erfahrung ja auch mit.
FRIEDRICH: Ich find's gut. Man bringt von beiden Seiten das Gute zusammen. Wir sind jetzt schließlich ein vereintes Deutschland. Beide Seiten haben profitiert. Ich persönlich zum Beispiel bin heute lieber im Osten unterwegs. Er ist teilweise so schön geworden, der Prenzlauer Berg etwa.
KRUSE: Du wirst lachen: Ich bin lieber im Westen unterwegs, am Wannsee oder im Grunewald. Ich wohne ja in Kleinmachnow. Da ist Ost-Berlin auch viel zu weit weg. Mein Sohn, der ist 23, fragt mich immer: »Papa, wo war jetzt hier die Grenze?« Ich finde es schade, dass die Leute das heute nicht mehr erkennen können. Ich fände es schön, wenn sie noch das Gefühl vermittelt bekämen, wie das eigentlich war, allein in Berlin. Ich weiß noch: Ich war kurz nach meiner Flucht im Springer-Hochhaus, im Journalistenclub.

Von da konntest du das alles sehen. Da ist mir das erste Mal bewusst geworden, wie krank das eigentlich ist. Ich kann bis heute nicht begreifen, dass die Ossis glaubten, dass sie mit so einem Quatsch durchkommen. Das sah so gestört aus.

FRIEDRICH: Ich finde auch, dass die Kinder heute Bescheid wissen müssten.

KRUSE: Wenn man sich das mehr vorstellen könnte, dann könnte man es auch mehr schätzen. Wenn ich heute durch den Osten fahre, dann ist das ein Traum. Ihr könnt euch nicht vorstellen, wie das früher aussah. Man kann über Helmut Kohl sagen, was man will: Aber die blühenden Landschaften, von denen er gesprochen hat, die sind zwar später gekommen, aber sie sind da.

Noch eine Schlussfrage: Sehen Sie Möglichkeiten, die fußballerische Spaltung des Landes, über die wir zu Beginn sprachen, zu überwinden?

FRIEDRICH: Der schnellste Weg geht immer über gute Sponsoren. Aber eine gute Jugendarbeit ist die Voraussetzung. Ich hoffe, dass wieder ein paar Ostvereine hochkommen. Sie gehören mit dazu. Wir bräuchten in der Ersten Liga auch einen Ostverein.

KRUSE: Man braucht auch ein paar Talente im Osten, die im Westen nicht so erkannt werden. Denn das Problem ist, dass man die jungen Leute nicht mehr halten kann. Das ist ein Markt geworden, wo sogar die Eltern Kohle kriegen.

Sie, Herr Kruse, sind 47, und Sie, Herr Friedrich, 36. Hand aufs Herz: Einen ostdeutschen deutschen Meister, erleben Sie den noch?

FRIEDRICH: Man sollte nie »nie« sagen. Aber ich glaube nicht, dass das in den nächsten 20 Jahren was wird. Die Ost-Vereine haben nur die Chance, über Geld hoch zu kommen. Dresden schafft es vielleicht mal wieder in die Zweite Liga, vielleicht auch mal in die Erste. Aber der Verein müsste immer kämpfen, dass er da bleibt.

KRUSE: Ich bin in 20 Jahren 68. Ich glaube, in der Zeit wird RB Leipzig mindestens einmal Deutscher Meister gewesen sein.

Mit Geld vom österreichischen Getränkehersteller Red Bull, das bedeutet: mit Geld aus Österreich.

KRUSE: Ja, mit Geld aus Österreich. Dieser Brause-Heini hat so viel Geld, das könnte am Ende sogar ein Problem für Bayern werden.

»Ich habe viele positive Dinge in der DDR erlebt«

Die Feministin Anke Domscheit-Berg und die Politologin und einstige Präsidentschaftskandidatin Gesine Schwan über Frauenrechte

Kurz vor dem Treffen waren Gesine Schwan (72, rechts im Bild) und Anke Domscheit-Berg (47) noch gemeinsam auf einer Reise der Welthungerhilfe in Äthiopien. Dabei hat sich die Hochschulprofessorin und spätere Präsidentschaftskandidatin mit der Internetaktivistin und Publizistin auch über die 68er Bewegung unterhalten. Die beiden Frauen duzen sich. Und sie mögen sich. Dennoch sind Schwan und Domscheit-Berg sehr verschieden. Schwan, 1943 in Berlin geboren, kommt aus einer Zeit, in der Emanzipation im Westen klein geschrieben wurde. Dass es in ihrem Elternhaus anders war, ist ungewöhnlich. Domscheit-Berg, ausgerechnet 1968 im brandenburgischen Premnitz zur Welt gekommen, ist in emanzipatorischen Verhältnissen aufgewachsen – nur dass die DDR mit der Emanzipation des Menschen im Allgemeinen nicht viel am Hut hatte. Dieser Widerspruch wird das gesamte Gespräch durchziehen. Es findet im Allianz-Forum am Brandenburger Tor statt, in dem Schwan ein Büro hat. Domscheit-Berg, Autorin des Buches *Ein bisschen gleich ist nicht genug*, legt mit Fakten beschriftete Karteikarten vor sich auf den Tisch. Untrügliches Indiz: Die Sache ist ihr wichtig.

Frau Schwan, Frau Domscheit-Berg, die DDR und die Bundesrepublik hatten die Gleichberechtigung von Frauen und Männern gleichermaßen in der Verfassung fixiert. Dennoch war die Realität sehr unterschiedlich. 1989 lag etwa die Frauenerwerbsquote im Westen bei 56 Prozent und im Osten bei 89 Prozent. War die DDR für Frauen das bessere Deutschland?

GESINE SCHWAN: Ich bin zwischen 1967 und 1989 ungefähr zweimal jährlich in der DDR gewesen. Für mich war die DDR in jeder Hinsicht unerträglich. Wenn ich da gelebt hätte, hätte ich zwischen Knast und Opportunismus wählen müssen. Eine schreckliche Alternative. Ich würde nie sagen, irgendein gesellschaftlicher oder politischer Sektor war besser als der Rest in der DDR. Zum Beispiel, dass es für Frauen besser gewesen wäre, in der DDR zu leben. Das, was vor der Klammer stand – die Monopolherrschaft der SED –, hat für mich alles Positive ins Negative gekippt.

Das heißt, es gibt kein richtiges Leben im falschen.

SCHWAN: Doch, es gibt für die einzelnen Bürger immer ein moralisch richtiges oder vertretbares Leben im falschen. Ich habe mich ja auch immer dagegen gewehrt, die DDR als Unrechtsstaat zu bezeichnen und damit allen Bürgern zu unterstellen, dass sie sich am Unrecht der SED-Herrschaft notwendig beteiligt haben. Dafür habe ich öffentlich viel Dresche bekommen. Dass es darüber hinaus in der DDR auch vernünftige gesetzliche Regelungen gab, etwa im Bildungs- oder Familienbereich, ist für mich auch klar.

Nur stand vor der Klammer immer die Manipulationsfähigkeit durch die Partei, das heißt Willkür und Unfreiheit. Außerdem ist die Tatsache, dass Frauen arbeiten können, nicht das allein ausschlaggebende Indiz für ihre Freiheit.

ANKE DOMSCHEIT-BERG: Ich finde es auch zu stark vereinfachend, aus einem Aspekt die Beurteilung ganzer Staaten abzuleiten. Aber wenn man mich jetzt fragen würde, ob ich lieber in München oder Hamburg geboren sein würde, dann würde ich antworten: Weder noch. Ich möchte auch rückwirkend in der DDR geboren sein. Ich habe viele positive Dinge in der DDR erlebt. Und ich habe viele wichtige negative Erfahrungen in der DDR gemacht. Ich habe fast die Hälfte meines Lebens, nämlich 21 Jahre lang, ein völlig anderes Gesellschaftssystem kennengelernt. Das ermöglicht mir einen differenzierteren Blick auf Gesellschaftssysteme insgesamt. Mein Bruder und meine Schwester wollten immer auswandern. Ich nie.

SCHWAN: Dass man ein gelebtes Leben nicht abstrakt in ein anderes tauschen möchte, das kann ich gut verstehen. Und dass du einen differenzierteren Blick hast, ist für mich auch sehr klar. Aber dass das andere System besser war, weil es dort etwa bessere Kinderbetreuungsmöglichkeiten gab, das würde ich weiterhin bestreiten. Ich erinnere mich an eine Diskussion in der Berliner Humboldt-Universität nach 1989, bei der eine Assistentin sehr vehement gesagt hat, dass sie sich die alten Verhältnisse zurück wünscht. Sie sagte: »Damals konnte ich an der Humboldt-Universität studieren. Ich konnte Assistentin werden. Ich hatte meine Wohnung. Und ich konnte abtreiben.« Darum fand sie das System besser. Da habe ich sehr rebelliert. Denn es ist eben auch ein System, in dem Leute, die eine andere Meinung hatten, sie nicht mehr äußern konnten oder eingesperrt wurden.

DOMSCHEIT-BERG: Das heißt aber nicht, dass man nicht einen Teilaspekt rausgreifen und analysieren könnte. Das geht in Ost-West-Debatten fast nie, besonders nicht, wenn man über die DDR spricht. Dann heißt es immer: »Aber die Mauertoten, aber die Diktatur, aber irgendwas.« Ich finde trotzdem, dass man sich das Einzelne mal angucken sollte. Vor dem Mauerfall habe ich mich mit dem Frauen-Thema gar nicht so sehr befasst. Das hat sich geändert, weil auf einmal die westdeutsche Rechtslage galt. Außerdem habe ich wie viele andere Ostfrauen nach der Wende der Arbeit wegen im Westen gelebt. Ich war seit 1991 im Rhein-Main-Gebiet. Und das war für mich wie ein Zurück-gebeamt-werden in die Steinzeit. Die Sachen, die ich da gehört habe, etwa im privaten Bereich, fand ich absurd. Mein damals westdeutscher Freund sagte, er wolle ganz viele Kinder mit mir haben, von fünf oder sechs war die Rede. Ich solle aber, sagte er, auf keinen Fall wieder arbeiten, bevor das jüngste Kind sechs Jahre alt ist. Er war erst Mitte 20! 2000 bekam ich dann ein Kind. Und bald hörte ich Wörter wie »Rabenmutter«. Das waren Wörter, die kommen in Ostdeutschland noch heute nicht vor, außer bei eingewanderten Schwaben. Ossis benutzen die nicht. Und schließlich hat man im Einigungsvertrag einen Punkt für Ossis und Wessis unterschiedlich behandelt. Da wurden Ost-Alleinerziehende ausgenommen von der Pflicht, einen Amtsvormund zu nehmen, der für ihre Kinder in wichtigen Fragen entschied. Das galt im Westen für Alleinerziehende. Aber die ostdeutschen Verhandlungsführer haben gesagt: »Wir haben so viele Alleinerziehende, die schon immer alleine entschieden haben. Wenn die einen Amtsvormund bekommen sollen, dann sind die wie 1989 wieder auf der Straße.« Bald wurde die Regel für alle Alleinerziehenden abgeschafft.

SCHWAN: Die gesetzlichen und die kulturellen Regeln waren in Westdeutschland zum Teil archaisch.

Bis 1977 waren verheiratete Frauen im Westen zur Übernahme der Hausarbeit gesetzlich verpflichtet. Im Osten dagegen reichten Frauen in 75 Prozent aller Fälle die Scheidung ein. Letzteres spricht für ein starkes Selbstbewusstsein und die Möglichkeit, es einzusetzen.

SCHWAN: Ja, die kulturelle Idee war in Ostdeutschland mit Blick auf die Gleichberechtigung auch eine ganz andere als in Westdeutschland, das noch unter dem Eindruck des Nationalsozialismus stand. Da komme ich auf Hannah Arendt zurück, die gesagt hat: »Auch bei strukturellen Analogien waren die ideellen Wurzeln des Kommunismus ganz andere als die des Nationalsozialismus.« Die Leitidee der Gleichheit spielte eine große Rolle.

DOMSCHEIT-BERG: Es gab in der DDR seit Existenz der Nationalen Volksarmee auch Frauen in der Armee, auch beim Dienst an der Waffe, in allen Waffengattungen, seit Anfang der 80er Jahre auch in höheren Offiziersrängen. Und dann werden sie wiedervereinigt mit einem Land, in dem der Dienst an der Waffe gegen die Verfassung verstößt. Diese Frauen wurden aus der Armee entlassen. Im westdeutschen Bauhauptgewerbe durften Frauen bis Mitte der 90er Jahre nicht arbeiten. In der DDR war das gängig. Die wurden auch entlassen. Das alles kommt im Diskurs zur Wiedervereinigung gar nicht vor.

In der DDR ging man davon aus, dass die Frauenfrage der Klassenfrage untergeordnet sei und man über die Erwerbstätigkeit der Frauen automatisch zur Gleichberechtigung auch im privaten Bereich kommen werde. Was die politische Teilhabe angeht, waren die Verhältnisse in Ost wie West aber ähnlich düster. Im Politbüro gab es bis zum Schluss keine Frau. Und die einzige Ministerin hieß Margot Honecker. Im Westen war es etwas besser. Aber die Frauen durften sich zunächst nur um das kümmern, was Gerhard Schröder später »Gedöns« genannt hat, also die Familienpolitik und solche Sachen.

DOMSCHEIT-BERG: Gleichberechtigung gab es noch in keiner Gesellschaft der Welt. Aber es gab in der DDR auf dem Gebiet Vorsprünge gegenüber der Bundesrepublik. Und das betraf nicht nur die Arbeitswelt, sondern auch die Selbstbestimmung über den eigenen Körper, den Zugang zur Pille, die Abtreibung. So gab es bei der DDR-Fristenlösung keine Zwangsberatung. Auch das Problem gleiche Bezahlung war keines. Man hat versucht, Männlein und Weiblein zu allseits gebildeten sozialistischen Persönlichkeiten zu erziehen – ohne spezifische Unterschiede. Wir hatten alle Einführung in die Produktion. Wir hatten alle Werkunterricht. Wir hatten alle Mathe und Physik in gleichem Umfang. Und das wurde von Männern und Frauen unterrichtet. Die Auffassung, dass bestimmte Fähigkeiten an das Geschlecht geknüpft seien, gab es nicht. Mich wollten sie unbedingt zur Informatikerin machen, das war Mitte der 80er Jahre. Da hatte ich noch nicht einmal einen Computer gesehen und konnte mir auch keinen vorstellen. Eine Frau in den

MINT-Fächern Mathematik, Informatik, Naturwissenschaft und Technik war normal. Das vermisse ich sehr.

Sie, Frau Schwan, würden auch nicht negieren, dass es gewisse Vorsprünge gab?
SCHWAN: Nein, natürlich nicht. Mein Vater war Bildungsreformer. Von seinen Kollegen sind später ganz viele in der DDR gelandet. Ich bin auch überhaupt nicht anti-kommunistisch erzogen worden. Meine Eltern waren in einer Widerstandsgruppe, in der Kommunisten und Sozialdemokraten gemeinsam arbeiteten. Mit dieser Vorstellung von Gleichheit war ich ideell in einer Minderheit gegenüber dem westdeutschen Mainstream – obwohl ich eine katholische Mutter hatte. Mein Neffe hat dann aber mal einen Brief meines Vaters gefunden aus einer Zeit, als er noch im Roten Rathaus unter einem kommunistischen Stadtrat für Bildung gearbeitet hat. Er ist von dort weggegangen und hat ihm geschrieben: »Mein innerer Schweinehund hält diese Unfreiheit nicht aus.« Dabei finde ich die Formulierung so interessant. Denn innerer Schweinehund klingt negativ, obwohl es nicht negativ, sondern ironisch gemeint war. Es war für ihn nicht mehr erträglich, dass gelogen wurde und man lügen musste. Das heißt: Ich bin dafür, das Positive in der DDR zu unterstreichen. Aber ich denke schon, dass man es situieren muss in einen größeren Zusammenhang. Und der ist für mich, dass Karl Marx zwar eine allseits gebildete Persönlichkeit wollte – aber auch im Sinne der eigenen Urteilsfähigkeit. Und die war eben nicht erlaubt. Das habe ich an den Schulbüchern gesehen. Die waren so unerträglich schematisch, geradezu gegen jedes eigenständige Denken gerichtet, dass es mir als Ausgleich nicht geholfen hätte, dass Mädchen trotzdem Kranführer werden konnten.
DOMSCHEIT-BERG: Deshalb bin ich ja für diesen sezierenden Blick, der guckt, was die positiven Elemente einer Gesellschaft sind und was davon auch in der heutigen Gesellschaft positiv sein kann, ohne dass man die negativen Elemente mitnimmt. Dazu gehört natürlich die eigene Urteilsfähigkeit wie die Freiheit insgesamt. So könnte man sich aus den unterschiedlichen Systemen das Beste herausnehmen und daraus eine perfekte Gesellschaft bauen.

SCHWAN: Das finde ich interessant. Allerdings bin ich bis heute der Meinung, dass der Staat Freiheit in Teilen nicht dadurch erreichen kann, dass er sie im Ganzen so einschränkt, dass Willkür herrscht. Das würde ich nie akzeptieren.

DOMSCHEIT-BERG: Davon redet ja auch gar keiner.

SCHWAN: Dass du davon nicht redest, ist mir schon klar. Aber die Frage ist, ob man das wirklich so mischen kann, wie du dir das denkst. Denn auch das Positive stand in der DDR eben immer unter dem Vorbehalt der selbst ernannten Avantgarde namens SED.

DOMSCHEIT-BERG: Ich würde als Basis gern Lebensrealitäten nehmen. Dazu muss man nicht mal in die DDR gehen. Man muss nur fragen: Warum beträgt der Gehaltsunterschied zwischen Männern und Frauen in Mecklenburg-Vorpommern heute nur vier Prozent – und in Baden-Württemberg 27? In Mecklenburg-Vorpommern gibt es flächendeckende Kinderbetreuung, mehr Frauen in Vollzeitarbeit und mehr weibliche Facharbeiter.

SCHWAN: Das verstehe ich alles. Aber die Frage ist: Worauf wollen wir hinaus? Natürlich kann man Lebensrealitäten vergleichen. Das ist die Basis jeder soziologischen Untersuchung. Doch wenn wir die Systeme vergleichen, muss man sagen: Baden-Württemberg war seit Ewigkeiten in CDU-Hand, demokratisch gewählt. Die haben bewusst keine Kinderbetreuungsmöglichkeiten geschaffen. Ähnliches gilt in Bayern.

Wir waren jetzt eine Weile beim Osten. Ich würde Sie gern fragen, wie Sie die Situation im Westen vor 1968 wahrnehmen.

DOMSCHEIT-BERG: 1945 war die Situation auch von Frauen im Westen eine andere als 1955.

SCHWAN: Das ist ein wichtiger Hinweis. Denn nach dem Zweiten Weltkrieg gab es viele, die die Idee der Gleichheit wiederbeleben wollten. Das hat sich in den 50er Jahren wieder ins Reaktionäre verändert und wurde erst in den 60er Jahren kulturell aufgearbeitet. Ich glaube bis heute, dass die westdeutsche Gesellschaft mehr autoritäre Sedimente hat, als allgemein gesagt wird. Um ein Beispiel zu nennen, das vielleicht etwas verrückt klingt: Dieser großen Woge des Neoliberalismus liegt ein ausgesprochen autoritäres

Menschenbild zugrunde. Die soziale Marktwirtschaft hatte ein ganz anderes. Dieses autoritäre Menschenbild sagt, dass du eigentlich nur leistest, wenn du die Faust im Nacken spürst und Angst hast, runterzufallen. Das war in der sozialen Marktwirtschaft nicht so. Da hat Sicherheit Kreativität bestärkt. Danach, in den 90er Jahren, wurde mit dem Neoliberalismus ein Menschenbild vorherrschend, das behauptete: Sicherheit macht träge und steht gegen Leistung. Allerdings gilt das nicht für die ganze Gesellschaft. Teile der Gesellschaft haben sich davon immer distanziert. Neu ist, dass die anti-autoritären Milieus vor allem in Westdeutschland mit ihren Erfahrungen zivilgesellschaftlichen Engagements gewachsen und selbstbewusster geworden sind und Gegendemonstrationen organisieren. Das sind Fortschritte.

Aber im Ganzen hatten die Frauen im Westen vor 1968 wenig zu melden.

SCHWAN: In meinem Milieu hatten sie durchaus einiges zu melden. Aber im politisch bürgerlichen Milieu hatten sie häufig nicht so viel zu melden. Oder sie haben sich schon vorab angepasst. Es ist nicht so, dass sie alle widerstandsbereit waren. Und dass der Feminismus im Westen teilweise sehr aggressiv wurde, deute ich so, dass ein latentes Unterdrückungs- und auch Demütigungsgefühl vorherrschte. Ich habe sehr oft erlebt, dass sich gerade die Töchter für ihre Mütter geschämt haben, die sehr selbständig agiert hatten, als die Männer im Krieg waren – bevor diese zurückkehrten und das Ruder wieder übernahmen. Das war dann demütigend.

DOMSCHEIT-BERG: Ich verstehe gar nicht, dass die sich das haben gefallen lassen.

SCHWAN: Ich habe es erlebt. Die Väter kamen aus Kriegsgefangenenlagern zurück und wurden häufig wie Helden empfangen – auch wenn sie in der SS gewesen waren. Nach außen hieß es, die waren sauber. So wurde die Tradition gehalten. Und dann entstanden wahnsinnig komplizierte Familiensituationen. Wenn die Frauen ihren Emanzipationstrip fortgesetzt hätten, wären die Männer nur noch Gemüse gewesen. Die waren ja so schon Gemüse. Sie waren oft völlig kaputt. Sie mussten aufgebaut werden, wenn sie einen Rest von Familienleben bewahren wollten. Der Mann musste vordergründig die Hosen anhaben. Aber er wurde von den Frauen oft wie ein Kind behandelt, das man gut pflegt, damit es nicht einbricht. In der DDR war das nie wirklich ein Thema. Ich weiß ehrlich gesagt auch gar nicht, ob es ostdeutsche Männer gab, die in der Sowjetunion so lange gefangen gehalten wurden.

DOMSCHEIT-BERG: Das Frauen-zurück-an-den-Herd war in der DDR gar nicht gewollt. Es gab ja sowieso einen extremen Arbeitskräftemangel. Es gab viele Kriegstote und viele, die in den Westen abhauten.

Sie haben gerade gesagt, die 68er Frauenbewegung sei sehr aggressiv gewesen, Frau Schwan. Die Ostfrauen fanden sie auch oft anstrengend, weil zu männerfeindlich, oder?

DOMSCHEIT-BERG: Meine Mama hat das so gesehen. Die war direkt nach der Wende mal auf einem ost-westdeutschen feministischen Kunsthistoriker-Kongress. Sie hat mich sehr feministisch erzogen – aber eben ostdeutsch pragmatisch feministisch. Und sie kam dann komplett desillusioniert zurück, obwohl sie sich so auf den Kongress gefreut hatte. Sie hat gesagt, die Westfrauen haben einen Schatten. Sie verstand die überhaupt nicht. Sie fand alles zu theoretisierend, zu schwarz-weiß, zu konfrontativ und polarisierend. Eine Frau hatte sich auf dem Kongress zum Beispiel als Professor vorgestellt. Und ab da ging gar nichts mehr, weil sie die männliche Form verwandt hatte. Die westdeutschen Feministinnen haben sich ewig an der Bedeutung der richtigen Sprachlichkeit aufgehalten. Meine Mama hat auf eine geschlechtergerechte Sprache zwar ebenfalls Wert gelegt, fand sie aber nicht so wichtig, dass sie den inhaltlichen Diskurs dafür geopfert hätte. Sie ist nie wieder zu so einem Kongress gefahren.

SCHWAN: Das finde ich sehr spannend. Denn ich habe es genauso wahrgenommen wie deine Mutter. Diese ganzen Giftereien und dieses Überkandidelte gingen mir auf den Keks.

DOMSCHEIT-BERG: Solche Begriffe hat meine Mutter auch benutzt.

SCHWAN: Das war völlig überzogen. Und ich glaube, dass das mit dem Selbstbewusstsein zusammenhing, das die westdeutschen Frauen oft nicht hatten. Ich war dann verhasst, weil ich weder Marxistin war noch Feministin. Ich habe diese ganzen Ressentiments nie gespürt. Ich war den emanzipierten ostdeutschen Frauen in dieser Hinsicht deutlich näher. Allerdings habe ich im Laufe der Zeit gemerkt, dass viele Professoren-Kollegen mich benutzten, um ihren langsam rebellierenden Frauen zu sagen: »Seht her, wenn man will, dann kann man doch auch als Frau alles erreichen.« Ich bin dadurch eher feministischer geworden, weil die Kollegen eigentlich nicht wirklich etwas ändern wollten an der Benachteiligung von Frauen. Ich wollte handfeste Regelungen.

DOMSCHEIT-BERG: Ich höre heute oft den Satz: »Wir sind doch geschlechtergerecht, wir haben doch eine Kanzlerin.« Als würden eine einzige Kanzlerin und die drei Frauen in Dax-Vorständen die Welt geschlechtergerecht machen. Auch als ich Managerin war, hörte ich immer: »Sie haben es doch geschafft. Wie kann es dann gläserne Decken geben?« Dabei gelangt man als Frau nur in eine Spitzenposition, wenn man zufälligerweise die richtigen Rahmenbedingungen hatte. Es darf aber nicht von Zufällen abhängen, ob man es schafft oder nicht.

SCHWAN: Die frühe Familiensituation war da im Westen sehr schlimm. In vielen bürgerlichen Familien litten Frauen darunter, dass sie von ihren Vätern nicht anerkannt wurden. Sie konnten sich davon nie befreien, selbst wenn sie Psychoanalytikerinnen waren. Es war verrückt.

Trotzdem war ja 68 ambivalent. Es war positiv und negativ zugleich.
SCHWAN: Im Kern war es positiv. Aber die Rebellion war eben in der Form oft sehr inhuman und aggressiv gegen Menschen. Meine Hochschullehrer waren vielfach jüdische Emigranten, die alle politisch links gewesen waren. Aber viele der 68er haben sich besonders aggressiv gegen die gewandt als vermeintliche Repräsentanten des aggressiven kapitalistischen Staates. Richard Löwenthal war während des Nationalsozialismus zunächst nach Prag und dann nach London emigriert. Ähnliches gilt für Theodor Adorno, Max Horkheimer, Ernst Fraenkel. Das waren alles linke Leute. Das ha-

ben die Studenten aber gar nicht gesehen. Sie galten als Repräsentanten eines Systems und nicht als Menschen aus Fleisch und Blut. Sehr viele Kinder aus Nazi- und katholisch-reaktionären Familien setzten den Habitus der Eltern fort, füllten ihn inhaltlich aber anders. Dennoch war der Kernimpetus der 68er Generation, nämlich die Auseinandersetzung mit dem Nationalsozialismus und der Rolle der Eltern darin, notwendig. Diese Dynamik konnte in der DDR nicht zum Ausbruch kommen.

DOMSCHEIT-BERG: Wir sind heute in einer dritten Welle des Feminismus. Die erste waren die Suffragetten.

Die Suffragetten haben Anfang des vorigen Jahrhunderts in Großbritannien und den USA durch passiven Widerstand für ein allgemeines Frauenwahlrecht gekämpft.

DOMSCHEIT-BERG: Die zweite Welle waren die 68er. Und jetzt haben wir die dritte. Allerdings unterscheidet sich die Militanz erheblich. Sie wurde mit jeder Welle weniger. Heute gibt es fast keine Militanz mehr. »Femen« ist schon das Militanteste. Meine Erklärung dafür ist der Grad an Ungerechtigkeit und Ausgrenzung, der die Bewegung auslöst. 1968 gab es noch nicht einmal die Fristenlösung. Da gab es ganz viele Berufsverbote. Da konnten Frauen nicht Polizistin werden. Aber heute würde ich nicht so militant kämpfen wollen wie früher. Ich habe auch nicht die Wahrnehmung, dass alle Männer böse sind. Aber damals war es vielleicht okay so.

Kann man unter dem Strich sagen, dass die 68er Bewegung die alte Bundesrepublik im Bereich der Frauenrechte in die Nähe des Niveaus der DDR gehoben hat?

DOMSCHEIT-BERG: Wo denn? Im Bereich der Fristenlösung vielleicht. Aber sonst in keinem Punkt. Kinderbetreuung? Offene Arbeitsmöglichkeiten? In Bayern waren Frauen im Polizeidienst noch bis 1990 verboten.

Dann in den privaten Beziehungen?

SCHWAN: Die privaten Beziehungen waren ja nicht vorbildlich in der DDR. Ich würde es generell nicht so beschreiben, dass sich hier ein Teil Deutschlands dem anderen angenähert hat. Die Teile waren in der Art des Emanzipationsverständnisses einfach sehr verschieden. Und ich kann mich nicht erinnern an erhebliche Auseinandersetzungen in der DDR über die notorische Tatsache, dass die Emanzipation vielfach damit erkauft war, dass die Belastungen für Frauen noch größer wurden, weil sie Familie und Beruf unter einen Hut bringen mussten. Darüber hat es in Westdeutschland sehr viele Auseinandersetzungen gegeben. Der Nachteil der westdeutschen Frauenbewegung war, dass sie ganz handfeste Sachen wie »Wer kann eigentlich welchen Beruf ausüben?« unterbewertet hat. Ansonsten war sie im positiven Sinne radikaler. Sie hat gesagt: »Das ist ja alles ganz schön und gut. Aber wenn Frauen und Männer nicht grundsätzlich in ein anderes Verhältnis zueinander gebracht werden, dann sind das pragmatische Lösungen, die nichts Halbes und nichts Ganzes sind.«

DOMSCHEIT-BERG: Man braucht einfach beides. Zur Doppelbelastung gab es in der DDR allerdings sehr wohl einen Diskurs und auch Druck. Und noch heute nehmen ostdeutsche Männer häufiger und länger Elternzeit und länger frei, wenn das Kind krank ist. Aber die Belastung war und ist nicht gleich geteilt. Das ist irgendwann aufgefallen, weil Erwerbs- und Familienarbeit zu einer Überarbeitung von Müttern geführt haben. Deshalb hat man Anfang der 80er Jahre im Osten viel nachgebessert und zum Beispiel den Haushaltstag geschaffen.

SCHWAN: Aber für Frauen.

DOMSCHEIT-BERG: Ja. Der Haushaltstag ist ein ganz ambivalentes Instrument. Denn einerseits zementierte er die Zuständigkeit der Frauen für Haushaltsfragen. Denn nur Frauen kriegten ihn. In Klammern: Alleinerziehende Väter haben ihn auch gekriegt. Aber die gab es auch im Osten nicht sehr oft. Es reichte als Frau schon aus, verheiratet zu sein, oder man war 40 oder älter. Andererseits hat der Haushaltstag pragmatisch die Realität anerkannt. Und es ist ganz schwierig, zu sagen, was grundsätzlich besser war. Da gibt es kein schwarz-weiß. Viel Hausarbeit wird heute von Frauen weiterhin komplett unbezahlt erledigt.

SCHWAN: Ich stimme dir darin zu, dass es da keine klare Entweder-

oder-Lösung gibt. Aber ich neige dazu, zu sagen: Ohne eine grundsätzliche Thematisierung ist so ein Haushaltstag dysfunktional – genauso wie das Betreuungsgeld. Und wenn man staatlicherseits anerkannt hätte, dass die Integration der Frauen in die Erwerbsarbeit nichts Grundsätzliches ändert, dann hätte man ja über die ganze Basis-Überbau-Theorie nachdenken müssen.

DOMSCHEIT-BERG: Ich will ja auch gar nicht für einen Haushaltstag plädieren. Immerhin hat man schon 1965 ins DDR-Familiengesetzbuch geschrieben, dass Ehepartner sich gegenseitig bei der Berufstätigkeit unterstützen mussten – ob man das praktisch hätte einklagen können, weiß ich nicht. Ich kann mich an keine Ost-Frau erinnern, die jemals gesagt hätte: »Mein Mann lässt mir nicht genügend beruflichen Freiraum.« Es war schon mal eine Ansage, dass es so eine Regelung gab. Eine gerechte Teilung von Familienarbeit hat es in der DDR aber trotzdem nicht gegeben. Es gab Erleichterungen wie Spät-Verkaufsstellen und Kitas in Betrieben oder Kinderferienlager. Das ist deshalb eine Lektion, die wir heute auch lernen können: Dass solche Erleichterungen nicht reichen, sondern dass wir darüber hinaus eine gesellschaftliche Debatte brauchen, um das Kulturelle in Familien zu verändern.

SCHWAN: Das finde ich ganz zentral. Ich habe ja jahrelang mit einem Forschungsteam aus Polen, Franzosen und Deutschen darüber gearbeitet, wie sich in nach-diktatorischen Gesellschaften Bewusstsein verändert. Dabei sind zwei Faktoren wichtig. Erstens die Generationenabfolge, also neue Generationen, die neue Perspektiven einbringen. Und zweitens eine öffentliche pluralistische Debatte. Deswegen bin ich auch so sauer, dass die Regierenden von heute solche öffentlichen Debatten möglichst gar nicht erst aufkommen lassen. Dieses »Es gibt keine Alternative« ist ein Hebel dafür. Das, was in der DDR vermieden wurde und wahrscheinlich vermieden werden musste, wird heute wieder vermieden. Mir schwebt Griechenland vor. Wenn die neue und demokratisch gewählte griechische Regierung sagt, sie möchte etwas anders machen, dann heißt es, es muss so gemacht werden, wie es ist. Es gibt so ein Pathos von Freiheit, das zugleich substanzielle öffentliche Debatten zu unterbinden versucht.

Nach 1989 sind zunächst viele Ost-Frauen aus der Erwerbstätigkeit herausgefallen. Als Rückschritt sahen sie auch das neue Abtreibungsrecht. Denn 1972 wurde in der Volkskammer ein seinerzeit weltweit einmaliges Gesetz verabschiedet, das Frauen das Recht gab, in den ersten zwölf Schwangerschaftswochen eigenverantwortlich über eine Schwangerschaft zu entscheiden. Ganz so liberal geht es im vereinten Deutschland nicht zu. Hier muss immerhin noch eine Beratung erfolgen. Haben die Ost-Frauen den Preis für die Vereinigung bezahlt?

DOMSCHEIT-BERG: Das kann man so pauschal nicht sagen. Für mich persönlich gab es nach der Wende zwar auch Probleme: Mein Studium wurde nicht anerkannt. Meinen Beruf wollte keiner mehr. Ich hatte angewandte Kunst studiert. Das war komplett brotlos. Ich musste mich rundum neu orientieren. Ich war zudem in einer Kultur, die ich als frauenfeindlich und ungerecht empfand. Es gab mehr Restriktionen beim Schwangerschaftsabbruch – auch wenn sie mich persönlich nicht tangiert haben. Aber: Ich konnte reisen, wohin ich wollte. Ich konnte etwas Neues studieren, und zwar wo ich wollte. Ich konnte das ganz allein entscheiden. Ich bin nach England gegangen. Ich habe mir meinen Arbeitgeber ausgesucht. Ich habe die halbe Welt bereist. Ich hatte ein unbändiges Reisebedürfnis. Und dann kam auch noch dieses großartige Internet, das für mich sozusagen der zweite Mauerfall war. Auf einmal war die Mauer zur ganzen Welt weg. Ich konnte zumindest virtuell überall hin. Was wäre mit dem Internet in der DDR geworden? Da hätte ich vielleicht eine chinesische Firewall gehabt. Das ist doch furchtbar. Ohne Mauerfall gäbe es mein Kind nicht und ich hätte niemals meinen Ehemann kennengelernt. Das alles heißt aber nicht, dass ich nicht für die Wiederherstellung jener Errungenschaften kämpfe, die wir damals schon hatten.

Sie meinen die Kinderbetreuung oder Ähnliches.

DOMSCHEIT-BERG: Ja, zum Beispiel. Ich kann mich erinnern, dass ich zum zehnten Jahrestag des Mauerfalls oder der Wiedervereinigung bei einer Tagung war, bei der es um das Geschlechterverhältnis ging. Es gab da Vorträge von Forschern, die sagten: »Komischerweise und wider alle Erwartung ist zehn Jahre nach der Wende die Erwerbsneigung der Ostfrauen immer noch ungebrochen. Die Anpassung verzögert sich.« Zum zwanzigsten Jahrestag habe ich eine ähnliche Konferenz besucht. Da hieß es: »Diese Anpassung gibt es immer noch nicht. Dafür gibt es eine Anpassung der Erwerbsneigung der Westfrauen an den Osten.« Das kommt mir entgegen.

Kommen wir zur Gegenwart. Sehen Sie Fortschritte im Verhältnis von Frauen und Männern, etwa was die Partnerschaften anbelangt? Oder sehen Sie eher Rückschritte?
SCHWAN: Normativ sehe ich Partnerschaft als das Leitbild, das wir verfolgen sollten – aus vielen Gründen. Bundesfamilienministerin Manuela Schwesig (SPD) vertritt dieses Leitbild auch, das ist sehr hilfreich. Damit kann man eine ganze Menge machen.
DOMSCHEIT-BERG: Sie ist ja interessanterweise auch ein Mensch mit Ostbiografie.

Wie auch die ersten drei Frauenministerinnen nach der Vereinigung Ostdeutsche waren: Angela Merkel, Claudia Nolte und Christine Bergmann.
DOMSCHEIT-BERG: Ja, das ist bemerkenswert. Für mein Buch habe ich im Übrigen viele Zahlen recherchiert. Und da fiel mir auf, dass sich zwischen Ost und West weiterhin große Unterschiede zeigen, etwa bei den Gehältern. Im Osten beträgt der Gehaltsunterschied zwischen Männern und Frauen neun Prozent, im Westen 23 Prozent. Auch bei den Frauen in Führungspositionen gibt es immer noch einen Riesenunterschied. Da gibt es im Osten im öffentlichen Sektor mit 45 Prozent Frauenanteil schon fast Parität in Führungspositionen. Auch ist der Anteil von Frauen in mittleren und Top-Führungspositionen in der Privatwirtschaft im Osten immer noch knapp 30 Prozentpunkte höher als im Westen. Das hat auch mit einem höheren durchschnittlichen Bildungsgrad zu tun. In Ostdeutschland ist heute jeder zweite Arbeitsplatz, der eine Hochschul- und Fachhochschulausbildung erfordert, von einer Frau besetzt. Im Westen liegt der Anteil bei einem Drittel. Die mobilste Gruppe in Deutschland sind junge Frauen im Osten. Es ist gleichzeitig die am höchsten ausgebildete.

SCHWAN: Es ist ganz klar, dass es im Osten DDR-bedingt unterhalb der Ebene, auf der es machtpolitisch interessant wurde, ein anderes Unterfutter gibt. Das ist eine gute Chance für die Zukunft.

DOMSCHEIT-BERG: Das sehe ich auch so. Und ich würde mir wünschen, dass wir gesamtdeutsch stärker in der Lage sind, statt nach Norwegen, Finnland, Schweden oder Frankreich zu gucken, einfach mal im eigenen Land zu schauen, was genau denn in Schwerin anders ist als in Stuttgart.

SCHWAN: Was du mit den Zahlen allerdings nicht ganz erwischst, sind die Mentalitätsbestände. Als ich die Viadrina in Frankfurt/ Oder geleitet habe, hatten wir hochrangige Frauen in der Verwaltung. Die waren zum Teil autoritärer als viele Männer. Das ist nicht meine Vorstellung von Frauenemanzipation. Und da ist es dann eben doch in Skandinavien wegen des öffentlichen Diskurses darüber anders. Deshalb bleibt dies eher mein Vorbild. Das ist vielleicht ein westliches Vorurteil: Aber ich glaube nicht, dass du mit deiner Art für die DDR-Sozialisation prototypisch bist.

Noch eine Frage zur Gesellschaft: Gab es früher mehr Sexismus als heute?
SCHWAN: Sexismus ist weiterhin ein Problem.

DOMSCHEIT-BERG: Ich finde Sexismus ein extrem großes Problem. Es ist eines, um das sich diese dritte Welle besonders kümmert. Vielleicht hat das auch mit der dynamischen Entwicklung einer digitalen Gesellschaft zu tun. Denn Sexismus im Internet wird noch krasser und sichtbarer. Und dann gibt es solche Kampagnen wie *#Aufschrei,* die das transparent und nachvollziehbar machen. Wer unterhält sich denn zum Beispiel darüber, wie oft man in der Öffentlichkeit schon mal masturbierende Männer vor sich gesehen hat? Mein Mann hat überhaupt nicht gewusst, dass es das so verbreitet gibt. Da sagte ich zu ihm: »Frag eine beliebige Frau über 20, die wird das erlebt haben.« Und dann hat er das ein paar Mal testweise gemacht. Und siehe da: Jede Frau hatte es schon mal erlebt.

Gab es das in der DDR auch?
DOMSCHEIT-BERG: Vermutlich. Ich habe es dreimal erlebt. Der eine Entblößte war in Prag. Der andere Entblößte war in Bulgarien.

Und der dritte war, glaube ich, auch in Prag. Es waren jedenfalls sozialistische Länder. Sexismus ist per se nicht an die Gesellschaftsform gebunden, sondern an die Frage: Wie gleich nimmt man sich als Geschlechter wahr? Die Hierarchie war im Osten geringer, aber nicht weg.

Kommen wir zum Gesetzgeber, also zum Staat. Seit Kurzem gibt es eine 30-Prozent-Quotenregelung für Frauen in Aufsichtsräten der 108 großen Unternehmen. Reicht das?
DOMSCHEIT-BERG: Nein, aber es ist ein Anfang.
SCHWAN: Es ist wichtig, dass sie jetzt da ist.

Zugleich will die Regierung gegen Lohnungleichheit zwischen den Geschlechtern vorgehen, indem sie per Gesetz unter anderem vorschreibt, dass Betroffene Auskünfte über diese Ungleichheiten einfordern können. Noch einmal gefragt: Reicht das?
DOMSCHEIT-BERG: Vermutlich wird es nicht reichen. Ich halte es aber für einen wichtigen Hebel, weil ich glaube, dass Transparenz immer ein sehr starker Hebel ist, um Ungerechtigkeiten zu beseitigen. Viele kämpfen deshalb nicht gegen Ungerechtigkeiten, weil sie deren Ausmaß gar nicht kennen.
SCHWAN: Ich glaube, dass das eine wichtige Sache ist. Ich persönlich setze aber noch mehr auf eine partnerschaftliche Familienpolitik.

Strittig war das Betreuungsgeld für Eltern, die ihre Kinder zu Hause beaufsichtigen. Es wurde als »Herdprämie« kritisiert. Jetzt zeigt sich, dass es bisher immerhin knapp 400 000 Menschen in Anspruch genommen haben. Haben die Kritiker zu bevormundend gedacht?
SCHWAN: Nein. Denn mit dem Betreuungsgeld wird eine Rollenverteilung zulasten der Frauen verfestigt. Ich bin sehr dagegen.
DOMSCHEIT-BERG: Davon machen vor allem die Eltern aus jenen Milieus Gebrauch, deren Kinder besonders von einer guten Kinderbetreuung profitieren würden, vor allem aus Migrantenfamilien. Sie argumentieren mit dem finanziellen Vorteil. Ich bin deshalb ebenfalls sehr dagegen.

Wenn man jetzt einen Strich drunter zieht unter die Situation der Frauen im 25. Jahr der Einheit: Ist die gut, ist die befriedigend, ist die ausreichend?

SCHWAN: Sie ist nicht befriedigend. Und es hängt auch immer stark von ökonomischen Entwicklungen ab, inwieweit Frauen sich durchsetzen können. Das gesellschaftliche Bewusstsein hat sich zum Teil deutlich verbessert. Doch das heißt nicht, dass man an die heiligen Kühe wie etwa das Ehegattensplitting rangeht. Und es gibt immer wieder Renaissancen von reaktionären Rollenverteilungen. Daran muss man nach wie vor sehr arbeiten.

DOMSCHEIT-BERG: Mein Buch heißt *Ein bisschen gleich ist nicht genug. Warum wir von Geschlechtergerechtigkeit noch weit entfernt sind.* Das entspricht meiner Einschätzung der aktuellen Lage. Ich halte die Gefahr eines Rückschlages gesamtgesellschaftlich für nicht sehr groß. Dazu hat sich schon zu viel an Bewusstsein entwickelt. Aber es ist trotzdem ein bisschen so, wie wenn man in einem Boot sitzt. Wenn man nicht weiter rudert, dann passiert auch nix.

»Wir wollen nicht führen«

*Der ehemalige Verteidigungsminister Rainer Eppelmann
und der frühere Generalinspekteur der Bundeswehr
Harald Kujat über Deutschlands Rolle in der Welt*

In dem Augenblick, in dem sich die beiden Männer in der Bundesstiftung zur Aufarbeitung der SED-Diktatur gegenüberstehen, fragt
Rainer Eppelmann (72, rechts im Bild), der dort Vorstandsvorsitzender ist: »Warum sind wir uns eigentlich noch nicht bewusst begegnet?« Darauf antwortet Harald Kujat (73): »Das weiß ich auch
nicht.« Denn während Eppelmann in der DDR für oppositionelle
Jugendliche Bluesmessen organisierte, erklomm Kujat in der alten
Bundesrepublik langsam die militärische Karriereleiter. Und als die
Mauer fiel, da hatten der Wehrdienstverweigerer aus Berlin-Pankow und der im ostpreußischen Mielke geborene General plötzlich
zeitgleich mit der neuen deutschen Armee zu tun – der eine als

Verteidigungsminister der ersten frei gewählten DDR-Regierung in Berlin mit dem Auftrag, die Nationale Volksarmee abzuwickeln, der andere bei der Nato in Brüssel. Nachdem der bei Neuruppin lebende Kujat links und rechts der Berliner Friedrichstraße eine halbe Stunde gebraucht hat, um einen Parkplatz zu finden, und wir uns niedergesetzt haben, wird es denn auch recht munter. Der kantige General a. D. und sein Gegenüber mit dem weichen Berliner Akzent sind aus unterschiedlichem Holz geschnitzt.

Herr Kujat, Herr Eppelmann hat den Dienst an der Waffe verweigert und wurde wegen Befehlsverweigerung verurteilt. Ist Ihnen so jemand nicht suspekt?

HARALD KUJAT: Überhaupt nicht. Im Übrigen heißt es Gehorsamsverweigerung. Und ganz früher hieß es Befehlsverweigerung.

RAINER EPPELMANN: In der Deutschen Demokratischen Republik hieß es auch Befehlsverweigerung.

KUJAT: Die haben das von früher übernommen. Aber den Befehl kann man nicht verweigern. Denn den Befehl gibt ja ein anderer. Und deshalb heißt es Gehorsamsverweigerung. Mir ist das jedenfalls überhaupt nicht suspekt. Denn es kommt immer auf die Umstände an. In der Bundeswehr gibt es Regularien, nach denen Soldaten bestimmte Befehle nicht auszuführen brauchen, und andere Befehle, die sie gar nicht ausführen dürfen.

Später wurde Herr Eppelmann sogar Minister für Abrüstung.
EPPELMANN: Und Verteidigung.

Und das mit der Abrüstung könnte Ihnen als alt gedientem Militär vielleicht auch nicht geheuer sein, Herr Kujat.
KUJAT: Das ist mir sehr wohl geheuer, weil ich im Verteidigungsministerium drei Jahre lang Referatsleiter für nukleare und weltweite Abrüstung war. Ich war sicherheitspolitischer Berater sowohl für Helmut Schmidt als auch für Helmut Kohl. Auch da war ich für Abrüstung zuständig. Das Metier ist mir also überhaupt nicht fremd. Im Gegenteil, es liegt mir sehr am Herzen.

Das heißt, Sie sind in Wahrheit Brüder im Geiste.

KUJAT: Wir sind Brüder im Geiste, wenn man so will. Ja, klar. Obwohl man sagt: Wenn zwei das Gleiche tun, ist es noch lange nicht Dasselbe. Aber in der Sache haben wir eine gewisse Überschneidung.

Herr Eppelmann, zu jener Zeit, als Sie den Dienst an der Waffe verweigerten, wurde Herr Kujat Leutnant und gehörte einer Armee an, die im Zweifel auf die Brüder und Schwestern im Osten hätte schießen müssen. Geht Ihnen diese Frontstellung heute noch gelegentlich durch den Kopf?

EPPELMANN: Nicht die Frontstellung zwischen uns beiden. Aber dass das eine reale Frontstellung war in Europa, geht mir natürlich durch den Kopf. Ich werde ja immer wieder konfrontiert mit dem, was deutsche Geschichte in den letzten 100 Jahren ausgemacht hat. Von daher kann ich mich auch gut daran erinnern, was bei uns zur Zeit der Nachrüstungsdebatte, die im Bundestag mit großer Leidenschaft geführt wurde und auch auf die Straße getragen worden ist, passierte. Bei uns gab es erstmals, entgegen der gesellschaftlichen Praxis in der DDR, Gruppen, die sich trafen und sich im Gegensatz zur offiziellen DDR-Politik fragten: »Was müssen wir denn eigentlich machen, damit unsere Kinder noch eine Chance haben, auch leben zu können? Wir sind gerade dabei, die sechste, siebte, achte oder neunte Vernichtung dieses Planeten zumindest vorstellbar zu machen.« Währenddessen mussten sich die Demonstranten auf der anderen Seite der Mauer den Vorwurf gefallen lassen: »Ihr betreibt jetzt das Geschäft von Erich Honecker und anderen Diktatoren in Osteuropa.« Uns war deshalb klar, dass es nur zu einer Übereinkunft kommen kann, wenn auch auf dieser Seite der Mauer Leute sagen: »Ihr vermittelt einen falschen Eindruck, wenn ihr sagt, Pershing 2-Raketen seien Teufelszeug, aber SS-20-Raketen seien so etwas wie Friedenstauben.« Unsere Aufgabe war es, das Gegenteil deutlich zu machen.

Waren Sie Pazifist oder »nur« Anti-Militarist?

EPPELMANN: Ich war jedenfalls mehr als ein Atompazifist. Ich komme von der Theologie her, also von der Bergpredigt und den

Prophezeiungen des Alten Testaments. Ich wollte das zumindest als Vision haben und fragen: »Was können wir Menschen dazu beitragen, dass Völker sich nicht mehr gegenseitig umbringen?«

Das heißt, Ihr Pazifismus war nicht nur an die Verhältnisse in der DDR gekoppelt, sondern Sie wären auf der anderen Seite der Mauer genauso engagiert gewesen – wenn auch unter anderen Vorzeichen?
EPPELMANN: Grundsätzlich ja. Aber mich hat immer die Frage in Schwierigkeiten gebracht, ob ich auch den Dienst an der Waffe verweigert hätte, wenn ich nicht in Berlin-Pankow, sondern in Neu-Isenburg in Hessen geboren worden wäre. Da muss ich ehrlicherweise antworten: Das weiß ich nicht genau. Denn ich habe in der DDR ja aus drei Gründen verweigert. Erstens weil ich nicht töten wollte; warum sollte ich es dann üben? Zweitens wegen Ausschwitz. In der Nationalen Volksarmee galt unbedingter Gehorsam. Ich wollte vor dem Hintergrund des Nationalsozialismus niemandem versprechen, dass ich alles mache, was er sagt. Und drittens weil ich in der DDR kein Abitur machen konnte und nicht Architektur studieren durfte. Da habe ich mir gedacht: »Für die soll ich meine Haut zu Markte tragen? Nee, das wäre das Letzte, was mir einfiele.« Dieses dritte Argument hätte in Neu-Isenburg nicht gegolten. Es hängt also vieles von der Situation ab. Und wie hat Wolf Biermann mal gesagt? »Nur wer sich ändert, bleibt sich treu.« Die Situation ist heute anders als gestern und morgen anders als heute. Deshalb kann ich nicht immer das gleiche Bekenntnis ablegen. Manchen meiner Freunde muss ich sogar den Vorwurf machen, dass sie heute immer noch so reden wie zu jenen Zeiten, als die DDR herrschte.

Hätten Sie, Herr Kujat, in der DDR auch den Dienst an der Waffe verweigert?
KUJAT: Das kann ich nicht beantworten. Das hängt wirklich von den Umständen ab. Es ist auch eine Frage der Sozialisierung. In der DDR war es natürlich extrem schwierig, gegen den Strom zu schwimmen. Es gehörte eine Menge Mut dazu, sich nicht konform zu verhalten. Das war in der Hitler-Zeit so. Das war in der DDR so. Das ist in jedem totalitären System so.

EPPELMANN: Das Unmenschlichste einer Diktatur ist, dass diejenigen, die die Macht haben, behaupten: »Wir sind im Besitz der Wahrheit. Ihr müsst nur tun, was wir sagen.« Zudem war die SED-Diktatur kommunistisch und atheistisch. Da haben natürlich die, die schon aus religiösen Gründen nicht einfach Ja sagen konnten, eine Fülle von Nachteilen gehabt. Das hat dazu geführt, dass in den 80er Jahren in einer Klasse von 30 Schülern vielleicht noch einer nicht Pionier und nicht in der FDJ war. Die DDR war entchristianisiert. In ihr galten andere Werte. Der Berliner hat gesagt: »Schnauze halten, mit dem Arsch an die Wand und nur nicht auffallen!«

Wie haben Sie damals über Soldaten der Nationalen Volksarmee gedacht, Herr Kujat? Haben Sie gedacht, die machen ihr Handwerk so wie wir – wenn auch ein bisschen notgedrungen? Oder haben Sie in ihnen kalte Krieger in Uniform gesehen, die im Zweifel gewissermaßen zu heißen Kriegern werden würden?

KUJAT: Ganz unterschiedlich. Wir hatten ein relativ präzises Bild, nicht nur über die NVA, sondern auch über die sowjetischen Streitkräfte. Wir wussten genau, wo wir im Falle eines Krieges stehen würden. Und die wussten das auch. Wir haben uns natürlich mit den Leuten auf der anderen Seite befasst, insbesondere mit dem Führungspersonal. Dabei haben wir auch gesehen, dass die NVA erhebliche Schwierigkeiten hatte mit der Einstellung auf den Gegner. Es wurde dann ein Büchlein herausgegeben, das die moralische Stabilität innerhalb der Streitkräfte herstellen sollte. Da standen Sachen drin, dass wir nur noch mit den Ohren schlackern konnten.

Was denn zum Beispiel?

KUJAT: Das Buch hatte den Titel *Soldat im Krieg*. Dahinter stand eine Erziehung zum Hass. Ein Kapitel ist überschrieben mit »Erziehung zum Hass auf den Feind«. Dann steht da: »Wir hassen unsere Feinde, die Imperialisten der USA und ihre Verbündeten, die Mitglieder des aggressiven Blocks, die einen neuen Krieg schüren. Sie beabsichtigen, das Sowjetvolk zu versklaven, den ersten Staat der Arbeiter und Bauern zu vernichten, die sozialistische Gesellschaft zu zerstören. Unser Hass gegen die Imperialisten trägt Klassencharakter.« Auf der anderen Seite wussten wir, dass die sowjetischen Streitkräfte die NVA für völlig unzuverlässig hielten. Die NVA war vorgesehen als dritte strategische Staffel. Die Polen hingegen waren ganz weit vorn. Und davor die sowjetischen Streitkräfte.

Galt die NVA bei Ihnen auch als unzuverlässig?

KUJAT: Wir waren nicht ganz sicher. Denn es macht schon einen Unterschied, ob man den Korpsgeist im Frieden misst, oder ob man unter dem Eindruck eines Krieges steht. Die Gefahr schweißt zusammen. Da auszubrechen, ist wesentlich schwieriger, als in Friedenszeiten die Seite zu wechseln. Wir konnten jedenfalls ziemlich sicher sein, dass wir nicht als Erstes auf unsere Brüder und Schwestern würden schießen müssen. Die wären erst als dritte strategische Staffel gekommen.

Haben Sie mal NVA-Soldaten kennengelernt?

KUJAT: Nein. Aber bei der Wiedervereinigung wurde mir ein Laden in Strausberg unterstellt.

Was heißt Laden?

KUJAT: Eine Dienststelle. Und zwar hat diese Dienststelle Rüstungskontrolle und Verifikation gemacht. Das war Mitte September 1990. Man rief mich in Brüssel an und sagte: »Sie übernehmen da jetzt diesen Verein.« Der wurde geführt von Generalmajor Peter Herrich. Ich habe den Soldaten gesagt: »Wenn Sie Dreck am Stecken haben, dann bleiben Sie am 3. Oktober zu Hause. Und wenn Sie glauben, dass Sie eine Chance haben, in die Bundeswehr übernommen zu werden, dann kommen Sie eben, und es gibt eine zweijährige Zeit, in der Sie durchleuchtet werden.« Meine Menschenkenntnis erwies sich dann als hundsmiserabel. Ich war mit einem Oberst und einem Oberstleutnant in Ost-Berlin essen. Die beiden haben auf mich einen vorzüglichen Eindruck gemacht, wollten aber nicht übernommen werden. Am Zweiten Weihnachtstag riefen die mich plötzlich an und sagten: »Wir wollen nun doch dabei bleiben.« Daraufhin habe ich gesagt: »Ich übernehme Sie hiermit offiziell in den Dienst der Bundeswehr.« Hinterher stellte sich heraus, dass ich dazu gar nicht befugt war und die tatsächlich Dreck am Stecken hatten.

EPPELMANN: Deshalb wollten die zunächst auch nicht übernommen werden. Denn sie wussten: Wenn sie mit der Stasi zusammen gearbeitet haben, haben sie keine Chance. An Weihnachten haben sie wahrscheinlich gedacht, die Sache ist fast gelaufen, und wir haben oben einen Verbündeten, der das schon glatt ziehen wird.

KUJAT: Meine Menschenkenntnis hat da überhaupt nicht funktioniert.

EPPELMANN: Die waren auch psychologisch gut ausgebildet! Von den Generälen, die Kommandeure der einzelnen Waffengattungen der NVA waren, ist mit meiner Amtsübernahme nur einer in seiner Führungsposition geblieben. Das war der von der Luftwaffe, er war nach meinen Informationen kein »ganz scharfer Hund«. Mit der deutschen Einheit wurden kein einziger General und kein Oberst wegen seiner »großen Staatsnähe« zur SED in die Bundeswehr übernommen.

KUJAT: Darüber ist in einer der letzten Kabinettssitzungen vor der Vereinigung diskutiert worden. Und da hieß es, das könne man den westlichen Alliierten nicht zumuten.

Vergleicht man das Militär mit anderen Bereichen in Politik, Wirtschaft und Gesellschaft, so scheint hier die Vereinigung relativ problemlos vonstatten gegangen zu sein.

EPPELMANN: Im staatsrechtlichen Sinne hat es keine Vereinigung gegeben, sondern jeder ehemalige NVA-Angehörige musste einen Antrag auf Übernahme stellen. Es gab also keine Übernahme der NVA als Ganze in die Bundeswehr. Ansonsten haben sie Recht mit der Einschätzung. Es ist gelungen. Bis dahin, dass nach meiner Kenntnis in der Bundeswehr am genauesten überprüft wurde, wer mit der Stasi zusammen gearbeitet hat.

Und warum ist es gelungen? Lag das an der Bereitschaft der Soldaten, zu gehorchen, oder vielleicht auch daran, dass Ende 1998 nur noch etwa 9300 ehemalige NVA-Soldaten in der Bundeswehr Dienst taten, von der NVA also praktisch nichts mehr übrig blieb?

KUJAT: Übernommen wurden zunächst etwa 25 000 Soldaten – wie gesagt, jeweils einzeln. Wenn wir die NVA komplett übernommen hätten, dann hätten wir auch die Probleme importiert. Außerdem ist die Bundeswehr für eine logische Sekunde von 495 000 Mann auf 680 000 Mann angewachsen, musste aber nach dem 2+4-Vertrag innerhalb von zwei Jahren auf 370 000 Mann runtergehen. Es mussten also auf beiden Seiten Leute raus. Dass auch die Bundeswehr selbst Personal reduziert hat, hat dazu beigetragen, dass da eine gewisse Balance drin war.

Und die militärischen Kulturen?

EPPELMANN: Die Bundeswehr war im Verständnis der Westdeutschen »unsere Armee«. Die NVA hingegen war eine der drei oder vier Machtsäulen des Regimes. Deshalb waren auch 95 Prozent aller Offiziere Mitglieder der SED. Die anderen waren Mitglieder der Blockparteien. Sonst konnte man gar kein Offizier werden. Das Idol war nicht der Bürger in Uniform, sondern der funktionierende Untertan.

Wie war es denn mit den wenigen NVA-Soldaten, die übernommen wurden, Herr Kujat? Haben die das als Befreiung empfunden? Oder hat ihnen vielleicht sogar etwas gefehlt – nämlich Befehl und Gehorsam?

KUJAT: Äußerlich gab es viele Übereinstimmungen. Aber die Werdegänge waren völlig andere. Die Offiziere sind zum Beispiel sehr früh befördert worden, aber nicht nach dem Prinzip von Eignung und Leistung. Als ich mich in Strausberg in Begleitung von Generalmajor Herrich in den einzelnen Abteilungen informieren ließ, schauten alle nur mich an und ignorierten ihren Kommandeur auf geradezu peinliche Weise. Ein Oberst sagte dann zu mir unter vier Augen: »Wir haben hier so und so viele Pistolen, Gewehre und Handgranaten im Keller. Aber Sie können sich hundertprozentig auf mich verlassen: Ich habe alles unter Kontrolle. Das garantiere ich Ihnen persönlich.« Diese Art, aus dem System auszubrechen und sich den neuen Verhältnissen anzubiedern, fand ich unglaublich. Das hätte ein Bundeswehr-Offizier nicht gemacht.

Gibt es irgendetwas aus der militärischen Tradition der DDR, das die Vereinigung überdauert hat – so eine Art grünes Ampelmännchen in Uniform? Oder ist das alles gemeinsam mit dem System zugrunde gegangen?

EPPELMANN: Mir fällt da nichts ein. Es hat auch nicht den Ehrgeiz gegeben, etwas zu retten. Denn was hätte das sein sollen? Die sowjetischen Waffen? Die sowjetischen Flugzeuge?

KUJAT: Abgesehen von den Waffen: Unsere Führung baut auf dem Staatsbürger in Uniform auf. Wir führen durch Auftrag und geben damit dem Soldaten weitgehende Handlungsfreiheit in der Durchführung. Das war der NVA völlig fremd.

EPPELMANN: Oder die Politoffiziere? Das war undenkbar. Die Anerkennung für die Integration der NVA-Soldaten in die Bundeswehr kam daher, dass alle wussten: Die haben sich früher als Todfeinde gegenüber gestanden. Jetzt fühlte sich die Bundesrepublik so frei und so stark, dass sie sagte: »Ihr könnt bei uns mitmachen.« Zu meinem Wahlkreis Märkisch Oderland als späterer CDU-Bundestagsabgeordneter gehörte Strausberg. Ich hatte da über Jahre noch mit ehemaligen NVA-Offizieren zu tun, die sich über ihre niedrigen Renten beschwert haben oder darüber, dass sie in ihre Visitenkarten nicht den Dienstgrad reinschreiben konnten, den sie in der NVA gehabt hatten. Dann erzählte ich ihnen immer von dem Politoffizier, den ich bei der NVA hatte und der eines Tages zu mir sagte: »Vor Ihnen sitzt der künftige Oberbürgermeister von Köln.« Er meinte damit die Domstadt, nicht einen kleinen Ort in Mecklenburg-Vorpommern. Sein Denken war: Wir werden den Aggressor auf seinem eigenen Territorium vernichtend schlagen und die Bürger Westdeutschlands befreien. Das ist der Geist der NVA gewesen, zumindest in den oberen Chargen. Daran sieht man die große Leistung der Integration. Ich habe den Offizieren in Strausberg darum gesagt: »Wenn der erste Kanzler des vereinten Deutschlands nicht Helmut Kohl, sondern Egon Krenz geheißen hätte, meint ihr, dass es auch nur einen Offizier der Bundeswehr gegeben hätte, dem man erlaubt hätte, als Offizier in die NVA zu gehen?«

Kommen wir zur Gegenwart: Da ergibt sich bei der Ost-West-Ver-
teilung in der Bundeswehr ein ganz anderes Bild als noch 1998. Vor
fünf Jahren waren 80 533 der insgesamt 254 047 Soldatinnen und
Soldaten Ostdeutsche. Das sind 32 Prozent, deutlich mehr als in der
Normalbevölkerung. Entsprechend höher war auch der Anteil der
Ostdeutschen unter Verwundeten und Getöteten vor allem in Afgha-
nistan. Zugleich gab es 2010 unter 208 Generälen nur eine Ostdeut-
sche – und das war ausgerechnet eine Ostberliner Generalärztin?
Mal ganz böse gefragt: Taugen die Ostdeutschen in Gesamtdeutsch-
land nur zum Kanonenfutter?

KUJAT: Da kann ich mit Konrad Adenauer antworten. Dem ist
1955 eine ähnliche Frage gestellt worden, nämlich warum denn
Generäle in der Bundeswehr seien, die schon in der Wehrmacht
waren. Darauf hat er geantwortet: »Weil ich keine 15-jährigen Generäle habe.« So ist das heute auch. Wir haben die Bundeswehr
1991 für Frauen geöffnet. Nach 13 Jahren Dienstzeit können Sie
noch nicht General sein, auch noch nicht Generalin. Das ist eine
Frage des Alters. Und was die Ostdeutschen betrifft: Wir haben
eine hohe Fluktuation. Manche Menschen gehen in den Osten, so
wie Sie und ich. Im Gegenzug gehen viele jüngere Leute, weil sie
sich davon größere Chancen versprechen, in den Westen. Diese
Differenzierung zwischen Ost- und Westdeutschen kann man
heute also gar nicht mehr machen, weil die Vermischung so stark
geworden ist.

Der Historiker Michael Wolffsohn sprach trotzdem von der »Ossi-
fizierung der Bundeswehr«, während der damalige Verteidigungs-
minister Karl-Theodor zu Guttenberg (CSU) die darüber geführte
Debatte nicht angebracht fand. Ist das ein Tabuthema?

KUJAT: Das mit der Ossifizierung ist Blödsinn.

EPPELMANN: Ich kann mir das vorstellen. Es sind ja Leute in
die Bundeswehr gegangen, weil sie da Arbeit hatten und oft sogar
noch eine vernünftige Ausbildung. Die wollten nach der Friedlichen Revolution nicht so unsicher leben wie ihre Eltern. Das ist
ganz sicher ein Motiv gewesen. Im Übrigen gebe ich Herrn Kujat
Recht: Um General zu werden, muss man schon ein paar Jahre treu

bei der Bundeswehr gearbeitet haben. Man müsste sich die Statistik ohnehin genauer angucken und fragen: Wie ist das bei den Unteroffizieren, Leutnants und Majoren? Dann könnte man vielleicht sagen, sie sind Kanonenfutter.

Obwohl die Ostdeutschen in der Bundeswehr überrepräsentiert sind, sind sie noch stärker gegen Auslandseinsätze der Bundeswehr als die Westdeutschen. Das Sozialwissenschaftliche Institut der Bundeswehr kam 2010 zu dem Ergebnis, dass die Ostdeutschen ohnehin der Meinung seien, die Verantwortlichen in Deutschland sollten sich lieber auf die Probleme im eigenen Land konzentrieren statt auf die Probleme draußen in der Welt. Wie ist denn das zu erklären? Oder sehen Sie da gar keinen Widerspruch?

KUJAT: Ich könnte mir vorstellen, dass wir im Westen auch eine größere Akzeptanz für Bündnisse wie die Nato haben. Aber auch das ist eine Frage des Alters. Wenn heute jemand 55 ist, dann hat er 30 Jahre in der DDR gelebt.

EPPELMANN: Man muss da nach Generationen unterscheiden. Erst dann wird man sagen können, ob Ostdeutsche tatsächlich stärker gegen Auslandseinsätze sind oder nicht.

KUJAT: Es kommt ja noch eines hinzu: Wir haben bei der Linkspartei, die ja grundsätzlich gegen Auslandseinsätze und Militär-Bündnisse ist, im Osten Wahlergebnisse von über 20 Prozent. Das heißt, es gibt schon mal einen Bodensatz von über 20 Prozent, der aus parteipolitischen Gründen gegen diese Einsätze ist.

Ein ähnliches Bild ergibt sich mit Blick auf den Ukraine-Konflikt. Polen und Balten verlangen mehr Schutz der Nato vor Russland. Und viele Ostdeutsche sagen sinngemäß: »Nun lasst doch mal den Putin in Ruhe, so schlimm ist der doch gar nicht.«

EPPELMANN: Auch das ist eine Altersfrage. Freunde und Bekannte in meinem Alter sind sehr viel vorsichtiger bei der Einschätzung Putins als ich. Zu denen gehört zum Beispiel Lothar de Maizière. Das hat Gründe. Wie viele Ostdeutsche sind Mitglieder in Organisationen wie der Deutsch-Sowjetischen Freundschaft gewesen? Wie viele haben als Pioniere oder FDJler Brieffreundschaften in die Sowjetunion gehabt? Wie viele der 2,3 Millionen SED-Genossen haben in Parteiversammlungen regelmäßig gehört: »Von der Sowjetunion lernen, heißt siegen lernen?« Meinen Sie, das ist seit 1989 alles raus aus den Köpfen?

Warum ist es hier nicht raus, bei den Polen und Balten aber schon?
KUJAT: Das ist eine ganz andere Situation.
EPPELMANN: Und zwar damals und heute. Wenn Sie Esten und Letten fragen, wann für sie der Zweite Weltkrieg aufgehört hat, dann sagen die: Anfang der 90er Jahre.
KUJAT: Tatsächlich sind die Russen erst 1994 raus. Ich habe die Nato-Beitrittsverhandlungen geführt mit Polen, Tschechien und Ungarn. Damals habe ich mit dem ungarischen Ministerpräsidenten Gyula Horn gesprochen. Der hat zu mir gesagt: »Wir haben mit den Russen über den Beitritt geredet. Und die Russen haben uns gesagt: Gegen Ungarn haben wir überhaupt nichts. Aber einen Nato-Beitritt Polens werden wir niemals akzeptieren. Erstens wegen der schieren Größe und der geografischen Lage des Landes. Und zweitens weil die Polen Russland in den 20er Jahren angegriffen haben. Das werden wir ihnen nie vergessen.« Die Balten und die Polen haben Angst.
EPPELMANN: Lothar de Maizière, Markus Meckel und ich haben uns zu Beginn unserer gemeinsamen Regierungsarbeit 1990 verständigt: »Die Einheit Deutschlands darf nicht zum Versailles der Sowjetunion werden.« Wir wollten unseren Kindern nicht den nächsten Konflikt in die Wiege legen. Deshalb habe ich damals auch gesagt: »Deutschland kann nicht Mitglied der Nato sein, wenn die Sowjetunion dazu nicht Ja gesagt hat, so dass es für eine Übergangszeit sogar ein Deutschland mit zwei Armeen geben könnte.« Da haben mich manche auch in Ihrem Hause für verrückt erklärt, Herr Kujat, haben aber nie mit mir darüber geredet. Ich habe von der Idee mit den zwei Armeen in Deutschland nicht mehr gesprochen, nachdem Michail Gorbatschow im Kaukasus zu Kohl gesagt hat: »Das vereinte Deutschland kann in der Nato sein.« Nur sieht die Nato heute aus der Perspektive eines alten Sowjetbürgers anders aus als 1990.

Es gibt noch ein Land, das Ost und West unglückselig verbindet: Afghanistan. Liegt eigentlich eine tiefere Wahrheit darin, dass der Westen in Afghanistan genauso gescheitert ist wie die Sowjetunion – wenn auch unter ganz anderen Vorzeichen? Sie, Herr Kujat, waren seinerzeit vorn mit dabei.

KUJAT: Ich würde das nicht verallgemeinern. Wenn man sagt, da liegt eine tiefere Wahrheit drin, dann heißt das ja, das ist ein Axiom auch für andere Länder. Aber man muss schon sagen: Afghanistan ist wirklich besonders. Und es stimmt, dass sowohl die Sowjetunion als auch der Westen in Afghanistan gescheitert sind, allerdings mit einer völlig unterschiedlichen Zielsetzung. Der Westen ist ja nicht primär militärisch gescheitert, sondern politisch.

Und Sie, Herr Eppelmann, waren Mitglied des Bundestages, als der Einsatz beschlossen wurde. Bereuen Sie das heute?

EPPELMANN: Ich kann darauf weder mit einem klaren Ja noch mit einem klaren Nein antworten. Was wir da unternehmen wollten, nämlich zu politischen Veränderungen und einer größeren demokratischen Stabilität beizutragen, um den Menschen eine Chance auf ein von ihnen gewolltes Leben zu geben, ist nur in einem sehr begrenzten Umfang gelungen. Ich könnte aber nicht sagen, dass wir total gescheitert sind. Denn ich hoffe, dass das, was wir über das Militärische hinaus unternommen haben, doch etwas verändert hat – zum Beispiel, dass Mädchen heute in Afghanistan in die Schule gehen können. Das hat es zur Zeit der Taliban nicht gegeben. Der Ansatz der Sowjetunion war ein ganz anderer. Die wollte den Zugang zum nächsten Meer haben. Diese militärstrategischen Motive hatte die Bundesrepublik Deutschland nicht. Tatsache ist, dass Afghanistan eine ganz andere Kultur- und Geistesgeschichte hat als wir. Man kann in Afghanistan keine europäischen Verhältnisse kopieren.

Ich möchte noch einmal auf den Ost-West-Konflikt zurückkommen. Herr Eppelmann, der Appell des ostdeutschen Bundespräsidenten Joachim Gauck zu einer aktiveren deutschen Außenpolitik, notfalls auch mit militärischem Engagement, findet besonders in Ostdeutsch-

land viele Kritiker. Evangelische Pfarrer haben Gauck einen Brief geschrieben und erklärt, er verrate den Konsens des protestantisch geprägten Pazifismus von vor 1989. Teilen Sie als gelernter evangelischer Pfarrer diese Einschätzung? Und wie kommt es eigentlich, dass Frau Merkel und Herr Gauck besonders im Osten kritisch beäugt werden? Liegt es daran, dass man ihnen zur Last legt, sich dem westdeutschen Mainstream allzu sehr angepasst zu haben?

EPPELMANN: Ich bin ein drittes Mal misstrauisch bei Ihren Grundannahmen. Man müsste da genauer nachgucken. Was die Pfarrer angeht: Das sind einige wenige. Und ich werfe ihnen vor, dass sie den Satz von Wolf Biermann nicht bedacht haben: »Nur wer sich ändert, bleibt sich treu.« Die Situation damals war eine völlig andere als heute. Und das vereinte Deutschland wird von vielen Völkern in der Welt heute anders betrachtet als das geteilte Deutschland. Wir freuen uns über nie gekannte Sicherheit und einen erstaunlich hohen Lebensstandard und protestieren ganz erstaunt, wenn andere jetzt sagen: »Ihr könnt doch von Luxemburg und Andorra nicht genauso viel verlangen wie von euch selbst.« Wir müssen als größtes Volk in Europa mehr Verantwortung übernehmen.

KUJAT: Die Frage ist ja: Was ist eigentlich dran an dem, was Gauck an jenem 31. Januar 2014 über eine aktivere deutsche Rolle gesagt hat? Wir geben zum Beispiel sehr viel weniger Geld für Verteidigung aus als andere Länder in Europa. Der ehemalige polnische Verteidigungsminister Janusz Onyszkiewicz hat kürzlich zu mir gesagt: »Ich hätte niemals für möglich gehalten, dass mir die Schwäche des deutschen Militärs solche Bauchschmerzen bereitet.« Das ist das eigentliche Problem. Die Verzwergung der Bundeswehr ist zu weit vorangeschritten. Hier klaffen Anspruch und Wirklichkeit auseinander.

Das heißt, die Angst, die kurz vor der Vereinigung vor Deutschland herrschte, war unberechtigt?

KUJAT: Ja. Die Sorge war, dass eine Macht entsteht, die eigene Wege geht. Das Gegenteil ist eingetreten. Wir sind dermaßen tief integriert, sowohl in die Europäische Union als auch in die Nato, dass die Sorge vollkommen unberechtigt ist. Wir wollen nicht führen und nicht bestimmen – außer beim Euro.

Herr Eppelmann, wenn man das, was Herr Kujat gerade gesagt hat, so teilt: Wie fällt dann Ihre außenpolitische Bilanz der letzten 25 Jahre aus?

EPPELMANN: Viele Europäer haben eine viel bessere Meinung über das, was in den letzten 25 Jahren passiert ist, als wir. Die sehen nicht all die Baustellen, die wir hatten, und sagen angesichts des Erreichten nur: »Donnerwetter!« Die Hochachtung geht oft über das hinaus, was wir selbst aufbringen. Gleichzeitig werden wir unseren Möglichkeiten außenpolitisch nicht gerecht. Darunter leide ich manchmal.

Sagt der ehemalige Wehrdienstverweigerer.

EPPELMANN: Ich meine das nicht nur militärisch, sondern mit Blick auf die Übernahme politischer, sozialer und menschenrechtlicher Verantwortung. Ich bin ja schon froh darüber, dass Frau Merkel am deutlichsten, zugleich aber auch am regelmäßigsten mit Putin redet und nicht nur sagt: »Ich bewundere dich.« Gleichwohl hat sich kein anderes Volk so selbstkritisch mit der eigenen Geschichte auseinandergesetzt wie wir. Mich macht eher nachdenklich und ein Stück weit betroffen, dass 33 Prozent unserer zukünftigen Eliten, also die Gymnasiasten zwischen 16 und 19 Jahren, auf die Frage, was ihrer Ansicht nach der wichtigste Unterschied zwischen Diktatur und Demokratie sei, keine Antwort wissen.

Sie, Herr Kujat, leben heute im Osten, genauer: in der Nähe von Neuruppin. Sind Sie dort heimisch geworden?

KUJAT: Ja, nach großen Anfangsschwierigkeiten, die nicht uns betrafen, sondern unsere Tochter. Sie hatte große Schwierigkeiten in der Schule. Unsere Tochter ist in Belgien geboren und dort in eine internationale Schule gegangen. Da hat sie das Multikulturelle erlebt. Hier war dann alles sehr engstirnig. Das muss man wirklich sagen. Das war schon übel. Da hieß es dann: »Das Abitur schafft sie nie. Am besten, Sie nehmen sie gleich runter.« Da haben wir sie nach Berlin auf eine Schule gegeben, was uns ziemlich wehgetan hat. Und da hat sie ein blendendes Abitur gemacht und studiert jetzt dort. Wir selbst haben ein altes Gutshaus gekauft und hatten keine Probleme, uns zu integrieren. Aber wir haben die üblichen Probleme mit den Behörden gehabt, wo viele Mitarbeiter noch in überkommenen Kategorien denken. Da hieß es dann: »Was wollen Sie? Die Gesetze haben Sie uns doch mitgebracht.« Wir haben im Übrigen zu den Nachbarn keinen direkten Bezug. Wir sind insofern unabhängig.

Und Sie, Herr Eppelmann, leben Sie mit dem Westen in Frieden?
EPPELMANN: Ich weiß nicht, was Sie mit Westen meinen. Ich lebe im vereinten Deutschland. Und ich lebe in einer Demokratie, nach der ich mich gesehnt habe. Ich bin allerdings nicht davon ausgegangen, dass die Bundesrepublik Deutschland das Paradies ist. Als Theologe weiß ich, dass es das auf dieser Erde nicht gibt. Wenn ich das mit einbeziehe, dann kann ich nur sagen: Mein Wunsch ist in Erfüllung gegangen. Ich bin zu Hause in einem Land mit Ecken und Kanten, in einem Land, in dem es auch Ungerechtigkeit und Gleichgültigkeit gibt, in dem auch falsche Entscheidungen getroffen werden. Das alles gehört zu unserem Menschsein dazu. Alles, was ich jetzt erlebe, ist jedenfalls sehr viel besser als das, was ich vorher erlebt habe. Ich möchte es nicht mehr missen.

»Die Westdeutschen brauchen länger«

Der Kabarettist Rainald Grebe und der Liedermacher
Hans-Eckardt Wenzel über Kultur und Nation

Hans-Eckardt Wenzel (60, rechts im Bild) und Rainald Grebe (44) sind sich noch nie zuvor begegnet, duzen sich aber sofort, als sie sich sehen. Künstlervertrautheit. Ein bisschen Small Talk auf der Straße, Fotos machen. Dann steigen wir hinauf in den vierten Stock der Altbauwohnung im Berliner Prenzlauer Berg. Leider ohne Aufzug – was Grebe schwer ankommt, weil er schon ein Mal oben war.

Wenzel wurde in der DDR groß, in Lutherstadt Wittenberg, floh aus der so empfundenen Muffigkeit bald nach Ost-Berlin und erwarb sich als Liedermacher ein Publikum. Er vertonte Gedichte von Theodor Kramer und spielte Stücke von Woody Guthrie. Am 4. November 1989 trat Wenzel bei der legendären Kundgebung der DDR-Opposition mit seinem Partner Steffen Mensching auf dem Berliner Alexanderplatz auf. Grebe wuchs in der rheinischen Provinzstadt Frechen heran, wollte jedoch genau so schnell weg von dort – und ging nach dem Mauerfall ebenfalls nach Ost-Berlin. Er studierte an der Schauspielschule Ernst Busch, ging später ans Theaterhaus Jena und füllt als Einzelgänger-Kabarettist immer größere Säle. Oben angekommen, betrachtet Grebe spöttisch meinen zweiseitigen Fragenkatalog. Es folgt eine ironische Regieanweisung:

RAINALD GREBE: Kulturnation, die erste Frage bitte!

Herr Wenzel, Sie haben vor nicht allzu langer Zeit in einem Interview behauptet, »mich interessierte dieses andere Deutschland nicht«, gemeint war Westdeutschland. In demselben Interview haben Sie gesagt: »Die Definition durch Nationalität habe ich für mich nie aufgegeben. Deutschlandhass ist für mich eine Form der Unkultur.« Wie bringen Sie diese beiden Sätze unter einen Hut?
HANS-ECKARDT WENZEL: Natürlich ist es, wenn man in der deutschen Sprache schreibt und träumt und aus einer deutschen Musiktradition kommt, eine kulturelle Identität, von der man lebt – und die man im Zuge der Globalisierung und einer Gleichmachung von Erfahrungen unbedingt behalten muss. Das sind die einzigen Mittel, um gegen abstrakte Prozesse in der Welt vorgehen zu können. Wenn man keine Widerstandskraft mehr hat, die aus der eigenen Kultur kommt, dann ist man allem erlegen. So ist zum Beispiel die deutsche Theatertradition eine andere als in Amerika. Wenn man die Subventionsstrukturen des amerikanischen Theaters auf Deutschland übertragen würde, dann würde eine gewisse Kultur verschwinden. Und mit ihr die Möglichkeit zur Opposition.

Das sagt noch nichts aus über den zweiten Satz: »Mich interessierte dieses andere Deutschland nicht.«

GREBE: Das geht jetzt gegen mich, ne?

WENZEL: Der Satz stammt aus einer Zeit, in der man mir in der DDR einen Pass anbot, um mich in die Bundesrepublik entsorgen zu können. Und das hat mich nicht interessiert. Ich wollte nicht in dieses Land. Ich bin dann eher in die Dritte Welt gefahren.

Warum hat Sie die alte Bundesrepublik nicht interessiert?

WENZEL: Mich interessiert, was lebendig ist. Was man absehen kann, interessiert mich nicht. In so einem Gleichlauf des Geldbetriebes zu denken, ist nicht meine Art. Das liegt an meiner Sozialisation. Geld war ja nicht wichtig im Osten. Ich musste erst erlernen, dass es solch eine Funktion hat in der Gesellschaft. Ich wusste aber wahrscheinlich mehr über den Westen, als die Westdeutschen über die DDR wussten. Und ich hatte viele Freunde, mit denen ich da gearbeitet habe.

Herr Grebe, Sie haben sich für das andere Deutschland sehr wohl interessiert. Sie hatten sogar Sehnsucht nach dem Osten und sind nach Abitur und Zivildienst rüber nach Ost-Berlin. Warum?

GREBE: Weil da für mich ein unbekanntes Land aufging. Ich wusste vorher wirklich gar nichts. Es war vielleicht idiotisch, das mit 19 zu sagen: Aber ich dachte, ich kenne den Westen jetzt. Das ist alles Stuck. Ich muss raus. Da bot sich der Osten erst mal an.

Ist das Nationale für Sie eine Kategorie, etwas Identitätsstiftendes?

GREBE: Das auf jeden Fall. Ich habe mich ja auch hauptsächlich mit deutscher Literatur und Kultur beschäftigt, sogar mit Regionalkultur, um überhaupt etwas zu kennen. Jetzt klinge ich schon wie meine alten Eltern. Denn die fahren ja nie weit weg, höchstens mal nach Frankreich. Die sagen: Was soll ich in Afrika? Da kenn ich ja nichts. *(lacht)*

Das ist eine schlagende Begründung.

GREBE: Stimmt. Das Nationale ist so etwas wie Heimatkunde. Die gab's früher ja auch in der Schule.

Was macht das im positiven Sinne aus?

GREBE: Das ist Kulturraum und Sprachraum. Das Sich-Auskennen, Bezüge finden, mit der Sprache umgehen können.

WENZEL: Wenn man das definieren will, dann würde ich das eher über eine Ethnie definieren als über eine Nation. Das Ost-West-Verhältnis ist das von zwei Ethnien, die kulturell anders geprägt sind. Das Nationale ist das Historische, das Sprachliche. Die deutsche Nation ist sowieso erst 1871 zusammen gekommen. Das ist ein Spätzünder. Deshalb hat das nie geklappt und hatte immer etwas ganz Verdrehtes in sich.

Sie sehen die Deutschen tatsächlich als so gegensätzlich an – wie zwei Ethnien?

WENZEL: Nicht gegensätzlich. Sie haben sich immer auch durchdrungen. Aber es wäre ein interessanterer Blick, wenn man die Ost-West-Verhältnisse unter einem ethnologischen Blick betrachten würde statt unter einem politischen. Da gibt's immer gleich die Begriffe Diktatur und Freiheit. Und damit ist alles gesagt. Da kann man nichts mehr abbilden. Wenn man ethnologisch fragen würde: Welche Bedeutung hat das Geld? Welche Bedeutung haben die Beziehungen zwischen den Leuten? Welche Bedeutung hatte die Sprache, die Musik, die inoffizielle und die offizielle Öffentlichkeit? Diese Dinge gehören immer zu einer ethnologischen Struktur dazu. So wie man afrikanische Stämme untersucht, hätte man den Osten untersuchen müssen. Die Überwältigung lief stattdessen nach dem Kolonialisten-Muster. Man hat als Erstes die Sänger geköpft: Heiner Müller und Christa Wolf, die Figuren, die kulturelle Identität ausmachten, wurden mit Stasi-Akten gekippt.

GREBE: War das ein bewusster Vorgang?

WENZEL: Ja. Ab Dezember 1990 zog so eine anti-intellektuelle Stimmung ein, weil die ganze Wende sehr intellektuell organisiert war. Da gab es das Lächerlichmachen der ehemaligen Heiligen.

GREBE: Das ist mir gar nicht so aufgefallen. Hat dich das auch betroffen?

WENZEL: Zum Teil.

GREBE: Ich hab mich ja insofern vorbereitet, als ich mir gestern auf Youtube noch mal die große Demo auf dem Alexanderplatz am 4. November 1989 angeschaut habe.

Herr Wenzel, Sie sind damals gemeinsam mit Ihrem künstlerischen Partner Steffen Mensching auf dem Alex aufgetreten und haben ein Spottlied auf Egon Krenz gesungen. Überhaupt waren viele Künstler auf dem Alex. Ist das ein Beleg für den Stellenwert der Kultur in der DDR?

WENZEL: Es war eine Überforderung der Kultur. Sie musste abbilden, was Presse und Öffentlichkeit nicht geliefert haben. Die Gesellschaft hat das gebraucht. Aber Hanns Eisler sagte zurecht: »Überpolitisierung in der Kunst führt zur Barbarei in der Ästhetik.« Und das ist an vielen Stellen auch passiert. Als Künstler hat man sich an einer unglaublich wichtigen Stelle befunden. Das war mit viel Hybris beladen.

GREBE: Ich wär gern dabei gewesen.

Man nahm sich wichtiger, als man war?

WENZEL: Man war wichtig. Es gab keine Plakate, weil es keine Druckgenehmigung gab. Und trotzdem war man permanent ausverkauft. Das war eine eigentümliche Situation.

GREBE: Wenn ich die alten Bilder sehe, dann muss ich sagen: Diese Wichtigkeit des Wortes ist prähistorisch. Unglaublich. Das ist mir nie widerfahren. Ich habe ja dann bis Mitte der 90er im Osten Schauspiel studiert – und diese Blicke im Publikum auf dem Alex, diese Wachheit, da dachte ich: »Das ist der Osten.« Ich war dann so glücklich, da zu sein. Das kannte ich aus dem Westen nicht, dass die Leute alles aufsaugen und fragen: »Was sagt der Künstler? Was sagt er denn?« Mein Eindruck ist: Das ist vorbei. Damit ist rückblickend natürlich auch ein gewisser Schmerz verbunden über die eigene Unwichtigkeit. Jetzt leben wir in einer Überflussgesellschaft. Und ich spüre eher Selbstzweifel oder so einen Zynismus. Dagegen war es in der DDR so jungfräulich: das Anschauen des Wortes.

WENZEL: Unschuld ist ein guter Begriff dafür. Es hatte eine gewisse Unschuld. Es ist etwas ganz Einfaches, Pures, fast Bäuerliches. Und man darf nicht vergessen: Es war ein unglaublich kleines Land. Die Tourneen waren immer schnell zu Ende, weil man immer gleich an der Kante war. Und dieses Kleine machte auch was aus. Die Zentriertheit aufs Wort höre ich heute noch auf alten Platten – und wie wenig man sich auf Groove und auf Schwingung und auf Äußerlichkeiten eingelassen hat. Es war immer hegelianisch auf das Zentrum der Welt, den Gedanken, ausgerichtet.

Hätte Grebe in der DDR eine Rolle spielen können?
WENZEL: Ja.

Welche Rolle hätte er besetzt?
WENZEL: Eine ähnliche wie jetzt. In den 80er Jahren haben wir in der DDR versucht, aus der Ernsthaftigkeit rauszukommen. Wir haben Clown-Spektakel gemacht wie »Letztes aus der Da Da eR« – also ganz absurde Sachen, die sich gar nicht mehr auf die Logik der Realität eingelassen haben. Das hat funktioniert. Und das ist ja auch Grebes Ansatz. Der Versuch, sich den ideologischen Rastern zu entziehen, ist aber, wenn man in dem Land groß wird, schwieriger, weil man immer in dieser Logik drin ist. Sich als Clown zu verkleiden und alle Logik weg zu werfen, das war ein entscheidender Punkt.

Können Sie sich selbst in der DDR vorstellen, Herr Grebe?
GREBE: Ja. Meine Lehrer auf der Puppenschule waren ja so aus der Prenzelberger Szene. Die waren damals vielleicht Mitte 40. So wie ich jetzt. Ich kann mir das schon gut vorstellen, hier rumgetigert zu sein und an gewissen Orten irgendwas gemacht zu haben.

Subversiv?
GREBE: Hätte es dann vielleicht geheißen, ja.
WENZEL: Das klingt heute immer, als wär man unter einer permanenten Überwachung gewesen. Das war gar nicht so. Wir haben Premieren gemacht im Berliner Ensemble ohne Genehmigung. Wir haben einfach gespielt – fertig. Das ging alles, wenn man genug Cleverness hatte, damit umzugehen. Und das hätte sogar einer aus dem Westen schneller lernen können als einer aus dem Osten, weil er nicht so in den Zwängen des Systems drin gewesen wäre.

GREBE: Gut. Das müsste man jetzt ausprobieren.

WENZEL: Können wir nicht mehr. Zu spät.

In Ihrer Familie im Rheinland, Herr Grebe, hat Kultur ja eine ganz andere Rolle gespielt.

GREBE: Sie war Panzer und Statussymbol. Da wurde zwar immer über Kunst und Kultur geredet. Aber da ging es um Wissen, nicht ums Praktizieren. Hauptsache, es ist alt und lange her – das war immer das Credo. Es ist derselbe Fluss, aber mit zwei Ufern. Der Weg zum Künstler ist etwas anderes. Ich habe dann versucht, es selbst zu machen. Bei den Hausfrauen aus dem Westen kam das Wort »kreativ« auf, kreativ sein, also Aquarelle malen, so was. Das Essen war plötzlich auch Kultur. Da ging es um Freizeitgestaltung. Insofern war ich begierig nach dem Osten. Dass Kultur wirklich wichtig war, das habe ich in meinem Westen nicht gesehen.

Gab's in dem Punkt trotzdem Berührungspunkte zwischen Ost und West?

WENZEL: Von unserer Seite gab es natürlich Berührungspunkte. Wir haben mit der Band »Zupfgeigenhansel« gearbeitet. Hannes Wader war drei-, viermal privat bei mir. Wir haben uns getroffen und was miteinander gemacht. Die legendären »Drei Tornados« haben ihr erstes inoffizielles Gastspiel in unserem Probenraum gegeben. Wir konnten nur nicht hin. Die mussten immer herkommen. Und vorher mussten wir sie einladen.

Mit Wader gab es politisch und künstlerisch doch wahrscheinlich eine große Übereinstimmung.

WENZEL: Man hat nicht über politische Sachen diskutiert. Wenn man sich mit einem Kollegen trifft, dann spielt man sich was vor und fragt: »Was machst Du denn gerade?« Und ich war immer scharf auf seine Zigaretten. Hannes hat Gitanes geraucht, die ich gerne mochte und die es hier nicht gab. Außerdem waren die West-Künstler interessiert, weil wir eine andere Sprachtradition hatten. Sie haben sich ja sehr spät auf das Deutsche besonnen. Durch den Faschismus hatten sie ein Misstrauen dagegen. Dass sie sich in den

70er Jahren dazu bekannt haben, auf Deutsch zu singen, war ein großer Schritt. Ich war mit dem amerikanischen Folksänger Arlo Guthrie unterwegs. In Ostdeutschland kennt ihn kaum jemand. In Westdeutschland kennen ihn alle. Das war eher deren Interesse: Verschrobene Lyriker kennen zu lernen, die mit Liebe zu tun haben.

GREBE *(bedächtig):* Verschrobene Lyriker...

WENZEL: Etwas Verschrobenes hatte man ja. Die fehlende Welt ist schlecht vorstellbar für einen anderen. Ich habe damals zwei Erzählungen über Paris geschrieben, obwohl ich nie da war.

GREBE: So Karl-May-mäßig.

WENZEL: Ich bin mit 40 das erste Mal durch Amerika getourt. Das war im Grunde viel zu spät. Das hätte ich mit 18 machen müssen. Und das macht auch das Verschrobene manchmal aus, dieses Nicht-ganz-Souveräne.

Wir haben eben gesprochen über den Rang des Wortes und der Kulturschaffenden in der DDR. Aber war das im Westen in den 70er und 80er Jahren nicht auch so? Heinrich Böll und Günter Grass zum Beispiel waren doch zumindest im linken Milieu so etwas wie Säulenheilige.

GREBE: Ich bin schon mit 16 oder 17 in diese Kleinkunstschiene rein. Diese Hochkultur hat mich nicht interessiert. Ich kam eher über Hanns Dieter Hüsch. Das hat mich plötzlich gerockt, dass da Leute ihre eigenen Sachen machen. Nur in der Schule mussten wir Bölls »Ansichten eines Clowns« lesen.

Einen berühmten Roman über den Rheinländer Hans Schnier, der sich gegen die Karriere entscheidet und als »Komiker« am Rande der Gesellschaft landet.

GREBE: In der Kleinstadt, in der ich groß geworden bin, gab's auch keine politisierten Leute. Das Erwachen kam erst später in Berlin. Ich habe angefangen, als Wildwuchs irgendwelche Nummern zu schreiben und auf die Kacke zu hauen. Damit bin ich groß geworden.

Sie sind also kreativ geworden.

GREBE *(erhebt die Stimme):* Wie bitte!?

WENZEL: Die Frage ist ja immer, was man davon für sein Leben braucht. Wenn du zwischen 16 und 20 bist und einen Weg in diese Welt suchst, dann nimmst du das, was du brauchst.

Trotzdem noch mal gefragt: Gab es in der Orientierung an der Kultur nicht doch eine gewisse Übereinstimmung – etwa in dem Sinne, dass man sich noch an Schriftstellern ausgerichtet hat? Wenn heute jemand einen Roman schreibt, dann wird der vier bis acht Wochen diskutiert und ist dann weg.

GREBE: So lange wird das noch diskutiert?

Damals haben jedenfalls alle auf einen Böll- oder Grass-Roman gewartet.

GREBE: Die eigentliche Fragestellung ist nicht mehr Ost-West, sondern Analog-Digital. Damals mag das eine Systemfrage gewesen sein. Heute nicht mehr. Ich habe damals noch Gedichte gelesen, richtig intensiv. Das mach ich heute gar nicht mehr. Ich krieg das nicht mehr hin. Ich bin jetzt so im Online-Junkietum, dass Worte, die ein bisschen mehr Zeit brauchen, nicht mehr reingehen. Das hat die Zeit irgendwie weggeblasen. Von wegen vier Wochen diskutieren! Das würde ich als Nivellierung sehen und als Auslöschung der Bedeutung von Worten. Da ist was verloren gegangen, auf jeden Fall.

WENZEL: Die Digitalisierung erzeugt das Gefühl einer permanenten Verfügbarkeit und damit einen geschichtslosen Zustand. Der verletzt unsere Erinnerung und unser Wahrnehmungsvermögen. Am Bildschirm kann man keine Lyrik lesen. Da muss man ein Buch lesen. Im Übrigen war das bei uns noch einen Zahn schärfer als bei Böll oder Grass. Auf ein neues Buch von Peter Weiss haben wir in der DDR zwei Jahre gewartet. Und alle haben es dann gelesen und darüber gesprochen. Das hatte eine Virulenz in der Gesellschaft, die es in der heutigen totalen Verfügbarkeit nicht mehr gibt.

Macht Sie die Erinnerung sehnsüchtig?

WENZEL: Ich muss lernen, damit umzugehen. Ich lese aber noch viele Bücher. Ich bin noch im bibliophilen Leben verankert. Ich habe einen alten Bauernhof, wo ich ganz schlechtes Internet habe. Und da arbeite ich immer.

GREBE: Ich habe in meinem Haus in Brandenburg gar kein Internet. Das ist ganz gut. Da kommt die alte Zeit wieder hoch.

1990 hatte die Digitalisierung ja noch nicht begonnen. Wie haben Sie denn damals den Umbruch der DDR-Kultur erlebt, als Abbruch einer hoch subventionierten Staatskultur?

WENZEL: Die interessante Kultur war nicht subventioniert. Man tut der DDR-Kultur unrecht, wenn man sie als eine subventionierte beschreibt. Im Übrigen finde ich das Zusammenbrechen der regionalen Kultureinrichtungen verheerend. Ich bin in einer Kleinstadt groß geworden, in Wittenberg. Und die einzigen Verrückten, die es in der Stadt gab, waren die vom Theater. Die hat man in den Kneipen gesehen und gedacht: »Es gibt noch eine andere Welt.« Das waren verrückte Typen, die dich mutig gemacht haben, anders zu sein. Das verschwindet alles in den Städten. Kulturell habe ich das Wittenberger Theater in meiner Hybris immer schwer verachtet. Ich wollte es sogar mal abbrennen, weil ich mit einer Brecht-Inszenierung nicht einverstanden war. Da war ich 16. Aber diese Reibungen sind gut. Es war wenigstens was da.

Und heute ist nichts mehr da?

WENZEL: Es verschwindet immer mehr. Ich bin ja im Osten in vielen Klubs. Und die haben immer weniger Möglichkeiten. Das ist auch für die jüngeren Künstler schlecht, die starten.

GREBE: In Jena wurde nach der Wende noch ein Theater gegründet. Aber Jena ist eine Ausnahme. Das ist der reiche Osten. Da ist was los. Als ich aus dem Westen kam, hat es mich gewundert, dass es in so kleinen Städten überhaupt Theater gab. Wo ich herkomme, gab's das nicht. Im Bereich Comedy gibt es heute eher ein Überangebot. In jedem Kaff ist da was. Das war früher nicht. Der freie Markt ist explodiert. Und das Staatstheater wird abgebröselt.

Ist das gut oder schlecht?

GREBE: Es ist natürlich schlecht. Kultur ist schon ganz gut für solche Städte, auch wenn es stinklangweiliges Stadttheater ist. Es passiert was. Und dass man die Möglichkeit hat, sich etwas anzuschauen, das ist erst mal brillant. Als ich klein war, gab's den Studiengang Veranstaltungstechnik noch nicht. Das gibt's jetzt. Das ist eine neue Industrie.

Wie haben Sie den kulturellen Wandel im Osten persönlich erlebt?

GREBE: Ich war ja auf der Schauspielschule Ernst Busch. Wir waren einer der ersten Ost-West-gemischten Jahrgänge. Und ich hatte mit Ost-Lehrern zu tun, worüber ich sehr froh war. Ich habe jahrelang nur im Osten Theater gespielt. Ich bin erst 2004 wieder in den Westen gekommen, nach 14 Jahren. Ich war voll verostet.

Was bedeutet verostet?

GREBE: Das ist eine eigene Sprache. Was ein Vorgang und was eine Haltung ist, das weiß man dann. Man grenzt sich von den Wessis ab.

WENZEL: Im Osten wurde eine andere Schauspieltechnik entwickelt. Nachahmen im guten Sinne, etwas darstellen und nicht, sich ausdrücken. Jetzt sind es größtenteils keine Darsteller mehr, sondern Ausdrückler, also Leute, die ihr inneres Gefühl auskehren. Das ist eine andere Theaterauffassung.

GREBE: Ich weiß noch, dass es auf der Regieschule Leute wie Manfred Karge gab, die Studenten rausgeworfen haben, die eher so Tanztheater machen wollten. Der hat seinen Brecht durchgezogen. Und ich dachte: »Guck mal, die stehen zu ihrer Sache.« Die haben nicht gesagt: »Alles ist möglich.« Es gab auch Dozenten, die verrückt geworden sind an der neuen Zeit. Die haben ihre ganzen alten Bücher weggeworfen. Ich habe da tausend Erfahrungen gemacht. Nur war ich Tourist. Ich musste mich nicht ändern.

WENZEL: Das ist dein Vorteil. Du bist ja als Sieger hier reingekommen.

GREBE: Ich bin der Sieger.

WENZEL: Wir mussten ab 1990 die Bundesrepublik bespielen und lernen, damit umzugehen. 1991 bekam ich mit Steffen Mensching den Deutschen Kleinkunstpreis. Doch bald merkte ich: Hier geht's eigentlich um Marktanteile. Man musste im Grunde ganz neu anfangen.

GREBE: Erzähl mal, das interessiert mich.

WENZEL: Ich habe mit meiner Band in Gütersloh gespielt in einem 600-Mann-Saal. Und da waren sechs Leute da, davon zwei von der Presse. Die Band fragte:»Sollen wir spielen?« Und ich sagte:»Na klar spielen wir.« Ich habe eine Weile in mich reingehorcht und gedacht:»Brich jetzt deinen verdammten Stolz. Sei jetzt nicht eingeschnappt. Nimm's als Chance. Spiel gut für die, die da sind. Auch wenn es weh tut, wenn man es anders gewöhnt ist.«

Wie viele Zuschauer hatten Sie in der DDR?

WENZEL: 700, 800, 1000 Leute – das ist normalerweise mein Publikum. Dann merkte ich, die neue Realität ist anders. Dich kennt da keine Sau, du musst bei Null anfangen, bist nicht im Fernsehen. Das ist im Westen sowieso das Entscheidende: im Fernsehen zu sein. Daraus muss man erst mal lernen. Im Grunde hat dieses Konzert in Gütersloh mein ganzes Denken umgedreht. Das hat mir gut getan. Da war ich letztes Endes dankbar.

Über diese Schockerfahrung.

WENZEL: Eine Schockerfahrung war es nicht.

GREBE: Sechs Leute sind eine Schockerfahrung.

WENZEL: Aber man landet wieder in der Realität. Das andere war nicht richtig. Das war künstlich. Du kennst das ja selbst. Man wird launisch, wenn man lange auf Tour ist. Man kriegt ne Macke, was man alles für Ansprüche hat, was einem zusteht, wenn man viel Publikum hat. Das fällt auf einmal weg.

GREBE: War das deine erste Westtour?

WENZEL: Ich hatte ein paar. Ich wollte auch gern in einem Weststudio arbeiten. Ich war neugierig. Ich bin nach Schwaben gefahren zu einem Freund von »Zupfgeigenhansel« und habe mit großartigen Musikern was eingespielt. Ich dachte:»Du musst dich darauf einlassen. Das ist deine Realität. Du kannst dich nicht wie Kollegen in ABM-Projekten verstecken.«

Wie haben Sie das genau gemacht: Haben Sie Ihr Marketing verbessert, Ihr Programm umgestellt?

WENZEL: Ich habe mir in bestimmten Regionen ein Publikum erarbeitet. Du lernst Veranstalter kennen, die das mögen. Und das sind deine Partner. Mich interessiert diese mediale Öffentlichkeit nicht so sehr. Entscheidend ist, dass ich Lust habe zu arbeiten und mit guten Leuten spiele. Ich bin da sehr egoistisch. Davon leben zu können, reicht mir. Dazwischen CDs und Bücher – das, was ich in meinem Leben noch so machen wollte.

GREBE: Was meintest du eben mit Marktanteilen?

WENZEL: Ich meine Agenturen. Und ich meine die Erfahrung, dass man uns als Künstler nicht brauchte. Der Westen hatte ja seine eigenen. Es gab keine Notwendigkeit, dass die sich mit uns auseinandersetzen. Denn in ihrer Wirklichkeit hat sich ja nichts geändert.

GREBE: Aber die westdeutschen Künstler wollten ja vielleicht auch ihre Marktanteile erweitern.

WENZEL: Na klar, die waren alle hier. Die gehörten zum Sehnsuchtspotenzial der Ostdeutschen. Die kannten sie aus dem Radio. Und die wollten sie nun auch mal live sehen.

GREBE: Tourst du jetzt auch viel im Westen?

WENZEL: Ich toure halbe, halbe. Das hat sich so stabilisiert. Es gibt aber auch so ideologische Momente. Ich habe vor einigen Jahren mal mit Arlo Guthrie eine Deutschland-Tournee gemacht. Da haben wir auch auf dem Barden-Treffen in Nürnberg gespielt, ein paar tausend Leute, Abschlusskonzert. Danach gab es eine Kritik von so einem fränkischen Typen, der geschrieben hat: »Müssen wir uns das noch antun? Diese ganze Nachdenkerei?«

GREBE: Osten ist Nachdenkerei?

WENZEL: Ja, und alles kompliziert machen. So hat der das gesehen. Das war kein Spaß.

Gibt's noch einen Unterschied zwischen Ost- und West-Publikum?

WENZEL: Ja. Die Textzentriertheit ist hier immer noch stärker. Ich merke, dass ich in der Bundesrepublik immer zu meinem Gitarristen sage: »Mach mal noch ein Zwischenspiel.«

Mit Bundesrepublik meinen Sie jetzt den Westen?
WENZEL: Genau. Die Westdeutschen brauchen länger.
GREBE *(amüsiert):* Das ist jetzt gut fürs Buch: »Die Westdeutschen brauchen länger.«

Und Sie, Herr Grebe, haben Sie auch mal vor sechs Leuten gespielt wie Herr Wenzel in Gütersloh?
GREBE: Vor null. Aber da hab ich nicht gespielt.

Wo war null?
GREBE: Das war in der Scheinbar, einer Kleinkunstbühne in Berlin-Schöneberg, 1996 oder 1997. Da kam einmal keiner. Das ist mein Rekord.
WENZEL: Besser geht's nicht.
GREBE: Und am nächsten Tag kamen sieben. Da haben wir die Leute von der Straße reingewunken.

Denkt man da ans Aufhören?
GREBE: Es war einer der besten Abende meines Lebens. Da ist erst mal Solidarität von denen, die da sind. Ein bisschen Mitleid auch. Und wenn's dann funkt, dann kann das sehr schön werden.
WENZEL: Die, die da sind, schämen sich für die, die nicht da sind. Das funktioniert meistens sehr gut. Das ist fast eine Ost-Notgemeinschaft.

Wir sprachen von der Haltung des Regisseurs Manfred Karge. Dahinter verbirgt sich ja auch der Anspruch des Verändern-wollens. Gibt's das heute auch noch?
GREBE: Ja, immer noch. In der Hochkultur ist es für viele immer noch ein Dogma. Damit werde ich immer wieder konfrontiert. Auch wenn die eigentliche Realität auf die volle Hütte aus ist. Es muss immer hoch politisch sein, ob Theatertreffen oder Berlinale. Sonst hat die Kunst keine Berechtigung.

Und? Ist das gut oder schlecht?

GREBE: Das find ich schlecht, weil es an Schaffensrealitäten vorbei geht. Das ist so drauf gepappt.

WENZEL: Es verschwindet dadurch das Anarchische der Kunst. Der größte Impuls, den wir in den 80er Jahren hatten, war, dass man die Dinge von innen lächerlich macht, so dass sie zerbröseln und man dann wieder Lust zu Veränderungen kriegt. Wenn man das immerzu über ein Konzept macht, ist es Unsinn. Was will man in dieser Welt schon mit einem Konzept? Es ist alles unlösbar. Die Welt, in der wir leben mit ihren Kriegen und Flüchtlingen, ist unerträglich. Wir müssen Vitalitäten erzeugen, damit man sich diesen Verhältnissen widersetzen kann. Und um diese Vitalitäten geht es.

Herr Wenzel dichtete mal: »Halte dich von den Siegern fern.« Unterschreiben Sie das, Herr Grebe?

WENZEL: Karl Valentin sagte: »Alle Clownerie hat den Blick von unten.«

GREBE: Das ist schon richtig. Ich habe ja das Lied geschrieben: »Ich bin oben.« Weil ich genau in dem Spagat lebe. Viele Kunst muss vom Rand und vom Abseitigen kommen. Was ist aber, wenn es viele hören wollen? Das ist mein Problem gerade.

Weil Sie Mainstream werden?

GREBE: Ja, genau.

WENZEL: Das schließt sich nicht aus. Das eine ist das soziologische Phänomen, dass viele kommen. Und das andere ist die Haltung.

GREBE: Aber ich merke, dass der Blick sich dann ändert.

Können Sie diese Angst vor Vereinnahmung nicht nachvollziehen, Herr Wenzel?

WENZEL: Das ist uninteressant. Ich bin kein Verfechter des Gesetzes der großen Zahlen. Ich glaube nicht, dass das, was viel zieht, automatisch gut ist.

Die Frage stellt sich ja umgekehrt: Was macht es mit dem Künstler, wenn er zieht?

WENZEL: Wenn er stark genug ist, hält er das aus und weiß genau, dass er mit sich selbst im Reinen bleiben muss. Nur wenn man meint, es müssten immer mehr werden, dann fängt es an, zu kippen.

GREBE: Aber ich muss mich jetzt wehren. Ich muss wieder was schreiben und möchte auch. Mich belastet das. Das ist nicht so einfach. Sich frei zu machen, ist für Künstler das täglich Brot. Wenn ich früher auf Prominente geschissen habe, die im Fernsehen waren, war das einfacher. Jetzt treffe ich die öfter.

Gab es diesen künstlerischen Leistungsdruck im Osten gar nicht?

WENZEL: Nein, das ist ein anderes Denken. Ich habe mich mal mit einem Liedermacher der alten Schule aus der Bundesrepublik getroffen. Wir haben darüber gesprochen, was bei der ersten Platte das Entscheidende war. Ich sagte: »Dass ich sie durchkriege.« Und er sagte: »Was für ein Foto ich vorn drauf nehme.« Ich meine das nicht böse: Aber das ist ein Unterschied. Der Markt hatte auf mich überhaupt keinen Einfluss. Die Leute sind gekommen, nur weil man was gemacht hat in der Mangelsituation. Das ändert sich in der Marktsituation. Da muss man lernen, sich zu verkaufen.

GREBE: Das mit dem Verkaufen würde ich so nicht unterschreiben. Ich wüsste nicht, wo ich das jetzt tue. Ich mache etwas, was aus mir kommt, und trete irgendwo auf. Und das gefällt dann jemandem.

WENZEL: Man realisiert, mit Marx gesprochen, seine Ware auf dem Markt. Das ist nichts Schlechtes.

Aber es muss doch auch in der DDR Künstler gegeben haben, die aufgestiegen und wieder abgestiegen sind. Und das erzeugt Leistungsdruck, egal in welchem System.

WENZEL: Ich kenne genügend Künstler, die in der DDR schlecht waren und trotzdem berühmt geblieben sind.

GREBE *(ruft sicht- und hörbar ironisch)*: Namen! Namen!

Sie haben nie Leistungsdruck gespürt, Herr Wenzel?

WENZEL: Den hat man sich selbst gemacht, weil man immer besser werden und was lernen wollte. Ich wollte mich nicht wiederholen. Das war eher so eine Suche.

GREBE: Dem würde ich mich anschließen.

Herr Grebe, Sie haben unlängst in Polen gastiert, in Breslau. Hat man Sie da überhaupt verstanden?
GREBE: Das war gar nicht nötig. Wir sind da mit einem Bus hingefahren. Und im Publikum saßen nur Deutsche. Das hat mit meiner Mutter zu tun. Sie wurde in Schlesien geboren.

Sind Sie dem alten Motto des Bundes der Vertriebenen gefolgt: »Schlesien bleibt unser«?
GREBE *(lacht):* Ein bisschen.

Sie, Herr Wenzel, waren in Kuba. Das erweckt den Verdacht der Ostalgie.
WENZEL: Vieles erinnert schon an die DDR. Aber mit Ostalgie hatte das nichts zu tun. Ich fahre ja nicht nur nach Kuba, sondern auch in die USA.

Steckt hinter Ihren Auslandsreisen eine Sehnsucht, die Sie hier nicht mehr befriedigen können?
WENZEL: Man lernt auf Reisen Dinge, die man nur da lernen kann, durch die Sprache, andere Formen von Musikalität. Man kommt auf ganz neue Gedanken, gewinnt andere Perspektiven. Das ist nicht ersetzbar.
GREBE: Ich war auf Gastspielen bisher eigentlich nur im angrenzenden Ausland, in Belgien zum Beispiel oder eben jetzt in Polen. Aber kürzlich war ich auch mal in Afrika. In Deutschland ist es eben doch so, dass man vieles schon kennt.

Das klingt nach Christoph Schlingensief, der in Burkina Faso ein Opernhaus bauen wollte.
GREBE *(überlegt):* Ja. Wir waren in Tansania, in der Hauptstadt Daressalam. Das will ich in Zukunft häufiger machen. Ich muss mal raus.

Wie nimmt sich Deutschland von außen aus? Wirkt es da geeinter als von innen?

WENZEL: Deutschland ist in mehrere Teile geteilt. Den Ost-West-Gegensatz nehme ich nicht mehr so stark wahr. Da hat sich vieles angeglichen.

GREBE: Ich nehme den Ost-West-Gegensatz schon wahr. Gerade wenn ich im Osten in die kleinen Städte und Dörfer komme. Das wird noch dauern mit der Angleichung, vielleicht weitere 25 Jahre.

Empfinden Sie manchmal so etwas wie Heimatliebe?

GREBE: Vielleicht da, wo ich mich auskenne und Freunde habe.

WENZEL: Ich habe einen Bauernhof in Vorpommern. Dort gibt es eine einzigartige Natur. Wenn ich da über die Felder laufe und der Nebel steigt auf – das ist herrlich.

»Wir sind schon lange am Ende der Dankbarkeit«

Die Ostbeauftragte der Bundesregierung Iris Gleicke und die Geschäftsführerin des Instituts für Demoskopie Allensbach Renate Köcher über die Innere Einheit

Renate Köcher (63, rechts im Bild) staunt und ist glücklich, dass wir an der Pforte abgeholt werden. Denn das Bundeswirtschaftsministerium ist groß und hat Flure, die so lang sind, dass man sich verlaufen kann. Dann staunt die Geschäftsführerin des Instituts für Demoskopie Allensbach erneut. Und zwar über den schönen Ausblick auf den Innenhof mit den prächtigen Platanen, den Iris Gleicke (51) aus ihrem Büro genießen darf. Die Parlamentarische Staatssekretärin (SPD) ist noch über Akten gebeugt, als wir den Raum betreten. Dann fragt die Sekretärin: Tee oder Kaffee? Und wir können beginnen – mit der inneren Einheit. Dazu muss man wissen, dass das Allensbacher Institut zum Mobiliar der alten wie der neuen Bundesrepublik gehört. Seit 1947 untersuchen sie am Bodensee, wie die Deutschen ticken, seit 2010 unter Köchers alleiniger Regie. Gleicke wiederum ist nicht nur Parlamentarische Staatssekretärin, sondern auch Beauftragte der Bundesregierung für die neuen Länder. Die Thüringerin weiß, wie der Osten tickt. Übrigens haben die zwei Krebsdamen, wie Gleicke herausgefunden hat, an zwei aufeinander folgenden Tagen Geburtstag. Aber das nur nebenbei.

Frau Köcher, Ihr Institut liegt in Allensbach am Bodensee. Mal Hand aufs Herz: Liegen Ihnen da Zürich oder der Comer See nicht näher als Leipzig oder die Uckermark?
RENATE KÖCHER: Nein, eigentlich überhaupt nicht. Gerade wenn man wie ich an der Grenze zur Schweiz lebt, wird einem bewusst, welche Bedeutung nationale Grenzen haben, selbst wenn man nicht durch Sprache getrennt ist. Ich finde es immer sehr spannend, wenn ich Konstanz und Kreuzlingen erlebe. Das ist letztlich eine Stadt, die doch völlig getrennt ist. Die Konstanzer interessieren sich nicht wirklich für die Kreuzlinger Stadtpolitik – und umgekehrt. Als die deutsche Einheit kam, haben wir in Ostdeutschland außerdem sofort ein Netzwerk von ostdeutschen Interviewern aufgebaut. Natürlich war uns erst mal vieles fremd. Man darf nicht unterschätzen, welche unterschiedlichen Erfahrungen die Teilung mit sich brachte, bis hin zur Sprache, zu bestimmten Wortwendungen.

Das haben Sie in dem Ausmaß nicht erwartet?
KÖCHER: Nein, in dem Ausmaß nicht. Damals war auch die Ausstattung ein Problem. Wir haben immer gefragt, ob wir unsere Interviewer per Telefon erreichen können. Sie haben das meistens bejaht. Dabei hatten zu dem Zeitpunkt die meisten gar kein Telefon zu Hause, sondern nur im Betrieb. Es waren viele solche Kleinigkeiten, an denen wir gemerkt haben, wie verschieden es teilweise zugeht.

Wie steht es mit den Menschen um Sie herum? Haben die mit Ost-
deutschland was am Hut?
KÖCHER: Ja, natürlich, meine Sekretärin ist zum Beispiel Ostdeutsche.

Frau Otta?
KÖCHER: Ja, sie kommt aus Stralsund.

Versorgt die Sie auch mal mit ostdeutschen Sichtweisen?
KÖCHER: Eigentlich nicht. Sie ist schon 2002 nach Westdeutschland gezogen. Damals war sie sehr jung. Sie war in ihren Zwanzi-
gern und ging zunächst nach München, ehe sie an den Bodensee
kam. Gerade in dieser Altersgruppe hat Ostdeutschland einen
großen Aderlass erlitten. Die Leute sind da hingegangen, wo ihre
Chancen lagen. In den ersten zehn Jahren der deutschen Einheit
waren diese Chancen nicht im Osten. Der weitgehende Zusam-
menbruch der wirtschaftlichen Strukturen in Ostdeutschland hat
damals ja alle schockiert. Die große Mehrheit der Ostdeutschen
wollte die Einheit, war aber nicht darauf vorbereitet, welche Här-
ten ein solcher Umbruch und ein freies Wirtschaftssystem mit
sich bringen.

Frau Gleicke, waren Sie schon mal am Bodensee?
IRIS GLEICKE: Ja. Schön da.

So was haben Sie in Thüringen nicht.
GLEICKE: Nein, unsere Seen sind deutlich kleiner und meistens
künstlich. Das mit der Sprache kann ich im Übrigen gut nachvollziehen. Das ist mir auch so gegangen. Wir haben uns zu DDR-
Zeiten immer gewehrt, wenn der Staatsbürgerkundelehrer erklärt
hat, es gebe zwei deutsche Sprachen. Da haben wir gedacht: »Was
für ein Schwachsinn!« Und dann bin ich in die Bundespolitik gekommen, saß zum ersten Mal in der SPD-Fraktion und in einem
Ausschuss und habe gedacht: »Verdammte Hacke, wir reden mit
den gleichen Wörtern. Aber wir meinen offenbar komplett unterschiedliche Dinge.« Das war am Anfang frappierend.

181

Um noch mal auf den Bodensee zurückzukommen: Hat Ihrer Erfahrung nach der Wohnort eines Westdeutschen Einfluss darauf, wie nah oder wie fern er Ostdeutschland steht? Stehen Bayern und Baden-Württemberger anders zu Ostdeutschland als Niedersachsen oder Schleswig-Holsteiner?

GLEICKE: Das kann man so generell nicht sagen. Aber Menschen, die dicht an der deutsch-deutschen Grenze und den Selbstschussanlagen aufgewachsen sind, die haben natürlich ein anderes Verhältnis dazu. Ansonsten haben diejenigen, die Freunde oder Verwandte in der DDR hatten, häufig einen ganz anderen Zugang zu den Problemen, weil sie die Transformationserfahrungen – und dahinter stecken ja unglaubliche Emotionen – hautnah miterlebt haben. Wir wollten zunächst Freiheit und Demokratie und nicht sofort eine Wiedervereinigung. Und plötzlich war vom Kindergarten bis zur Hausratversicherung alles neu. Menschen mit Freunden und Verwandten im Osten, denen ich von meinen Erfahrungen erzähle, die sagen mir jedenfalls: »Ja, so etwas haben mir meine Tante oder meine Cousine auch erzählt.«

KÖCHER: In den 90er Jahren war ganz deutlich zu sehen, dass das einer der Hauptunterschiede war. Während der Westen unverändert blieb, hat sich im Osten fast alles verändert. Freiheiten, die man vorher nicht hatte, waren da, und Sicherheiten, die man vorher hatte, waren weg. Es gab Orientierungsprobleme bis ins kleinste Detail – etwa bei Versicherungsfragen. Was wir in den ersten Jahren gesehen haben und was mich sehr beeindruckt hat, war die Zunahme psychosomatischer Symptome und Erkrankungen.

GLEICKE: Ich selbst kann davon ein Lied singen. Auch für mich ist kein Stein auf dem anderen geblieben. Gerade jetzt bei den Feierlichkeiten zum 25. Jahrestag des Mauerfalls und der deutschen Einheit sitzt man mit Freunden zusammen und fragt sich: »Meine Güte, wie haben wir das damals eigentlich gemacht?« Wir haben angefangen, Politik zu machen, wir haben teilweise mit kleinen Kindern und Kerzen in den Händen demonstriert. In der Nähe befanden sich die Hundertschaften der Bereitschaftspolizei. Wir wollten etwas. Es gab eine Aufbruchsstimmung. Aber daneben hatten wir auch ein ganz starkes Gefühl von Angst in unterschiedlichen Ausprägungen. Das habe ich erst sehr viel später sogar körperlich gespürt. Lange Zeit macht und tut man. Und irgendwann setzt so ein Punkt ein, an dem man zur Ruhe und zur Besinnung kommt. Das erzählen ganz viele Leute.

Sie merken, wir sind schon mittendrin in der Inneren Einheit. Trotzdem noch mal vorab die prinzipielle Frage: Gibt es die? Und was macht sie aus?

GLEICKE: Ich sage immer: Wir sind vereint, aber nicht eins.

KÖCHER: Zwischen Ost und West hat sich in den letzten 25 Jahren vieles angeglichen. Allerdings ist die Distanz der Ostdeutschen zum wirtschaftlichen und politischen System nach wie vor deutlich größer als die der Westdeutschen. Ich denke, es macht einen Unterschied, ob man ein System übernimmt oder es selbst gestaltet.

GLEICKE: Da muss ich widersprechen. Wir haben die Demokratie nicht übernommen. Wir haben sie uns selbst erkämpft. Wir wollten nicht nur »Visa-frei bis Shanghai«, wie einer der Slogans damals hieß. Wir wollten Demokratie jetzt. Wir wollten selbst bestimmen. Aber Sie haben natürlich recht, wenn Sie sagen wollen, dass wir die Institutionen übernommen haben und die Erfahrungen komplett unterschiedlich waren. Im Westen war die Demokratieerfahrung gekoppelt an den Marshall-Plan und den Aufbau der sozialen Marktwirtschaft. Es gab gute Wachstumszahlen, man sprach vom »Wirtschaftswunder«. Im Osten hatten wir bis zur Vereinigung die Planwirtschaft und anschließend erst mal Massenarbeitslosigkeit. Westdeutsche und Ostdeutsche haben also für den Zweiten Weltkrieg ganz unterschiedlich bezahlt. Die Ostdeutschen haben 1989 gesagt: »Wir wollen Demokratie. Wir wollen Freiheit.« Und dann erlebten sie, dass diejenigen kamen, die die »Buschzulage« wollten.

Den Zuschlag für Beamte, die von West nach Ost gingen.

GLEICKE: Und sie erlebten die Versicherungsvertreter. Es gab ja auch einen riesigen Transfer von Vermögen von Ost nach West. Das ist sehr stark wahrgenommen worden. Und dann sind Fragen aufgetaucht, ob das mit der Demokratie denn so richtig ist. Nun gleicht sich vieles an. Mir ist aber ganz wichtig, diesen Anfangspunkt tatsächlich zu setzen: Es waren die Ostdeutschen, die für Freiheit und Demokratie auf die Straße gegangen sind. Die hat uns nicht Helmut Kohl oder wer auch immer geschenkt. Helmut Kohl und andere haben richtige Entscheidungen getroffen. Doch der Beginn war die Demokratiebewegung in der DDR.

KÖCHER: Das eine ist das demokratische Prinzip: Freiheit und Selbstbestimmung. Das andere ist der institutionelle Rahmen. Und der ganze institutionelle Rahmen wurde übernommen – von der Benennung der Institutionen bis zu den Spielregeln, nach denen die Demokratie gelebt wird. Das trägt zu dem Gefühl der Distanz bei.

GLEICKE: Das stimmt absolut. Dennoch sagt mittlerweile auch die Mehrheit der Ostdeutschen, dass sie sich in dem politischen System zu Hause fühlt. Ein deutlicher Unterschied besteht nach wie vor in der Bewertung von Frauenerwerbstätigkeit. Die ist in Ostdeutschland signifikant höher. Und die Lohndifferenz zwischen Männern und Frauen ist bis heute deutlich geringer. Auch bei den ersten Debatten im Bundestag über das Thema Abtreibung habe ich manchmal gedacht:»Was haben die denn für ein Frauenbild? Was denken die denn über ostdeutsche Frauen? Für welche Monster halten die uns denn?« Egal ob man abgetrieben hatte oder nicht – aber damals gab es Demütigungen, die sehr lange fortgewirkt haben.

KÖCHER: An dem Beispiel Frauenerwerbstätigkeit kann man schön zeigen, welche Bedeutung unterschiedliche historische Prägungen haben. Die Frage, ab welchem Alter Kinder außerhalb der Familie betreut werden können, wird in Ost und West nach wie vor unterschiedlich beurteilt. Wir haben vergleichende deutsch-französische und deutsch-schwedische Untersuchungen gemacht. Da sind die Ostdeutschen bei den Einstellungen zu berufstätigen Müttern deutlich näher bei den Schweden und den Franzosen als die Westdeutschen.

Gleichwohl bewegt sich der Westen an der Stelle auf den Osten zu. Gibt es weitere Bereiche, in denen das so ist? Bei der Religiosität zum Beispiel?

KÖCHER: Nach der Einheit sind in Ostdeutschland zunächst sehr viele Menschen davon ausgegangen, dass Kirche und Religion einen wachsenden Stellenwert haben würden. Diese Erwartung wurde sehr rasch korrigiert – einfach weil man nicht auf eine kraftvolle religiöse Kultur im Westen traf. In Westdeutschland gab es vielmehr seit Mitte der 60er Jahre einen deutlichen Verfall der religiösen und kirchlichen Bindungen. Außerdem ist die religiöse Kultur sehr stark altersgebunden. Auch das stärkt nicht den Eindruck von Vitalität.

GLEICKE: Ich finde das sehr spannend. Denn nirgends war die DDR so erfolgreich wie bei der Entchristlichung der Gesellschaft. Natürlich war die Bürgerbewegung häufig getragen von christlichen Gruppen. Die Kirchen waren der geschützte Raum, in dem Umweltgruppen und Menschenrechtsgruppen agiert haben. Nach der Wende haben die Kirchen dann aber gesagt: »Jetzt sind wir wieder für Gottes Wort zuständig. Für die Politik gibt es Parteien.«

Frau Köcher, Ihr Institut hat 2014 anlässlich des 25. Jahrestages des Mauerfalls eine umfangreiche Untersuchung gemacht. Lassen Sie uns ein paar Ergebnisse gemeinsam durchgehen. Ein Ergebnis lautet: 74 Prozent der Ostdeutschen sehen Unterschiede in den Lebensverhältnissen – aber nur 43 Prozent der Westdeutschen. Sind die einen immer noch wehleidig und die anderen immer noch uninformiert?

KÖCHER: Es gibt noch Unterschiede in den Lebensverhältnissen, die in Westdeutschland aber weniger bewusst sind als in Ostdeutschland.

Warum wird diese Differenz so unterschiedlich wahrgenommen?

KÖCHER: Da kommen wir wieder zum Anfang zurück. Für die Westdeutschen hat sich durch die Einheit wenig verändert, für die Ostdeutschen mehr, als von vielen wahrgenommen wurde. Die Westdeutschen haben zwar registriert, dass die Arbeitslosigkeit in Ostdeutschland höher war und ist. Aber dort werden eher die positiven Entwicklungen, beispielsweise der Aufbau der Straßen und Städte und der Rückgang der Arbeitslosigkeit, bewertet.

GLEICKE: Das ist in der Tat so. In Ostdeutschland weiß jeder, dass der Wert eines Rentenentgeltpunkts im Osten niedriger ist. Im Westen heißt es hingegen immer, wenn die Zahlen zur Rentenerhöhung bekannt gegeben werden: »Warum kriegen die Ossis schon wieder mehr? Und warum haben die Frauen eigentlich mehr Rente und jammern immer noch rum?« Das ist auch schwierig zu erklären. Aber die ostdeutschen Frauen haben eben oft 45 Beitragsjahre, weil sie immer gearbeitet haben. Trotzdem kriegen sie weniger Rente, als wenn sie ihre Rentenbiografie im Westen gehabt hätten. Die Lohnunterschiede sind ebenfalls noch deutlich. Das alles wird im Osten sehr viel stärker wahrgenommen als im Westen.

Noch ein Ergebnis der Untersuchung: 50 Prozent der Westdeutschen sagen, es gebe kein besseres Wirtschaftssystem – unter den Ostdeutschen sind es nur 33 Prozent. Warum?

KÖCHER: Weil alle Systemfragen in Ostdeutschland distanzierter beantwortet werden. Wenn Sie die Menschen allerdings fragen, ob es eine überlegene Alternative gibt, dann haben Sie plötzlich in Ost und West ganz ähnliche Zahlen. Dann sagt immer nur eine Minderheit von maximal 14 bis 15 Prozent, es gebe eine Alternative. Die Westdeutschen haben die jahrzehntelange Erfolgsgeschichte der Markwirtschaft und das Wirtschaftswunder erlebt. In Ostdeutschland hingegen, und das ist vielleicht interessant zu wissen, hatten wir in der ersten Zeit nach der Vereinigung eine Akzeptanz der Markwirtschaft, wie wir sie im Westen nie gesehen haben, von annähernd 80 Prozent. Doch unter dem Eindruck der Rezession und der rasch steigenden Arbeitslosigkeit wurden die Leute ernüchtert, und es wuchsen Zweifel. Schon Ludwig Erhard hat darauf hingewiesen, dass ein freies Wirtschaftssystem nicht um seiner selbst Willen akzeptiert wird, sondern aufgrund seiner Erfolge. In den ersten 15 Jahren nach der Vereinigung haben viele Ostdeutsche das freie Wirtschaftssystem als Härtefall erlebt. Und von 2000 bis 2005 hatten wir eine Phase der Wachstumsschwäche in der ganzen Republik. Da ist die Akzeptanz der Markwirtschaft in West wie Ost abgesackt.

GLEICKE: Die Systemfrage wird über die persönliche Erfahrung beantwortet. Und wenn man erlebt hat, wie Scharen von Glücksrittern die DDR-Betriebe aufkauften, ausschlachteten und dann Pleite gehen ließen, dann konnte man das nicht als ein besseres

Wirtschaftssystem akzeptieren. Das System ist dann gut, wenn es über Lohnabschlüsse und die Teilhabe am wirtschaftlichen Erfolg auch allen zugutekommt. Unser Grundgesetz sagt es ja: »Eigentum verpflichtet.« Hinzu kommt, dass die Menschen am Anfang so enthusiastisch waren. Da ist so viel passiert. Da sind so viele mit Ideen losgezogen, haben sich selbständig gemacht und gesagt: »Jetzt ist die Freiheit da. Jetzt kann ich frei wirtschaften.« Und dann kamen das große Scheitern, die unbezahlten Rechnungen bei den Handwerkern, die vielen Privatinsolvenzen. Das ist in der ostdeutschen Lebenswirklichkeit ganz stark verankert. Die Arbeitslosigkeit war hoch. Manche Familien waren auch mehrfach betroffen. Manchmal wird ja hinter vorgehaltener Hand gesagt: »Die Ossis konnten das nicht so richtig mit der Betriebswirtschaftslehre.« Ich sage immer: Lasst uns 25 Jahre deutsche Einheit feiern, wir haben richtig was zu feiern, weil wir richtig was geschafft haben miteinander, die Ostdeutschen mit ihrer Transformationserfahrung und die Westdeutschen mit ihrer großen Solidarität. Ich sage aber auch: Wir dürfen dabei die Gescheiterten nicht vergessen. Wir müssen sie benennen. Wir müssen sagen: »Verdammt, ihr gehört mit zu dieser Erfolgsgeschichte. Ihr seid nicht die Verlierer der Einheit, sondern die, die sie mit ermöglicht haben.« Mir ist ganz wichtig, diesen Enthusiasmus mit aufzugreifen. Wir haben viel erreicht. Den Rest schaffen wir auch noch. Aber wir schaffen's nur zusammen.

Es gibt auch Angleichungen: So ist laut Untersuchung der Anteil derer, die sich Sorgen um ihren Arbeitsplatz machen, in Ostdeutschland mit 19 Prozent nur noch geringfügig höher als in Westdeutschland mit 15 Prozent. 2005 lag die Differenz bei 13 Prozent. Ist das eine Art der Angleichung, die man sich wünschen sollte?
KÖCHER: Ja, natürlich. Die Sorgen sind in Ostdeutschland stärker zurückgegangen und nähern sich allmählich dem westdeutschen Niveau an. Aus den letzten Wochen haben wir Zahlen, die sogar noch günstiger sind. Danach haben nur zwölf Prozent im Osten Sorge um ihren Arbeitsplatz und acht Prozent im Westen. Das ist der niedrigste Wert, den wir je gemessen haben in den letzten 25 Jahren. Die robuste deutsche Konjunktur hat mehr und mehr

Breitenwirkung entfaltet. Sie führt dazu, dass die wirtschaftlichen Erfahrungen zusammenwachsen.

GLEICKE: Ich finde auch, dass das ein Erfolg ist. Es versöhnt etwas mit den Erfahrungen, die die Menschen mit der Treuhandanstalt gemacht haben. Zugleich haben wir im Osten eine andere demografische Entwicklung, die dazu führt, dass die Chancen bei uns in den nächsten Jahren sehr viel größer sein werden als im Westen. Die jungen Menschen müssen nicht mehr wie früher nach Westen abwandern, um anständig bezahlt zu werden oder überhaupt eine Stelle zu finden.

KÖCHER: In Ost wie West ist immer stärker zu beobachten, dass es vitale, zugkräftige Zentren gibt, und abseits davon Regionen, die sich schwer tun. Das sieht man im Schwarzwald ebenso wie in Brandenburg. Dabei haben wir Deutschen viel stärker als andere Nationen die Vorstellung, dass man gleiche Lebensverhältnisse ermöglichen sollte. Wir tun uns, weil wir sesshaft sind, auch schwer mit dem Gedanken, uns räumlich umzuorientieren und dahin zu ziehen, wo die Chancen sind. Das wird künftig noch stärker ein Thema sein. Aber kein Ost-West-Thema, sondern ein Stadt-Land-Thema.

GLEICKE: Da ist der Osten auch nicht mehr der Osten. Wir haben das Chemiedreieck oder Jena. Beides prosperiert. Und dann haben wir ärmere ländliche Regionen. Gleichzeitig kommen immer mehr junge Menschen aus den alten Ländern an die ostdeutschen Universitäten und Hochschulen. Es gibt dort keine Studiengebühren. Sie sind auch nicht so überlaufen und haben eine hohe Qualität. Ich hoffe, dass das den Angleichungsprozess noch mal befördern wird.

Noch eine letzte Frage zur Akzeptanz des politischen Systems: 74 Prozent der Westdeutschen halten die bundesrepublikanische Demokratie, so wie sie jetzt ist, für die beste Staatsform, aber nur 40 Prozent der Ostdeutschen. Kann das so bleiben?

KÖCHER: Eine Angleichung sieht man hier interessanterweise nicht. Zwar gibt es auch, was das politische System betrifft, weder in Ost noch in West die Vorstellung, dass es ein überlegenes System gäbe. In Ostdeutschland bleibt die Distanz aber größer, weil man die Spielregeln und die Institutionen nach wie vor als etwas ansieht, was man nicht selbst entwickelt hat.

Allerdings ist es, wenn jemand eine innere Distanz zum Wirtschaftssystem hat, relativ egal. Was das politische System betrifft, ist das anders. Die Leute gehen nicht wählen. Sie gehen im Osten auch weniger in politische Parteien. Das hat Konsequenzen – bis dahin, dass manche sich Gruppierungen anschließen, die die Demokratie aktiv bekämpfen.

GLEICKE: Das ist in der Tat etwas, das mich verstört. Denn wir haben uns das Recht, zu wählen, vor 25 Jahren erkämpft. Das war durchaus nicht ganz ungefährlich und auch mühselig. Deshalb war ich immer entsetzt über die steigende Zahl der Nichtwählerinnen und Nichtwähler. Das ist im Osten stärker. Allerdings sind die Werte bei den 16- bis 24-Jährigen in ganz Deutschland gleich. Da gibt es den Ost-West-Unterschied nicht mehr. Da sind wir als Politik grundsätzlich im Verschiss. Der Befund, dass man nicht in einer politischen Partei als Kassierer starten und sich dann irgendwie hocharbeiten möchte, ist überdies durchgängig. Im Osten will man sich zwar sehr wohl beteiligen, aber eher in Bürgerinitiativen und im Ehrenamt. Man will projektbezogen arbeiten. Dennoch habe ich an der Stelle wieder die Sorge, dass wir uns verhaken nach dem Motto: »Der Ossi ist undankbar.« Ich glaube, dem ist nicht so. Es gibt eine schöne Zahl, nämlich dass 77 Prozent der Ostdeutschen und 62 Prozent der Westdeutschen die Wiedervereinigung für sich persönlich als Gewinn betrachten. Das ist eine Zahl, die mich unglaublich gefreut hat.

Frau Köcher, bei den meisten Befragungen fällt auf, dass der Fokus fast ausschließlich auf den Osten gerichtet ist. Ist nicht allein das ein Hinweis darauf, dass die Vereinigung eine ziemlich einseitige Angelegenheit ist?

KÖCHER: Na ja, die große Veränderungsgeschichte fand einfach in Ostdeutschland statt. Das war eine Zweite »Stunde null«. Und der ihr folgende Transformationsprozess ist eine Leistung, die auch weltweit durchaus Bewunderung findet. Die letzten 25 Jahre sind ein Erfolg. Das sagen ja auch zwei Drittel der Ostdeutschen wie der Westdeutschen. Daraus schöpft man einen neuen nationalen Stolz.

GLEICKE: Es gibt ein deutsch-koreanisches Konsultationsgremium zur Wiedervereinigung auf der koreanischen Halbinsel. Und ich habe die Ehre, Co-Vorsitzende zu sein. Voriges Jahr waren die Koreaner bei uns, und in der letzten Woche waren wir da. Und das, was diese Erfolgsgeschichte angeht, kann ich nur bestätigen. Natürlich sind die Voraussetzungen komplett unterschiedlich. Die Süd- und Nordkoreaner wissen nichts voneinander. Die haben auch nicht die Kontakte, die wir vor 1989 hatten.

Und in Nordkorea regieren gefährliche Verrückte.

GLEICKE: Es ist noch mal eine ganz andere Nummer, sich mit so einem Diktator wie Kim Jong Un zu treffen als mit Erich Honecker. Trotzdem haben wir lange über »Wandel durch Annäherung« gesprochen.

Die Formel der Entspannungspolitik von Willy Brandt und Egon Bahr.

GLEICKE: Bei den Südkoreanern gibt es eine enorme Wertschätzung für die deutsche Wiedervereinigung. Die haben die Meinungsverschiedenheiten und unterschiedlichen Einschätzungen, die es innerhalb unserer eigenen Delegation gab und die in den Gesprächen auch durchaus zum Ausdruck gekommen sind, aber sehr aufmerksam registriert. Ich habe das etwas ironisch dahingehend zusammengefasst, dass wir bei der nächsten Wiedervereinigung alles anders und alles viel besser machen.

Worauf wollen Sie hinaus?

GLEICKE: Auch der Westen hat sich in den letzten 25 Jahren verändert, wenn auch langsamer als der Osten. Wir müssen von diesem Schlagwort »Aufbau Ost« wegkommen. Es geht nicht mehr um den Nachbau West, sondern um eigene Antworten. Dazu sind wir im Osten früher in der Lage als der Westen, weil bei uns bestimmte Probleme früher aufgetreten sind, und damit meine ich in erster Linie das demografische Problem und seine Folgen. Wir diskutieren ja gerade die Bund-Länder-Finanzbeziehungen. Im Osten wussten wir schon immer, dass wir an den Sonderbedarfszuweisungen des Bundes und am Finanzausgleich hängen. Von daher mussten wir unsere Haushalte von vornherein anders aufstellen. Wir mussten neue Antworten finden, etwa auf die Frage, wie man Kultur und Sport finanziert oder den öffentlichen Personennahverkehr. Und daraus sind neue Ideen und Ansätze entstanden wie zum Beispiel die kleineren Rufbusse oder die Kombi-Busse, die nicht nur Personen, sondern auch Güter transportieren. Wir waren gezwungen, das System umzubauen und es an die Gegebenheiten und die Haushalte vor Ort anzupassen. Und genau an solchen Stellen sage ich: Da ist oder da wird der Osten Avantgarde. Wir haben neulich einen Städtepartnerschaftskongress gemacht. Früher liefen über die Städtepartnerschaften der Know-how-Transfer und die Weitergabe des Verwaltungswissens auf einer Einbahnstraße von West nach Ost. Heute können die Kommunen im Westen von denen in Ostdeutschland lernen, was man eigentlich konkret machen muss, wenn man das Schwimmbad erhalten will oder wenn man dafür sorgen will, dass der Schulbus nicht zur einzigen Verkehrsverbindung auf den Dörfern wird. Da tut sich was. Da verändert sich die Augenhöhe. Und deshalb sage ich meinen Ossis: »Ihr könnt durchaus stolz sein auf das, was ihr gemacht habt in den letzten 25 Jahren. Wir sind schon lange am Ende der Dankbarkeit. Wir müssen nicht gebückt unterwegs sein. Wir gehen schon lange eigene Wege.« Es geht mir da auch um eine gemeinsame Erfolgsgeschichte, und die müssen wir weiterschreiben.

Wenn man sagt, dass sich auch der Westen durch die Wiedervereinigung verändert habe: Hat er sich dann durch das ostdeutsche Vorbild verändert? Oder hat er sich durch die Ostdeutschen selbst verändert, von denen ja ungefähr fünf Millionen gen Westen ausgewandert sind?
KÖCHER: Es ist sehr schwer, die Einflussfaktoren von Veränderungen zu isolieren. Es sind Millionen insbesondere junge Ostdeutsche nach Westdeutschland gegangen. Das ist ein ganz wichtiger Faktor. Das hat aber Ostdeutschland stärker verändert als Westdeutschland. Für viele ostdeutsche Regionen bedeutet das eine stärkere Alterung. Andererseits haben Ost und West jetzt ein

Vierteljahrhundert gemeinsame Erfahrungen gemacht und Krisen erlebt wie die Finanzmarktkrise, die Krise in der Euro-Zone und die unsichere Lage in Osteuropa. Allerdings sieht man da interessante Unterschiede. Die Ostdeutschen etwa haben Russland über Jahrzehnte anders gesehen.

Und tun das immer noch.
KÖCHER: Ja, und tun das in Teilen immer noch. Das ist aber nichts, was mich beunruhigt. Denn ich halte es für wichtig, dass wir nicht einen völligen Bruch mit Russland bekommen. Dieses größere Interesse der Ostdeutschen an Russland finde ich fruchtbar. Für Westdeutsche ist Russland extrem weit weg. Bei den USA ist es umgekehrt. Es gibt ein größeres Misstrauen gegenüber den USA in Ostdeutschland und ein größeres Misstrauen gegenüber Russland in Westdeutschland.
GLEICKE: Ich glaube, die fünf Millionen Ostdeutschen, die mit eigenen Transformationserfahrungen und den Erzählungen von zu Hause im Westen leben, und auch die vielen jungen Westdeutschen, die jetzt in Ostdeutschland studieren, verändern unsere Gesellschaft insgesamt. Das ist ein Beleg für Willy Brandts Satz: »Jetzt wächst zusammen, was zusammen gehört.« Wir sind vereint, aber noch nicht eins, weil es diese Nuancen noch gibt. Allerdings spielen die mehr in unserer Generation eine Rolle. Mein Sohn …

… der ist jetzt wie alt?
GLEICKE: Der wird 28 und heiratet nächste Woche eine junge Frau aus Aschaffenburg. Für die beiden spielt das alles überhaupt keine Rolle. Wir Mütter haben dagegen unterschiedliche Erfahrungen.
KÖCHER: Dieses Generationengebundene sieht man auch ganz deutlich, wenn man fragt, ob sich die Menschen in erster Linie als Deutsche, als West- oder Ostdeutsche fühlen. Im Westen fühlen sich alle quer durch die Generationen als Deutsche. In Ostdeutschland fühlen sich zwar die Älteren noch in erster Linie als Ostdeutsche. In der jungen Generation sagen aber über 60 Prozent, dass sie sich zuerst als Deutsche sehen. Da rückt die nationale Identität zunehmend in den Vordergrund.

GLEICKE: Das kann man übrigens erweitern um den Begriff Europäer. Da sieht man den Unterschied auch. Die westdeutsche Gesellschaft denkt zunächst deutsch, dann europäisch. Die ostdeutsche Gesellschaft denkt zunächst ostdeutsch, dann deutsch und danach erst europäisch.

Nun gibt es ja Leute, die sagen: Indem wir die Unterschiede, die es in Deutschland nach wie vor gibt, thematisieren, verschärfen wir das Problem, weil es Zwietracht sät. Ist das wahr?
GLEICKE: Diese deutsche Erfolgsgeschichte lebt davon, dass wir uns immer bemüht haben, gleichwertige Lebensverhältnisse zu schaffen. Man muss deshalb nach wie vor über die Unterschiede reden. Wir haben unverändert ein Drittel weniger Wirtschaftskraft im Osten. Das hat nichts damit zu tun, dass der Ossi als solcher faul und doof wäre. Es liegt unter anderem daran, dass die Betriebe kleiner sind und deshalb nicht so viel für Forschung und Entwicklung ausgeben können. Wir müssen also weiter wachsen und den nächsten Schritt machen. Dass der Osten wirtschaftlich noch nicht so weit ist, hat wiederum Auswirkungen auf die Kommunal- und Landesfinanzen. Wir brauchen ein solidarisches Finanzierungssystem. Ich habe schon vor ein paar Jahren gesagt: »Leute, das muss keine reine Ostförderung mehr sein.« Als ich Ostbeauftragte wurde, hat mir der eine oder andere daraufhin vorgehalten, ich hätte ein Amt angetreten, das ich vorher selber abschaffen wollte. Mir ging es aber damals wie heute um ein solidarisches Finanzierungssystem für strukturschwache Regionen in ganz Deutschland. Man muss weiter über die Ost-West-Unterschiede reden, aber nicht nach dem Motto: »Der Osten ist ein Fass ohne Boden.« Unser Problem ist doch, dass wir einem sehr dynamischen Ziel hinterherlaufen, weil sich die westdeutsche Wirtschaft ja auch weiter entwickelt und sehr innovativ ist.

Und die stärkste Wirtschaft in Europa ist.
GLEICKE: So ist es. Da ist noch einiges zu tun.
KÖCHER: Da, wo man Unterschiede hat, finde ich es durchaus interessant, sich damit zu befassen. Ich glaube nicht, dass es hilft,

Dinge zu verkleistern. Die Beschäftigung damit hilft, einen dynamischen Diskussionsprozess über die Zukunft hinzukriegen, aber auch ein besseres Verständnis der unterschiedlichen Erfahrungen. Denn da sehe ich nach wie vor wirklich Defizite.

GLEICKE: Wir reden doch auch sonst über die Unterschiede. Wir reden über die Probleme des Ruhrgebiets. Und wir müssen über die Probleme des ländlichen Raumes sprechen. Überhaupt müssen wir über die Anstrengung reden, neue Wege zu gehen. Andere Unterschiede, vor allem bei der Rente, müssen beendet werden. Die Koalition hat es sich auf die Fahne geschrieben, bis 2019 ein einheitliches Rentensystem zu schaffen. Dann gehen Menschen in Rente, die den größten Teil ihrer Rentenbiografie unter westdeutschen Verhältnissen gelebt haben. Einen Unterschied bei der Rentenberechnung werden wir dann niemandem mehr erklären können.

Andere Leute sagen, der Ost-West-Unterschied sei im Grunde nicht größer als der Nord-Süd-Unterschied. Was entgegnen Sie denen?

KÖCHER: Ich glaube, dass die Jahrzehnte der Teilung schon etwas ganz Besonderes sind. Deshalb ist das nicht zu vergleichen. Für einen Sozialforscher ist es hoch spannend, zu sehen, wie weit diese unterschiedlichen historischen Erfahrungen reichen und wie tief sie prägen. Zwar kommt Deutschland historisch aus der Vielstaaterei. Deutschland war immer ein Flickenteppich, wo unterschiedliche konfessionelle Strukturen herrschten und Herrschaftsstrukturen existierten. Von daher leben wir seit Jahrhunderten mit großen Unterschieden. Aber ich denke oft, dass gerade das die besondere Ausrichtung Deutschlands erklärt: der Wunsch, einerseits die materiellen Unterschiede nicht zu groß werden zu lassen, und andererseits die Unterschiede im Bereich der Mentalitäten als belebend zu empfinden.

GLEICKE: Mit den Unterschieden werben wir ja auch für den Tourismus. Es wird immer Unterschiede geben, ob zwischen Ost und West oder Nord und Süd. Und das ist in Ordnung.

KÖCHER: Wirtschaftlich wird allerdings auch das Nord-Süd-Gefälle immer mehr zu einer Herausforderung. Der Süden wird immer stärker. Länder wie Nordrhein-Westfalen und einige norddeutsche Bundesländer tun sich zum Teil schwer. Dabei war Nord-rhein-Westfalen wirtschaftlich ein sehr starkes Land. Abseits der wirtschaftlichen Daten ist es aber nicht sehr spannend, die Unterschiede zwischen Nord und Süd zu analysieren. Jahrzehntelang mit einem anderen wirtschaftlichen und politischen System gelebt zu haben, wie das bei Ost- und Westdeutschland der Fall ist, ist eine andere Dimension.

Andererseits kann man sich über die Ost-West-Unterschiede gelegentlich durchaus wundern. Denn wenn man den Mauerbau 1961 zugrunde legt, sind bis 1989 ja nicht einmal 30 Jahre vergangen. Was sind historisch gesehen schon 30 Jahre?!

GLEICKE: Ja, aber umgekehrt muss man auch sagen: Wir haben erst 25 Jahre deutsche Einheit hinter uns. Da sollte keiner glauben, dass wir in der Zeit alle Unterschiede hätten beseitigen können. Trotzdem haben wir einen guten Lauf.

KÖCHER: Man darf auch nicht nur die 30 Jahre sehen. Man muss sehen, was den 30 Jahren vorgeschaltet war: eine weitere Diktatur. Die Zeit der Selbstbestimmung und Freiheit lag für Ostdeutsche vom Zeitpunkt des Mauerfalls 60 Jahre zurück.

In Deutschland herrscht unterdessen die unausgesprochene Erwartung vor, dass die Angleichung in allen Bereichen lediglich eine Frage der Zeit sei. Wäre es nicht auch denkbar, dass die Unterschiede wieder wachsen? In anderen europäischen Regionen gibt es ja sogar separatistische Bewegungen, in der Ost-Ukraine, in Schottland, im Baskenland und in Katalonien. Warum nicht hier?

KÖCHER: Die Deutschen sind sich zu ähnlich und nicht von dem Gefühl bestimmt, dass ihre Interessen gegeneinander stehen. Und das hat man ja überall, wo separatistische Bewegungen wachsen, nämlich das Gefühl, ausgenutzt zu werden, seine Identität zu wenig leben zu können oder politisch zu wenig Einfluss zu haben. In Deutschland ist das Gefühl der Einheit in Form einer Schicksals- und Interessengemeinschaft doch sehr ausgeprägt. Man sollte zwar immer vorsichtig sein mit Aussagen über die Zukunft. Aber ich halte es für ausgeschlossen, dass wir in

Deutschland einmal separatistische Bewegungen haben werden. Selbst die Bayern denken nicht daran.

GLEICKE: Ich würde Ihnen da zustimmen. Wir sind ein ganz gutes Volk.

Das heißt, die innere Einheit schreitet voran?
KÖCHER: Ja, das tut sie.
GLEICKE: Ich kann mich nur wiederholen: Wir sind vereint, aber noch nicht ganz eins. Wir haben richtig viel geschafft, und den Rest kriegen wir auch noch hin. Wir haben was zu feiern.

»Jeder Jeck is anders«

*Der Dramaturg am Staatsschauspiel Dresden
Robert Koall und der Direktor der Sächsischen
Landeszentrale für politische Bildung Frank Richter
über Kölner, Dresdner – und Pegida*

Robert Koall (43, rechts im Bild) macht – während wir im Büro seines Gegenübers sitzen – aus seinem Leiden kein Hehl. Die Monate, als die Patriotischen Europäer gegen die Islamisierung des Abendlandes Dresden und die Republik in Atem hielten, seien eine schwere Zeit gewesen, sagt er. Die im Rest der Republik konnten mal abschalten. Die Dresdner konnten das nicht. Pegida war Alltag. Und der Chefdramaturg am Staatsschauspiel Dresden war tief in die Auseinandersetzung verstrickt. Bei Frank Richter (55) war es ähnlich, nur verschärfter. Der fröhliche Direktor der Sächsischen Landeszentrale für politische Bildung saß bei Günther

Jauch in der ARD. Und er stellte den Pegida-Protagonisten Kathrin Oertel und Lutz Bachmann die Räume der Landeszentrale für eine Pressekonferenz zur Verfügung. Auch wenn sein Ziel die Domestizierung der Bewegung durch Dialog war: Das mit der Pressekonferenz fanden nicht alle gut. Letztlich traten beide als Vermittler auf. Dabei wurde Koall übrigens in Köln geboren. Richter kam in Meißen zur Welt, lebt aber schon lange in Dresden. Erst im Laufe des Gesprächs wird klar, wie viel das Geografische und das Politische miteinander zu tun haben.

Herr Koall, Sie wurden in Köln geboren und leben seit 2009 in Dresden. Haben die beiden Städte irgendetwas gemein?

ROBERT KOALL: Ja, das haben sie. An dem Gemeinsamen wird aber auch deutlich, was sie trennt. Gemein haben sie einen großen Lokalstolz ihrer Einwohner. Ich bin hier sehr schnell mit viel Stadthistorischem, Stadtanekdotischem und Stadtstolzem konfrontiert worden. Teilweise im besten Sinne, aber auch mit so einer seltsamen Eigenart, einen Zugezogenen nicht danach zu fragen, ob es ihm gefällt, sondern zu konstatieren: »Schön hier.« Punkt. Oder: »Ach, Sie sind neu hier. Dresden ist schön.« Punkt. Dass man hier gut angekommen ist, setzt der Dresdner voraus.

Aber der Kölner setzt das doch auch voraus, oder?

KOALL: Er vermutet es stark, setzt es aber nicht apodiktisch. Ich habe im Übrigen das Gefühl, dass der Dresdner Lokalstolz in größerer Gefahr ist, in lokalen Dünkel umzukippen, als der Kölner.

Ist der Kölner nicht auch manchmal besoffen von sich selbst?

KOALL: Natürlich, vor allem in der Zeit, die wir gerade hinter uns haben, der Karnevalszeit. Der Kölner behält aber eine gewisse Großzügigkeit im Denken. Die fehlt mir hier manchmal.

Herr Richter, Sie sagten mir vorher, dass Sie häufiger in Köln gewesen seien, aber auch immer wieder gern wegführen. Warum?

FRANK RICHTER: Ich habe seit 1990 Freunde in Köln und in Bonn. Das sind Leute, die nach der Wiedervereinigung aus dem

Westen in den Osten gekommen und später wieder zurückgegangen sind. Sie hatten ihre Wurzeln nie völlig abgeschnitten. Außerdem habe ich das Kölner kirchliche Leben in Augenschein nehmen wollen. Für einen Katholiken ist Köln eine wichtige Adresse. Ich war ja lange Zeit Jugendseelsorger. Das große Erzbistum Köln und das kleine Bistum Dresden-Meißen haben vieles gemeinsam unternommen. Das war immer hilfreich und spannend. Wir sind zum Beispiel mit ost- und westdeutschen Jugendlichen nach Litauen gefahren. Ich kann bestätigen, was Herr Koall gesagt hat: Bei den Kölnern ist eine wunderbare Großzügigkeit festzustellen. Manchmal erscheint sie als »Wurschtigkeit«. Ich bin immer gern hingefahren und immer gern wieder weggefahren. Ich dachte: »Es ist schön hier. Aber es ist nicht meins.«

Warum genau ist es nicht Ihrs?
RICHTER: Ich bin Sachse. Ich bin einer, der in Sachsen zu Hause ist, der hier seine Wurzeln hat, der sich hier auskennt und der hier etwas gilt. Ich kann gut verstehen, was passiert. Man hört auf mich. Anderswo ist das alles nicht so. Wenn ich so formuliere, heißt das mitnichten, dass ich alles gut finde, was in Sachsen geschieht. Auch kenne ich meine Grenzen. Es ist gut, wenn sich ein Mensch innerhalb seiner Grenzen halbwegs vernünftig bewegen kann. Das alles hält mich hier.

Dass jemand das so klar formulieren kann, ist ungewöhnlich: Also dass er irgendwo bleiben will, weil er dort etwas gilt und anderswo vielleicht nicht so viel.
RICHTER: Dieser Erkenntnis liegt eine Erfahrung zugrunde. Ich lebte zirka ein Jahr in Offenbach. Da hieß es immer: »Ach, da kommt jemand aus dem Osten.« Und Osten empfanden manche schon als präzise Herkunftsbeschreibung. Das fand ich befremdlich und habe andererseits das Multikulti der Stadt sehr gemocht.

Offenbach ist mit seinem hohen Anteil an Migranten so, wie Pegida-Leute Dresden gar nicht haben möchten.
RICHTER: Stimmt. Wenn man mit Pegida-Leuten nach Offenbach

fahren würde, würden sie einige ihrer Vorurteile bestätigt finden. Ich habe gern in Offenbach gelebt, obwohl oder auch gerade weil ich mit meiner Herkunft und meinen Erfahrungen nichts Besonderes war. Der Mensch ist ein ambivalentes Wesen: Einerseits möchte er etwas Besonderes sein, andererseits ein Gleicher unter Gleichen.

KOALL: Das mit dem Desinteresse ist eine Erfahrung, die ich hier kaum gemacht habe. Ich habe mich im Gegenteil gewundert, wie schnell die Innenperspektiven eines Menschen, der von außen kommt, von den Dresdnern angenommen wurden. Wir Theaterleute hatten eigentlich erwartet, öfter mal den Satz zu hören: »Das könnt ihr nicht beurteilen.« Oder: »Das lassen wir uns von einem Westdeutschen oder einer Schweizerin nicht sagen.« Eine Kollegin in der Dramaturgie ist Schweizerin. Vielleicht hat es geholfen, dass meine Großeltern vor dem Krieg eine Zeitlang in Dresden gelebt haben. Wenn ich mir vorstelle, ein gebürtiger Meißener und langjähriger Dresdner käme nach Köln ans Theater, bin ich mir nicht sicher, ob die Kölner ein so offenes Ohr für die Stimme ihres Stadttheaters gehabt hätten wie die Dresdner in den letzten Jahren. Oder ob da nicht öfter gefragt worden wäre: »Wat hat uns dä dann zu verzälle?«

RICHTER: Das höre ich gern. Ich glaube allerdings, dass die Offenheit der Dresdner sehr förmlich, sehr höflich und zugleich sehr oberflächlich ist.

Wenn Sie sagen, Köln habe so eine Weite, Herr Richter, und gleichzeitig der Charakterisierung Dresdens durch Herrn Koall auch nicht widersprechen: Heißt das, Sie nehmen die Dresdner als eher gefährdet wahr und sehen in der Weite der Kölner einen Vorteil.

RICHTER: Ja. Dresden ist die deutsche Kulturstadt mit dem höchsten Tellerrand. Die Dresdner können durchaus über ihren Rand hinwegschauen. Aber sie haben es »in Wirklichkeit« nicht nötig. Wir, die Dresdner, haben alles genau so, wie ein Mensch es braucht. Ich karikiere jetzt. Aber mal ehrlich, ist es nicht wirklich schön hier? Wenn Sie im Spätsommer mit einem Dampfschiff aus der Sächsischen Schweiz kommend die Elbe abwärts schippern, wenn sich die untergehende Sonne in das Flussbett legt und die Stadt noch einmal erleuchtet und erwärmt, dann wähnen Sie sich im Himmel.

KOALL: So sind die Dresdner. Die haben alle so ein Romantiker-Gen.

RICHTER: Der Rhein ist viel zu breit. An der Elbe ist alles kuschelig. Natur und Kultur verbinden sich in einer überschaubaren und idyllischen Art und Weise. Im Übrigen muss man wohl sagen: Der Limes war als Kulturgrenze, die in grauer Vorzeit durch das heutige Deutschland ging, eine Grenze, die Deutschland viel nachhaltiger geprägt hat als die Grenze zwischen Ost und West, als die Berliner Mauer. Konrad Adenauer hat Deutschland einmal in drei Teile eingeteilt: in Schnaps-Deutschland, Wein-Deutschland und Bier-Deutschland. Das fand ich nachvollziehbar. Bierdeutschland – das ist Bayern und Sachsen. Weindeutschland – das ist der Südwesten. Und Schnapsdeutschland – nun ja, das ist der Norden, eben dort, wo es härter und kühler zugeht. Dabei hat Sachsen immer einen Zug und ein Verständnis nach Osten gehabt. Das heißt unter anderem auch: Sympathien für das benachbarte Polen und das weite Russland. Was wir bei den Pegida-Demonstrationen erleben, erscheint mir gar nicht so unerklärlich.

KOALL: Einhergehend mit dem Anti-Amerikanismus als Kehrseite.

RICHTER: Seit dem 17. Jahrhundert gab es in Dresden ein katholisches Königshaus, die Bevölkerung blieb protestantisch. Eine interessante Melange. Konfessionell unterscheiden sich die Städte Köln und Dresden erheblich. Auch hier liegen Ursachen für die Unterschiede in der »kulturellen DNA«.

Wozu auch der Karneval gehört.

KOALL: Zum Beispiel. Sie reden übrigens mit einem Protestanten aus Köln.

RICHTER: Und mit einem Katholiken aus Dresden. Eine interessante Konstellation, nicht?

Wenn sich der Dresdner eher nach Osten orientiert, fährt der Kölner im Zweifel eher nach Paris. Und wo Warschau ist, das weiß er eigentlich gar nicht. Oder?

KOALL: Das ist schwierig zu beantworten. Denn ich lebe seit 25 Jahren nicht mehr in Köln – also seit genau jenen 25 Jahren, in denen die beiden Deutschlands wieder zusammen gewachsen sind. Im Übrigen bin ich 1972 geboren und war beim Mauerfall noch nicht einmal volljährig. Für mich hat der deutsche Osten überhaupt keine Rolle gespielt. Das kann ich vermutlich für einen Großteil meiner Generation sagen. Bis zu meinem 14. Lebensjahr war die DDR das Land, in das meine Großmutter Pakete geschickt hat. Und ich habe Freunde in Westdeutschland, die in 25 Jahren noch keinen Fuß in den deutschen Osten gesetzt haben, außer Ost-Berlin vielleicht. Und zwar aus Ignoranz. Anders kann man das nicht nennen, wenn man zum Beispiel in Kaiserslautern sitzt und sogar auf Pointe sprechend sagt: »Ich war noch nie da. Und jetzt, wo ihr Pegida habt, muss ich auch nicht mehr kommen.« Man kriegt einen Schrecken, wenn man so etwas hört.

RICHTER: Ich hingegen war in meiner Jugend gedanklich viel häufiger in Westdeutschland als in der DDR. Immer wenn ich Fernsehen schaute oder Radio hörte, wanderte ich aus in ein anderes Land. Die mentale Republikflucht hat bis zum Mauerfall angehalten. Nach dem 9. November 1989 sah ich die DDR mit ganz neuen Augen.

Kann man insgesamt sagen, dass Köln und Dresden den maximalen Gegensatz zwischen West und Ost beschreiben?
KOALL: Das glaube ich nicht. Den krassesten Gegensatz zu Dresden habe ich in München empfunden und nicht in Köln. Da hatte ich tatsächlich das Gefühl, ich bin in einem völlig anderen Deutschland.

RICHTER: Es ist sehr reizvoll, die Städte Köln und Dresden zu vergleichen. Sie sind sehr ähnlich und zugleich sehr verschieden. Beide liegen an einem Fluss und sind eingebettet in die Natur. Das macht etwas mit den Menschen. In beiden Städten gibt es das Gefühl von Urbanität. Beide Städte sind sehr geschichtsträchtig. Die Menschen können auf eine lange Geschichte zurückblicken und tun es auch. Der Unterschied ist: Dresden ist Landeshauptstadt und hat(te) einen König. Armes, glückliches Köln!

KOALL: Dafür haben wir jedes Jahr einen Prinzen.

RICHTER: Da sind wir wieder bei dem religiösen Unterschied und der Kölner Prägung durch die Römer.

Es gibt noch einen Unterschied: Während Köln mit dem WDR die größte deutsche Rundfunk-Anstalt beherbergt, hat der Dresdner vor 1989 medial angeblich nichts mitgekriegt aus dem Westen.

KOALL *(amüsiert zu Richter):* Nun räumen Sie doch mal mit diesem Vorurteil auf!

RICHTER: Die Dresdner haben ihre Bildung anderswoher bezogen. Außerdem bin ich mit dem Kölner Deutschlandfunk groß geworden. Er hatte für mich prägende Wirkung.

Noch einmal zurück zu dem Stolz, der beide Städte verbindet: Ist dieser Stolz etwas Gutes oder etwas Schlechtes?

RICHTER: Die Dresdner haben eine Vorstellung von der Verwurzelung in der Geschichte. Sie haben das Gefühl, sie seien wie Zwerge, die auf dem Rücken von Riesen stehen. Das stiftet Identität. Die Brüche in der Geschichte gehören dazu. Jeder, der seriös ist, gesteht auch die Schuld ein. Das tun nicht alle Dresdner. Viele verstecken die Schuldverstrickung der Stadt hinter dem Trauma der alliierten Luftangriffe des 13. und 14. Februar 1945. Trotzdem: Verwurzelung in Raum und Zeit, das stärkt. Der Mensch braucht Wurzeln. Die Wurzeln der Vergangenheit sind hier so tief, dass manche Dresdner meinen, sie brauchten den Ausblick in die Zukunft nicht.

KOALL: Das kann ich aus Kölner Perspektive bestätigen. Mein Vater kommt aus Hamburg-Harburg, meine Mutter aus Bad Ems. Das heißt, ich bin gar kein Muttermilch-Kölner. Trotzdem ist es so, dass die Stadt und die Geschichte dieser Stadt mich geprägt haben. Dieses Bewusstsein einer römischen Vorgeschichte ist gar nicht mal so klein. Das merke ich jetzt, wo wir darüber reden. Damit gehen auch gewisse neurotische Verpflichtungen einher. Wenn ich mit dem Zug nach Köln fahre, gehe ich immer vorn raus, um den Dom zu sehen. Dann zieht ein gewisser innerer Frieden bei mir ein. So kitschig muss ich jetzt einmal werden.

Dabei ist Köln als Stadt ja gar nicht mal so schön.

KOALL: Ich würde das Gespräch an dieser Stelle gern beenden. *(lacht)* Aber Sie haben recht: Köln ist nicht so schön. Es hat mit

Dresden gemein, dass die Innenstadt während des Krieges bis auf den Dom nahezu komplett zerstört wurde – mit dem Unterschied, dass wir die Stadt nicht so schön wieder aufgebaut gekriegt haben wie die Dresdner, sondern in einem 50er Jahre Nachkriegsstil, der nicht dazu führt, dass die Kölner Innenstadt zu den schönsten der Welt gehört.

Den Ostdeutschen sagt man nach, nach 1989 Selbstbewusstsein eingebüßt zu haben. Wie sehr hat der Dresdner Lokal- oder Regionalpatriotismus das kompensieren können?

RICHTER: Ziemlich gut. Als klar wurde, dass die DDR sich aus der Geschichte verabschiedet, erschienen hier sofort die Sachsen-Fahnen – und zwar vor den Deutschland-Fahnen. Sachsen wurde zur historischen und politischen Referenzgröße, weil es an anderen Referenzgrößen fehlte. Sachsen kompensierte das Gefühl der Ostdeutschen, Bürger zweiter Klasse zu sein. Die Dresdner können dieses Gefühl hervorragend unterdrücken.

Köln und Dresden haben, wie bereits gesagt, auch gemein, dass sie im Krieg stark zerstört wurden. Doch während das in Köln kaum ein Thema ist, blutet die Wunde in Dresden noch immer, wie jedes Jahr am 13. Februar sichtbar wird. Woher kommt dieser Unterschied? Und was bewirkt er?

KOALL: Durch die Verdichtung der Ereignisse ist das Trauma hier eines mit einem größeren Echo. In Köln sind weit über 40 000 Menschen bei den Bombenangriffen ums Leben gekommen, nur nicht in so kurzer Zeit und nicht so unerwartet. So zynisch das klingen mag: Aber das macht den großen Unterschied und das Trauma in Dresden aus. In Köln hat man noch während des Krieges angefangen, mit dem Entsetzen und der Katastrophe zu leben. Eine Einbindung des Horrors in den Alltag ist eine Chance, den Horror zu bewältigen. Diese Chance hatten die Dresdner nicht.

RICHTER: Dresden hatte es mit einem Schlag getroffen. Es hat zwar auch schon vor dem 13. Februar 1945 Bombenangriffe gegeben. Aber die waren vergleichsweise marginal. Die Angriffe am 13. und 14. Februar waren Schläge mitten ins Herz der Stadt. Das mag ein Grund für das Trauma sein. Es gibt aber noch andere Gründe. Ein weiterer Grund liegt wohl darin, dass Dresden unvorbereitet war. Das Verhalten mancher Dresdner lässt vermuten, sie meinten, der Krieg könne alle Welt erfassen, aber nicht ihre Stadt. So wurde zum Beispiel die Silbermann-Orgel aus der Frauenkirche nicht ausgelagert – im Unterschied zu der in der Hofkirche. Außerdem nutzte die Propaganda-Maschinerie der Nazis die Zerstörung der Stadt schon wenige Tage danach schamlos für sich aus.

KOALL: Ja, den Rest besorgten die Nazis. Sie benutzten das Trauma der Dresdner – durch hochgejazzte Zahlen und ein entsprechendes Vokabular. So konnte sich sehr schnell ein Mythos bilden. Er erstreckt sich nicht nur auf die Opferzahlen, sondern auch auf das Erlebte. Eine Historiker-Kommission hat ja vor wenigen Jahren festgestellt, dass es einen großen Unterschied gibt zwischen historisch Verbrieftem und der kollektiven Stadterinnerung. Auf Deutsch heißt das: Es gibt eine Menge Geschichten, die nie stattgefunden haben, aber bis heute ganz fest zum Geschichten-Schatz der Dresdner gehören. Mir haben schon Menschen aus der Erlebnisgeneration Geschichten erzählt, die ich dann zurückweisen musste mit dem Hinweis: Die Geschichtsbücher sagen, dass es das nicht gab. Zum Beispiel Tieffliegerangriffe. Aber wenn derlei so tief ins Stadtbewusstsein einsickert, hat es irgendwann seine eigene Wahrheit.

RICHTER: Die erinnerte Geschichte scheint wirksamer als die Realgeschichte. Sie ist fast nicht zu besiegen. Im Übrigen konnten die Formulierungen der Nazi-Propaganda bestens von der SED-Propaganda aufgenommen werden. Denn es waren ja die Amerikaner und die Engländer, die die Stadt zerstört hatten. Das waren auch die neuen Feinde. Das passte natürlich ganz anders als in Köln. Den Dresdner Denkmalpflegern ist es gelungen, die Ruine der Frauenkirche zu bewahren. Alle Versuche, die Trümmer wegzuräumen, wurden konterkariert. So war die Ruine 40 Jahre lang der Inbegriff der Zerstörung. Ich persönlich habe zum Wiederaufbau der Kirche ein ambivalentes Verhältnis. Er hat mir »meine« Frauenkirche genommen. Ich hatte mit der Ruine gelebt. Sie bedeutete mir stets: Nie wieder Krieg! Ja, vieles hat dazu beigetragen, dass sich die Erinnerungskultur in Dresden ganz anders entwickelt hat als in anderen Städten.

Ich bin jetzt mal böse und sage: Der Dresdner fühlt sich gern als Opfer. Und er bildet sich auch gern mal was ein, was die Geschichte angeht. Jetzt bildet er sich ein, von Muslimen bedroht zu werden, die es hier gar nicht gibt. Gibt's da eine Linie? Oder ist das vollkommen abstrus, was ich sage?

KOALL: Nein, leider nicht. Das ist das Problem. Allerdings ist die Islamisierung ein geschicktes Label gewesen, unter dem sich nun alles versammelt, was einen Menschen unzufrieden machen kann. Es gibt so einen seltsamen Dresdner Sonderfall. Es gibt ein grundsätzliches Missverständnis zwischen dem Dresdner und der Demokratie. Sie selbst, Herr Richter, haben ja zum Thema Pegida den Satz gesagt: »Wir blicken in Abgründe politischer Unbildung.« Das erlebe ich genau so. Es gibt eine für mich nicht erklärbare Skepsis gegenüber dem demokratischen System. Und das kenne ich so nur von hier.

RICHTER: Ich kann bestätigen, was Sie sagen. Es gibt tatsächlich eine Neigung, sich zum Opfer zu stilisieren nach dem Motto: »Wir armen Dresdner, uns hat es besonders hart getroffen.« Hinter diesem Theorem, das objektiv gar nicht zu halten ist, kann man die Schuldfrage wunderbar verstecken.

Zugleich haben schon die Menschen in Sachsen-Anhalt das Gefühl, dass sich die Sachsen gern aufpumpen.

RICHTER: Vielleicht haben die Sachsen im Innersten ja selbst ein Gefühl dafür, dass sie sich aufpumpen. Sie ahnen, dass sie sich wichtiger nehmen, als sie tatsächlich sind. Sie machen es immer eine Nummer zu groß. Die negativen Seiten der Geschichte und die eigene Schuld aufzurufen, passt nicht gut ins Bild. Diesen Vorwurf von »links« kann man natürlich bestreiten, als ungerecht und pauschal abtun. Aber er hält sich. Es ist etwas dran.

KOALL: Es gibt seit Jahren einen »Mahngang Täterspuren«. Der ist vom Bündnis Dresden nazifrei organisiert worden und weist nach, dass es sich in hohem Maße um eine Täterstadt gehandelt hat, also: Wo die Täter saßen, wer sie waren, wo die SS saß, wo die ersten Bücher brannten. Der Mahngang war ernsthaft umstritten in dieser Stadt. Da denke ich: »Das kann nicht euer Ernst sein.«

RICHTER: Natürlich sind die Dresdner sehr schnell beleidigt, wenn sie den Eindruck haben, man würfe ihnen etwas vor, was so gar nicht sei. Das hängt unter anderem mit der Selbstzufriedenheit der Stadt zusammen. Als 1932 der letzte sächsische König beerdigt und der Sarg durch die Straßen gefahren wurde, haben sich die Dresdner in Massen auf den Straßen bewegt. Einige, so wird erzählt, seien zu Tode gequetscht worden, weil sie den Sarg des Königs sehen wollten. Das heißt: Es hat hier keinen Bruch mit der Monarchie gegeben. Nachdem Kurt Biedenkopf 1990 Ministerpräsident wurde, erfand man das Wort vom »König Kurt«. Es war eine Ironie, die man gern akzeptierte. Seine Frau Ingrid hatte ein eigenes Büro, an das man Petitionen richten konnte. Jeder in der Wolle gefärbte Demokrat hätte aufgeschrien. In Sachsen funktionierte das relativ problemlos. Leipzig freilich hat eine andere Geschichte und Kultur. Die Demokratie als offene Form der Auseinandersetzung um den richtigen Weg ist in Dresden nicht sonderlich ausgeprägt.

KOALL: Genau. Ich habe Demokratie immer als System empfunden, das den Bürger fordert und herausfordert. Das empfinde ich alles in einer großen Selbstverständlichkeit als gesetzt. Nur hier nicht. Hier wird Demokratie als passives System gesehen, in dem das Wichtigste ist, keinem Andersdenkenden auf die Füße zu treten. Das ist fast wieder kölsch nach dem Motto: »Jeder Jeck is anders. Jeck, loss Jeck elans.« Was man verkürzt übersetzen könnte mit: »Seid tolerant!« Dabei heißt Demokratie doch nicht, die eigene Meinung an der Garderobe abzugeben, sondern ist die Einladung, die eigene Meinung kundzutun.

Aber die vor der Semperoper haben doch ihre Meinung gesagt.

KOALL: Natürlich, für Pegida gilt das nicht. Aber ich bin auch im Zusammenhang mit dem 13. Februar auf ganz viele Leute gestoßen, die gesagt haben: »Natürlich finden wir das schlimm mit den Nazis. Aber was sollen wir denn machen?« Darauf kann ich nur sagen: »Geht auf die Straße! Es ist euer Recht, in Hör- und Sichtweite zu protestieren.«

RICHTER: Ich finde richtig, wie Sie das sagen. Der Impuls in Dresden ist oft: »Da muss der König was dagegen machen.« Selbst bei den Straßendemonstrationen von Pegida bricht das auf. Viele hätten ja auch sonst Gelegenheit gehabt, sich politisch zu engagieren. Aber nein, das unterdrücken sie. Irgendwann dann platzt es aus ihnen heraus, maßlos, an der falschen Stelle und oftmals diffus.

KOALL: Und immer verbunden mit der Forderung an die da oben: »Ihr müsst.« Wer seit ein paar Jahren in der Stadt lebt, der kann von Pegida nicht überrascht gewesen sein.

Wie ostdeutsch ist Pegida? Und wie westdeutsch ist Anti-Pegida?

RICHTER: Pegida ist zunächst ein dresdnerisches und ostsächsisches Phänomen. Schon Legida in Leipzig ist etwas anderes. Pegida ist ein Sammelsurium des Protests, unter dem sich alles Mögliche versammelt hat, Vieles an gut nachvollziehbarem und berechtigtem Protest. Die Angst vor einem immer mächtiger werdenden Islam spielt eine Rolle, aber bei Weitem nicht so eine große, wie der Name Patriotische Europäer gegen die Islamisierung des Abendlandes nahe legt. Pegida offenbart ein tiefes Unverständnis der repräsentativen Demokratie. Dabei nutzen die Demonstranten die Symbolik der Friedlichen Revolution aus. Sie gehen montags abends durch die Stadt. Sie rufen »Wir sind das Volk« und propagieren Gewaltlosigkeit. Fremdenfeindlichkeit gibt es im Westen auch. Aber so komprimiert habe ich sie dort nicht wahrgenommen.

KOALL: Im Westen ist das unverhohlener. In Köln gab es HoGeSa – also Hooligans gegen Salafisten. Das lag offen auf dem Tablet. Dagegen gab es sofort eine breite bürgerliche Front. Und bürgerliche HoGeSa-Sympathisanten haben sich im Westen nicht gefunden. Hier bei Pegida schon. Im Westen ist das kenntlicher. Der geniale Trick von Pegida war, sich unter dieses Islamismus-Label zu stellen.

RICHTER: Das Diffuse des Pegida-Phänomens, das ist offenbar das ostdeutsche Merkmal.

Als Pegida in Dresden erstarkte, hat es den ersten Gegenprotest in Köln gegeben – mit 15 000 Menschen. Hat da gewissermaßen der Westen gegen den Osten demonstriert?

KOALL: Nein. Mit einem anti-östlichen Affekt hatte das überhaupt nichts zu tun. Es ist Teil des Kölner Stolzes, sich Liberalität und Toleranz auf die Schilder zu schreiben. Damit wächst man dort auf. »Dämm ein sing Ühl ess dämm andere sing Naachtijall« sagt man hier. Ich erinnere außerdem an die Aktion »Arsch huh, Zäng ussenander« (Arsch hoch, Zähne auseinander) gegen rechtsextremistische Gewalt von 1992, auf die ich mit Stolz geblickt habe. Diese liberale Besoffenheit von sich selbst ist mir lieber als die Besoffenheit vom Gegenteil.

Das heißt, es gibt eine Übereinstimmung in der Besoffenheit, nur ist die ganz unterschiedlich gepolt.

KOALL: Herr Richter und ich sind ja immer schwer dafür, zu differenzieren. Und deshalb kann ich darauf nicht antworten. Denn dieses einfache Ost/West ist es dann eben doch nicht. Aber in der Grundtendenz mag das stimmen, dass die einen sich eher am Rückzug delektieren und die anderen an der Vorwärtsbewegung. Dass beide dabei Fehler machen, ist klar.

RICHTER: Wenn's um das Selbstbewusstsein geht, dann nehmen die Kölner wie auch die Dresdner wohl immer einen Schluck zu viel aus der Pulle. Das kann man verzeihen. Im Übrigen: Als zum 13. Februar die Neonazis durch Dresden marschierten, hat sich auch hier der Widerstand formiert. Es hat zwar lange gedauert. Aber irgendwie ging's dann auch.

Sie waren beide persönlich stark in die Auseinandersetzung involviert. Herr Richter, Sie wurden auf dem Höhepunkt der Auseinandersetzung von Spiegel online sogar als »Pegida-Versteher« tituliert. Wie haben Sie das erlebt?

RICHTER: Meine erste augenscheinliche Wahrnehmung von Pegida fand am 10. November statt, als ich mit Rupert Neudeck zufällig über den Neumarkt ging. Wir hatten eine Veranstaltung mit ihm. Er und ich kamen aus einem Restaurant und sahen eine große

Demo. Und es platzte aus Neudeck heraus: »Mensch, das sieht ja aus wie im Nationalsozialismus.« Rupert Neudeck hat ja noch Bilder im Kopf. Ich habe dann in dieselbe Richtung gedacht. Es war ein Trugschluss. Vielen Journalisten ging es ähnlich. Nachvollziehbar, auch nicht ganz falsch, aber eben auch nicht ganz richtig. Wir haben die Breite und Vielschichtigkeit des Phänomens anfangs nicht richtig gesehen. Ich habe mich dann recht schnell korrigieren müssen und können. Mein Schlüsselerlebnis war, als ich bei einer Pegida-Demo ein Mitglied aus der »Gruppe der 20« (eine Gruppe von Bürgerrechtlern) traf. Ich habe gefragt: »Andreas, was machst denn du hier?« Er antwortete: »Es ist wie damals. Die da oben hören ja nicht mehr zu. Wir müssen mal wieder auf die Straße gehen.« Ich verstand: Die hier unterwegs sind, sind nicht alle rechtsradikal. Gleichwohl: Die Radikalisierungsgefahr bestand. Deshalb wurden Gesprächsangebote entwickelt. »Wenn die nicht mit uns reden, dann müssen wir mit ihnen reden«, so lautete die Strategie. Und sie ist ja halbwegs aufgegangen. Mit dem Begriff »Pegida-Versteher« kann ich leben.

Herr Koall, hat sich Ihnen der Osten im Zuge von Pegida entfremdet?
KOALL: Die Frage ist genau richtig, weil es meinen Eltern in Köln, meiner Schwester in London oder Freunden in Berlin manchmal schwer zu beschreiben war, welches Klima hier herrschte und dass die Pegida-Debatte das ganze Leben umfing. Und es war schon so, dass sich meine Frau und ich, als wir nach dem Weihnachtsurlaub wieder in die Stadt reinfuhren, angeguckt und gesagt haben: »Wir sind schon mal lieber zurück in diese Stadt gekommen.« Ich habe mich da teilweise nicht mehr wohl gefühlt, das muss ich gestehen. Ansonsten muss ich Herrn Richter zustimmen. Pegida war für uns am Anfang eine Nazi-mäßige Veranstaltung, der wir am Theater mit den üblichen Slogans begegnet sind, also: »Flüchtlinge willkommen.« Bis wir merkten: Nein, leider ist es diesmal nicht so einfach. Es nützt nichts, jetzt einfach den Schulterschluss der Demokraten zu zeigen. Sondern es geht nur, wenn man die Auseinandersetzung annimmt – so weh es einem auch tun mag. Ich bin außerdem wie Herr Richter der Meinung, dass es die absolut

richtige Taktik war, den Initiatoren von Pegida ihr Fußvolk wegzunehmen. Meine Schlussfolgerung aus Pegida ansonsten ist: Ich war naiv in den letzten Jahren, was den Zustand unserer Demokratie angeht. Ich habe geglaubt, wir seien gefestigter.

RICHTER: Ich habe gelernt, wie tief das Ressentiment den Fremden gegenüber sitzt. Dafür schäme ich mich. Ich hatte das so nicht für möglich gehalten. Ja, die Tiefe des Ressentiments ist ostdeutsch. Das hat auch etwas mit den Transformationsprozessen der letzten 25 Jahre zu tun.

Weg von Pegida, hin zum Alltag. Sie, Herr Richter, haben ein paar Jahre im Westen gelebt. Was haben Sie von dort mitgenommen?

RICHTER: Der Westen hat 40 Jahre mehr Zeit gehabt, Erfahrungen mit Demokratie und Weltoffenheit zu sammeln als der Osten. Darum beneide ich viele Westdeutsche. Ich habe gern im Westen gelebt. Jetzt lebe ich gern wieder hier.

Gibt es auch etwas, was Sie im Westen abgestoßen hat?

RICHTER: Was mir nicht gefallen hat, war, dass man sich für mich als Ossi wenig interessiert hat. Ich fand das ein bisschen bedauerlich. Dieses ausgeprägte Desinteresse hatte ich nicht vermutet. Aber das nehmen wir sportlich. Ich habe mich als Ossi immer wieder mal aufgedrängt – und zwar mit Erfolg. *(lacht laut)*

Und Sie, Herr Koall, Sie sind jetzt sechs Jahre hier. Schon ein bisschen Ossi geworden?

KOALL: Mir als Kölner war Dresden erst mal genau so fremd, wie mir zum Beispiel Stuttgart fremd sein würde. Es ist mir dann vertraut geworden. Meine Großeltern haben hier ihre Kreise gezogen. Mein Vater war kurz nach der Wende mal für zwei Jahre hier als Vorsitzender Richter am Oberlandesgericht. Meine Tochter ist in dieser Stadt zur Welt gekommen. Das verbindet mehr, als man so annimmt. Ossi bin ich mit Sicherheit nicht geworden. Aber ich habe versucht, mich einzubringen. Das tut man nicht, wenn man sich in einen Ort nicht auch verliebt. Es gab andere Orte, die mir egal waren.

Welche?

KOALL: Hannover und Zürich waren mir zum Beispiel ein bisschen egal. Da habe ich sehr gern gelebt, auch Freunde gefunden. Da wäre ich aber nicht auf die Idee gekommen, mich ins Herz einer Bürgerschaft zu begeben und etwas mitzugestalten. Man verliert an Dresden schon auch ein bisschen sein Herz.

Hat der Osten im positiven Sinne etwas, was der Westen nicht hat?

KOALL: Das muss ich aus meinem Beruf heraus beantworten. Da das Theater als Ort der politischen Selbstvergewisserung in der DDR so eine Riesenrolle gespielt hat, habe ich hier eine Art und Weise der Auseinandersetzung des Publikums mit dem Theater erlebt, wie ich sie noch nie zuvor erlebt hatte. Das Publikum ist bereit, jeden Regieansatz mitzugehen, wenn es den Gedanken und den Standpunkt dahinter sieht. Reines Entertainment verkauft sich nicht. Es ist für den Theatermacher das pure Glück, wenn das Publikum fordert: »Erzählt mir was über die Welt!« Das nehme ich von hier mit, wenn ich diese Stadt in einem Jahr verlassen werde.

Ich höre, Sie gehen nach Düsseldorf. Ist das für einen Kölner nicht ein absolutes No-Go?

KOALL *(verfällt in kölschen Slang):* Dat is Folklore, Herr Decker.

Warum gehen Sie weg?

KOALL: Theaterleute sind ja immer ein bisschen ein unruhiges Völkchen. Mein Intendant wechselt nach Düsseldorf. Und weil ich mit ihm seit vielen Jahren künstlerisch verpaart bin, gehe ich mit. Außerdem ist nichts schlimmer, als ein Stadttheater, das im eigenen Saft schmort. Bevor das passiert, muss man gehen. Was mir übrigens gar nicht leicht fällt.

Es ist keine Flucht?

KOALL: Nein, es ist das Gegenteil, nämlich das Gehen mit einem weinenden Auge.

Wie ist Ihr Verhältnis zueinander? Nach der Schlacht um Pegida?
KOALL: Ohne Herrn Richter wäre in dieser Stadt in den letzten Jahren einiges anders gelaufen – und nicht zum Besten. Seine Verdienste finde ich enorm. Wir hatten extrem viel miteinander zu tun. Deshalb ist mein Verhältnis zu ihm extrem gut.
RICHTER: Herr Koall gehört zu den Menschen, denen ich, völlig unabhängig von konkreten Meinungskohärenzen und Meinungsunterschieden, uneingeschränkt vertraue. Er zeigt Haltung. Das hat mit Dresden oder Köln nichts zu tun. Es ist eine menschliche Qualität, die man quasi riechen kann. Sie ist schön und wertvoll. Es gibt sie überall auf der Welt.

»Was ist der Weg zum Glück?«

*Die linke Leipziger Stadträtin Margitta Hollick und
der Generalsekretär des Zentralkomitees der deutschen
Katholiken Stefan Vesper über Glauben*

Stefan Vesper (59) hat einen weiten Weg hinter sich. Am Mittwochabend hatte der Generalsekretär des Zentralkomitees der deutschen Katholiken noch eine Diskussion in Münster. Das Thema: der dort geplante Katholikentag 2018. Danach fuhr er zurück ins heimische Siegburg, um morgens um halb fünf den Zug nach Leipzig zu nehmen – zur Debatte über den Leipziger Katholikentag 2016. Die linke Leipziger Ratsfrau Margitta Hollick (66) hat es da leichter. Sie kann in der Lobby des Neuen Rathauses entspannt auf den Gast aus dem Rheinland warten. Zuvor hatte die pensionierte Lehrerin für Chemie und Mathematik im Internet über Vesper recherchiert und war dabei auf die Tatsache gestoßen, dass die Katholiken auch einen Generalsekretär und ein Zentralkomitee haben – so wie die Partei, der sie einst angehörte: die SED. Das amüsiert Hollick. Zudem ist ihr eingefallen, dass ihr Gesprächspartner Geburtstag hatte. Darum schenkt sie ihm eine CD mit klassischer Musik, eingewickelt in goldenes Papier. Und mit roter Schleife natürlich. Was sich erst später herausstellt: Während das fast katholikenfreie Leipzig dem Katholikentag einen städtischen Zuschuss gewährt, lehnt die Katholikenhochburg Münster genau dies ab. Verkehrte Welt.

Frau Hollick, woran glauben Sie?
MARGITTA HOLLICK: Ich glaube an die Menschlichkeit. Und ich hoffe auf Frieden in der Welt. Das ist für mich das Wichtigste.

Und woran glauben Sie, Herr Vesper?
STEFAN VESPER: Ich glaube an Jesus Christus. Und dieser Glaube gibt mir viele Impulse und auch viel Kraft, mich in Kirche und Gesellschaft zu engagieren.

Frau Hollick, welche Rolle hat das Thema in Ihrem Leben gespielt? Ihre Eltern waren in der KPD. Sie wurden in der DDR sozialisiert und waren Mitglied der SED. Die SED hat eine Ideologie vertreten, die nicht besonders kirchenfreundlich war, und ließ Menschen, die sich zur Kirche bekannten, auch nicht so zum Zuge kommen, wie das angemessen gewesen wäre.
HOLLICK: Ich habe nie in meinem Leben daran gedacht, einen kirchlichen Glauben anzunehmen. Das hat mit meiner Familiengeschichte zu tun. Mein Vater und meine Mutter waren im kommunistischen Widerstand gegen den Nationalsozialismus aktiv. Und mein ältester Bruder ist als einziges meiner vier Geschwister evangelisch getauft. Das hat aber meine Großmutter gemacht, während mein Vater im Gefängnis saß. Meine Großeltern waren kirchlich gebunden. Auch meine Eltern, Jahrgang 1906 und 1909, sind noch getauft worden. Direkte Beziehungen zur Kirche hatte ich nicht. Ich bin dann zu DDR-Zeiten mal in eine Motette gegangen, habe Orgelkonzerte im Gewandhaus erlebt. Egal in welche Stadt

ich gereist bin – ich habe mir immer die Kirchen angesehen. Sie waren und sind für mich Teil der Geschichte. Ich war erst kürzlich zum vierten Advent im Bremer Dom und habe mir dort das Weihnachtssingen angehört. Ich habe damit überhaupt keine Probleme. Das hat aber nichts mit dem Glauben zu tun.

Wie ist das zu DDR-Zeiten bei Ihnen konkret gelaufen?
HOLLICK: Ich bin 1948er Jahrgang. Und das heißt, ich bin voll in der DDR sozialisiert worden. Als Kind ist mir nur aufgefallen, dass manche zum Religionsunterricht gegangen sind und manche nicht. Da gab's bunte Bildchen. Darauf war ich als Kind sogar manchmal neidisch. 1967 bin ich dann auf die Erweiterte Oberschule gegangen. Und in den 70er und 80er Jahren fand schon ein Wandel in Bezug auf die Kirche statt. In meiner Klasse gab es mehrere Nicht-FDJler, also zwei oder drei, eine war sogar von den Zeugen Jehovas. Alle haben mit mir Abitur gemacht. Ich war später dann ja selbst Schuldirektorin, und zwar ab 1981. Damals entschied die Leistung. Das Verhältnis der Partei zur Kirche hatte sich gewandelt. Es war besser geworden.

Aber kirchlich gebundene Leute hatten doch schlechtere Chancen.
HOLLICK: Das will ich nicht in Abrede stellen. Aber das war kein Massenphänomen.

Wie sehen Sie diese Diskriminierung heute?
HOLLICK: Das war auf jeden Fall ein Fehler. Denn genau so, wie der religiös geprägte Mensch mich braucht, brauche ich ihn. Ich halte jede Diskriminierung von Menschen für abwegig. Das habe ich von meinen Eltern gelernt. Mein Vater wurde bei den Kommunisten als Versöhnler eingeschätzt. Das war nicht unbedingt positiv. Im Mittelpunkt steht der Mensch. Ich glaube an das Gute im Menschen.

Herr Vesper, wie war das bei Ihnen?
VESPER: Da muss ich bei meinem Vater anfangen, der aus Schlesien vertrieben wurde und eine starke Beziehung zum Glauben

hatte. Er hat meine Mutter nach der Flucht in Norddeutschland kennengelernt. Sie war evangelisch und musste vor der Hochzeit noch konvertieren. Das war damals so. Es war dann klar, dass mein Bruder und ich getauft werden und zur Kommunion gehen würden. Für mich war später die Beziehung zu einer katholischen Jugendgruppe in einem Dominikanerkloster ganz wichtig. Da habe ich Entscheidendes fürs Leben gelernt: Gemeinschaft und Sinn. Wir hatten auch Leute, mit denen wir streiten konnten. Wir haben Reisen und Exerzitien gemacht, auch nach Taizé und zum Skifahren. Wir haben die Welt erkundet und dabei vor allem gemerkt, dass die Gemeinschaft zählt. Gleichzeitig war es wichtig, auf die Schwachen zu achten und dass wir in Beziehung stehen zu den Armen in Afrika oder Lateinamerika. Im Laufe meines Lebens wurde das immer reflektierter und wichtiger. Und das II. Vatikanische Konzil von 1962 bis 1965, das ich nicht bewusst erlebt habe, hat sinngemäß gesagt: »Auf die Grundfragen des Lebens muss jeder eine Antwort geben: Was ist der Tod? Was ist der Sinn des Lebens? Was gibt meinem Leben Grundlage? Was ist der Weg zum Glück? Warum gibt es das Böse? Warum gibt es den Schmerz in der Welt?« Das sind ja Fragen, die sich allen Menschen stellen. Für mich als Christ ist es ein tragender Grund, sich am Evangelium und an Jesus Christus zu orientieren, natürlich immer auch im Austausch mit Andersdenkenden und Nicht-Glaubenden. Deshalb freue ich mich auch über dieses Gespräch.

Hatten Sie Kontakte zur DDR? Und wie haben Sie die Situation der Kirchen in ihr wahrgenommen?
VESPER: Ich bin Jahrgang 1956. Als ich 20 war und zu studieren anfing, haben wir erste Kontakte gehabt. Für mich ist eine Reise als Referendar unvergessen. Ich habe Geschichte und Religion studiert. Und unser Fachleiter war ein alter Sozialdemokrat, ein interessanter Typ. Der sagte: »Wenn Sie bei mir studieren, müssen Sie eine Exkursion mitmachen in die DDR.« Dann haben wir so eine typische Reise gemacht nach Leipzig, Eisenach und Wernigerode. Das war meine erste Begegnung mit der DDR. Und die war nachhaltig prägend. Später, als die Kinder klein waren, sind wir mit

ihm auch mal in die DDR gefahren. Schließlich kam die Wende. Und die ersten drei Jahre nach der Wende sind wir mit eben jener Jugendgruppe, die inzwischen eine Familiengruppe war, nach Frauenwald und Friedrichroda in Thüringen gefahren und haben da Freizeiten gemacht. Das war sehr interessant.

HOLLICK: Gemeinschaft gab es auch in der DDR, das war wichtig. Bei uns waren es die Pionierorganisation und die FDJ. Als Kind und Jugendliche habe ich an den Treffen und Veranstaltungen teilgenommen, als Studentin und Lehrerin habe ich da viel mit meinen Schülern gemacht. Dass wir zu viel im Kollektiv gedacht haben und zu wenig an das Individuelle, wird uns heute ja oft vorgeworfen. Auch wir hatten den Gedanken, den Schwachen nicht zurückzulassen. Bei uns war es meist der Leistungsschwache. Dass Schüler gemobbt oder geschlagen wurden, gab es zu unseren Zeiten in der Form wie heute nicht. Weil ich als Direktorin zur DDR stand, durften zu mir auch Delegationen aus dem Westen kommen. Die waren beeindruckt, wie wir uns um leistungsschwache Schüler gekümmert haben. Das kannten sie nicht so. Aber diese Jugendlichen haben gesagt: »Ihr Leben ist ja hier richtig vorgegeben. Sie haben Schule gemacht, Sie haben Erweiterte Oberschule gemacht, Sie haben studiert, sind Lehrerin und Direktorin. Das ist eine Linie. Das wollen wir nicht haben.« In der DDR wusste man ab einem bestimmten Lebensalter: Dein Leben vollzieht sich in den und den Bahnen.

War das nicht schrecklich?
HOLLICK: Ich fand's nicht schrecklich. Ich hatte ja meinen Wunschberuf. Ich wollte immer Lehrerin werden. Ich war es 42 Jahre lang. Und ich war in dieser Zeit nicht mal sechs Wochen krank.

2016 soll in Leipzig nun der Katholikentag stattfinden. Für Unmut sorgte, dass die Stadt eine Million Euro dazu geben wollte. Können Sie mal sagen, woher der Unmut rührte, Frau Hollick?
HOLLICK: Dafür gibt es verschiedene Gründe. Einer davon ist, dass in Leipzig nur 14 Prozent der Menschen konfessionell gebunden sind, und davon sind zwei Prozent katholisch. Das heißt,

86 Prozent sind wie ich Ungläubige. Außerdem unterscheiden die Katholiken zwischen der Amtskirche und den katholischen Laien. Das tun wir nicht. Wir sehen da eine Einheit. Trotzdem gibt die Stadt jetzt eine Million Euro dazu und drei Millionen der Freistaat.

VESPER: Wenn's klappt.

HOLLICK: Es wird klappen. Wir haben ja mit Stanislaw Tillich einen katholischen Ministerpräsidenten. Im Übrigen waren wir nie gegen den Kirchentag.

VESPER: Es heißt Katholikentag.

HOLLICK: Wir freuen uns darüber. Und wir hoffen, dass nicht nur ostdeutsche Katholiken kommen, sondern auch westdeutsche und unsere Stadt kennenlernen. Wir waren nur erstaunt, warum man den 100. Katholikentag ausgerechnet in Leipzig in einer katholischen Diaspora veranstalten will. Und wir streiten über die Frage: Wie reich ist die katholische Kirche? Muss sie so viel verlangen? Eine Million Euro für zwei Prozent Katholiken in Leipzig – das ist schon heftig.

VESPER: Es sind vier Prozent Katholiken.

HOLLICK: Einigen wir uns auf drei.

VESPER: Ich bleibe bei vier. Ich bin froh, dass der Streit ausgestanden ist. Er ist aus unserer Sicht positiv entschieden. Es gibt im Übrigen zwei unterschiedliche Argumentationslinien: die ökonomische und die inhaltliche. Auch wenn das Ökonomische für mich zweitrangig ist, bleibe ich einen Moment dabei. Nach all unseren Untersuchungen ist es so, dass ein Euro, den man seitens einer gastgebenden Stadt in den Katholikentag investiert, zu einem Mehrfachen zurückkommt. Die Stadt Mannheim zum Beispiel hat 1,5 Millionen Euro gegeben und hatte einen Rückfluss von fast neun Millionen. Insofern kann ich jedem Stadtrat nur raten: Wenn er einen Katholikentag bekommen kann, soll er auf jeden Fall zuschlagen, weil es sich für die Stadt rechnet. Aber damit Schluss mit der ökonomischen Betrachtung. Wir glauben, dass der Katholikentag ein gesellschaftspolitisches Ereignis ist. Es gibt keinen Bürgerdialog in unserem Land, der so groß, so lang und so bedeutend ist wie die Evangelischen Kirchentage und die Katholikentage. Wir sind geprägt von 1848. Darum heißt es Zen-

tralkomitee. Wir sind übrigens älter als alle anderen Zentralkomitees, die nach uns kamen und gingen. Wir kommen von 1848
als Bürger, die die Gesellschaft mitgestalten wollen. Unsere evangelischen Schwestern und Brüder haben seit 1949 ihren Kirchentag, der im Moment von der Zahl her größer ist. Dass wir uns als
katholische Laien versammeln, ist jedenfalls keine Banalität. Und
es ist wirklich so: Wir haben finanziell, auch wenn wir in Bonn
sitzen, mit dem reichen Erzbistum Köln nichts zu tun – außer dass
ich im Erzbistum Kirchensteuerzahler bin. Insgesamt ist der Katholikentag für uns eine riesige Chance. Wir haben uns sehr stark
bemüht, dass er nach Leipzig kommt. Bischof Heiner Koch hat
eingeladen. Wir freuen uns sehr darauf.

Und warum? Wollen Sie missionieren?
VESPER: Das ist eine sehr gute Frage. Also zunächst einmal: Die
Christen haben in der DDR eine sehr wichtige Rolle gespielt, die
evangelischen mehr, weil sie auch mehr sind. Die katholischen
Christen haben größtenteils eine andere, zurückhaltendere Haltung gehabt. Aber auch sie haben eine Rolle gespielt. 1987 hat es
ein großes Katholikentreffen in der DDR in drei Etappen gegeben:
in Dresden, Magdeburg und wieder in Dresden. Und wir haben
dann 1994 den ersten Katholikentag nach der Einheit in Dresden
durchgeführt. Jetzt haben wir gesagt: »Seit 1994 sind mehr als 20
Jahre vergangen. Wir wollen unbedingt wieder einmal in die neuen
Bundesländer gehen.« Das war dringend dran. Dann haben wir
eine Einladung bekommen von Heiner Koch. Wir haben eine Weile
überlegt: Gehen wir nach Leipzig, oder gehen wir nach Dresden?
Wir haben uns für Leipzig entschieden, diese aufstrebende, interessante und quirlige Stadt. Wir kriegen zwar auch Gegenwind in
dieser Stadt. Aber wir wollen die Menschen überzeugen. Wir wollen ihnen etwas anbieten. Wir wollen zeigen, was Katholiken in
Kirche und Gesellschaft bewegen, was sie im Sozialen bewegen,
was sie im Kulturellen bewegen. Und wir wollen diskutieren, wie
es in den großen Fragen weiter geht: beim Klimawandel, bei der
Energiewende, in der Sozial- und Entwicklungspolitik.

Wollen Sie nun missionieren oder nicht?

VESPER: Natürlich sind auch Gottesdienste und Gebete und Feste ein Teil des Katholikentages. Und wir haben den Anspruch, den anderen wenn nicht zu überzeugen, dann aber doch mit ihm im Gespräch zu bleiben. Das ist unser Angebot. Doch wir werden keine Eintrittsformulare verteilen. Da braucht sich niemand Sorgen zu machen. Ein oberflächliches Missionieren nach dem Motto: Ich weiß es, und du weißt es nicht – das haben wir nicht vor. Wir halten es nach dem Wort:»Gebt Zeugnis von der Hoffnung, die euch bewegt.«

Frau Hollick, Sie haben damals gesagt:»Das Missionieren können sie sich eh schenken. Da sind die Leipziger klug genug.« Das klang nicht sehr freundlich.

HOLLICK: Der Leipziger kommt gern ins Gespräch mit anderen. Er hört sich gern Meinungen an. Er streitet auch gern und ist nicht nachtragend. Die Leipziger erkennen ohne Weiteres, was an humanitärer Arbeit mit Jungen und Alten in Leipzig durch die Kirche gemacht wird. Da muss ich nur an die Caritas denken. Die katholische Kirche hat hier auch einen sehr schönen Schulkomplex, mit Gymnasium, Oberschule und Hort. Da gibt es keine Berührungsängste.

Aber?

HOLLICK: Aber ich frage mich manchmal: Warum macht die Stadt nicht mehr? Denn wir sind mehr Konfessionslose in Leipzig. Wir brauchen ein breites Angebot.

VESPER: Damit da keine Missverständnisse entstehen: Kirchliche Kindergärten und Schulen sind offen für Menschen aus allen Konfessionen.

HOLLICK: Das weiß ich. Sie nehmen auch manches Kind auf, das es in anderen Schulen schwer hat. Das erkenne ich an.

VESPER: Das finde ich toll, dass Sie das so sagen.

HOLLICK: Ich sehe eben nur auch die staatliche Verantwortung. Die staatlichen Schulen müssen genauso gut ausgestattet werden wie die konfessionellen und die gleichen Rechte haben.

Haben Sie denn das Gefühl, Herr Vesper, dass Sie hier in der Höhle des Löwen sind?

VESPER: Nein. Wir hatten die lange Debatte über die Finanzierung. Und wir wollen die Menschen überzeugen, dass das mit dem Katholikentag eine gute Sache ist. Doch ansonsten muss ich sagen: Es ist immer sehr interessant hier. Und wir Katholiken aus dem Westen können in den Gesprächen mit Nicht-Glaubenden und den evangelischen Christen sehr viel lernen über das Leben und die großen Fragen, die die Menschen bewegen. Wir wollen Hand in Hand mit allen Menschen guten Willens arbeiten. Deshalb ist schon der Vorbereitungsvorgang eine riesige Chance. Und deshalb haben wir den Katholikentag auch nicht in eine Hochburg des Katholizismus gegeben. Wir hätten nach Köln oder Mainz gehen können. Wir haben aber gesagt: Wir gehen in eine »andere Welt«, um mit dieser anderen Welt ins Gespräch zu kommen – sei es mit der Feuerwehr oder mit der Linken oder mit anderen Gruppen in der Stadt. Wir lassen uns zu vielen Leipziger Gruppen einladen, und wir laden sie ein. Wir wollen hören, was die Menschen bewegt.

Finden Sie, dass dieser Gesellschaft, die weithin entkirchlicht ist, etwas fehlt?

VESPER: Das ist ein heikler Punkt. Aber das würde ich so nicht sagen. Sondern ich würde sagen: Den Grundfragen des menschlichen Lebens muss sich jeder stellen. Und ich habe Respekt vor jemandem, der sagt, die Frage nach dem Sinn und dem Glück beantworte ich ohne Religion. Das ist sein Weg. Dem gebe ich alle Wertschätzung. Ich glaube jedoch, dass auch ich meine Antworten ins Spiel bringen kann. Das gibt keinen Streit, sondern es führt zu einer produktiven Begegnung. Im Übrigen ist ja das Leben mit oder ohne Glauben nicht immer leicht. Es gibt viel Trauer im Leben, viel Unzufriedenheit und Unglück, Schmerz und Sorge. Es ist ja nicht alles heiter. Deshalb ist es gut, wenn man Angebote macht und miteinander ins Gespräch kommt über die Frage, was einen gerade in solchen Zeiten trägt.

Frau Hollick, trennt die Religion Ost und West voneinander?
HOLLICK: Mit dem Wort trennen habe ich meine Probleme. Denn das Wort trennen ist für mich nicht positiv. Aber es gibt starke Unterschiede. Das kann man nicht leugnen.

Worin bestehen die?
HOLLICK: Die Trennung von Kirche und Staat ist für mich sehr wichtig. Ich lebe nicht in einem christlichen Staat, egal ob evangelisch oder katholisch, sondern ich lebe in einem demokratischen Staat. Jeder soll seine Lebensform so wählen, wie er das möchte.

Ist das jetzt nicht gewährleistet?
HOLLICK: Nein. Es sind ja viele Leute von hier in die alten Bundesländer gegangen, auch viele Ungläubige. Deren Kinder mussten Religionsunterricht nehmen, weil es Gemeinschaftskunde- oder Ethik-Unterricht in vielen westdeutschen Gemeinden gar nicht gibt.
VESPER: Man kann sich spätestens mit 14 doch abmelden.
HOLLICK: Das spielt keine Rolle. Religion ist Unterrichtsfach. Das ist ein Unterschied zwischen Ost und West. Meine Enkelkinder gehen in den Religionsunterricht, sind aber nicht getauft und gehen in keine Kirche – auch wenn ihnen das nicht schaden würde.
VESPER: Wenn Sie das sagen ….
HOLLICK: Ich achte Menschen, die sagen: »Wenn ich in Trauer bin, gibt Religion mir einen Halt.« Dann sollen sie sich diesen Halt in der Kirche holen. Wichtig ist, dass sie jemanden haben. Ich zum Beispiel führe seit 46 Jahren eine Ehe mit Höhen und Tiefen. Ich bin eine temperamentvolle Frau. Mein Mann ist eher ruhig. Aber eines weiß ich: Wenn ich ein Problem hatte, konnte ich mich immer an ihn wenden. Ich habe außerdem Freunde, ich habe Fraktionskollegen. Ein anderes Beispiel: Wenn jemand Angst vor dem Tod hat und sagt: »Der Glaube nimmt mir die Angst« – dann soll er doch den Glauben haben. Im Wesentlichen trennt mich da gar nicht so viel von ihm. Auch ich frage nach dem Sinn des Lebens. Auch ich frage mich, wie es zum Glück kommt. Nehmen Sie es mir nicht übel, wenn ich sage: Nur der Abschluss ist ein anderer.

VESPER: Wir lernen uns ja gerade erst kennen. Und ich sehe eine sehr temperamentvolle und energiegeladene Frau vor mir. Das freut mich. Sie haben offensichtlich Wurzeln und Quellen, die Sie gut durchs Leben bringen. Als Christ habe ich nicht die Aufgabe, Ihnen da irgendetwas einzureden. Sondern wir müssen schauen, wo wir gemeinsam handeln können. Auch ich bin ein lebensfroher und energiegeladener Mensch. Aber da ist eine bestimmte Wurzel und Quelle, aus der das mit gespeist wird, ja aus der diese Lebensfreude und Energie kommt. So ist es halt. Was das Verhältnis von Staat und Kirche angeht, würde ich Ihnen völlig zustimmen. Wir leben in einem weltanschaulich neutralen Staat. Doch der Staat weiß, dass er seine Quellen nicht aus sich selbst heraus schöpfen kann. Er braucht Menschen und Organisationen, die sich fürs Gemeinwohl engagieren. Deshalb fördert der Staat die Kirchen. Er fördert ja auch andere weltanschauliche Gruppen. In Frankreich haben wir das System der totalen Trennung. In Deutschland haben wir ein konstruktives und kooperatives Verhältnis von Kirche und Staat. Es benachteiligt aber niemanden, der nicht gläubig ist.

Befürchten Sie, dass der Westen dem Osten insgesamt nachfolgt, was die nachlassenden religiösen Bindungen angeht?
VESPER: Das ist ein ganz spannender Punkt. Manchmal waren wir versucht, zu sagen: »Wir kommen nach Leipzig. Denn so wird es in 20 Jahren auch bei uns sein.« Doch davon sind wir sehr schnell abgekommen, nicht zuletzt weil die Leipziger Katholiken gesagt haben: »Verherrlicht nur ja nicht dieses Leben als kleine Gruppe in einer Stadt, die ansonsten an unseren religiösen und kirchlichen Fragen desinteressiert ist.« Daraus habe ich viel gelernt. Im Westen – genauer: im Rheinland – stellen wir fest: Der Glaube ist präsent. Viele Menschen sind engagiert. Diese Laien verbinden wir, zusammen mit Menschen aus dem Norden, Osten und Süden, im Zentralkomitee. Es gibt zwar bei uns auch Leute, die den Kontakt innerlich verlieren. Doch immerhin 50 Prozent der Katholiken halten Kontakt zu ihrer Kirchengemeinde. Ich gucke immer, dass das Glas halbvoll ist und nicht halbleer. Ich sehe noch sehr viel Bindung.

Und ich hoffe, dass das so bleibt. Wichtig ist, dass die Menschen kirchliche Vertreter als glaubwürdig und interessant erfahren.

HOLLICK: Noch einmal zurück zur Familie: Wir sprachen ja eben über Kinder. Familie ist nicht nur Vater, Mutter, Kind. Sondern Familie ist da, wo Kinder sind. Das können auch zwei Frauen oder zwei Männer mit Kindern sein, das können auch eine Patchworkfamilie oder Alleinerziehende mit Kindern sein. An der Stelle unterscheiden wir uns stark.

VESPER: Für den Westen kann ich sagen: Rund 80 Prozent der Kinder wachsen bei ihren verheirateten Eltern auf.

HOLLICK: Noch.

VESPER: Was heißt noch?

HOLLICK: Das wird sich ändern. Wie lang sind Sie verheiratet?

VESPER: 31 Jahre.

HOLLICK: Ich 46 Jahre. Trotzdem frage ich mich manchmal, ob das noch die künftige Form des Zusammenlebens ist. Für mich ist Familie wichtig, auch als Linke. Doch ich akzeptiere, dass es heute oft nicht so ist. Was ich nicht akzeptiere, ist, dass man sich zu schnell trennt. Ich möchte, dass man in den Partnerschaften mehr redet und streitet.

VESPER: Ich bin an der Stelle so unsicher wie Sie. Aber ich drehe den Scheinwerfer anders rum. Ich sage: In der öffentlichen Darstellung wird ein verzerrtes Bild vermittelt. Die große Mehrheit der Familien sind ein Mann und eine Frau mit eigenen Kindern. Das heißt ja nicht, dass man die anderen herabwürdigt oder an den Rand drängt. Ich möchte nur, dass die Mitte auch als Mitte bezeichnet wird.

HOLLICK: Im Osten ist das nicht mehr so. Hier werden weit über 50 Prozent der Kinder nicht-ehelich geboren. Und die Zahl der Patchworkfamilien nimmt erheblich zu.

VESPER: Auch da, wo Ehen scheitern, muss sich die Kirche den Menschen zuwenden. Das tut sie längst, aber man kann immer noch besser werden.

Ich würde noch gern auf einen anderen Punkt kommen, nämlich die Eliten im Osten. Sie sind vielfach kirchlich geprägt. Dazu zählen ehe-

malige Bürgerrechtler, aber auch West-Importe. Das fängt an bei Frau
Merkel und Herrn Gauck, geht weiter über verschiedene Ministerprä-
sidenten und hört bei Leipzigs Oberbürgermeister Burkhard Jung
(SPD), der aus Siegen in Westfalen stammt und evangelischer Reli-
gionslehrer war, nicht auf. Kommt Ihnen das entgegen, Herr Vesper?
VESPER: Ich finde das sehr richtig. Denn es ist absoluter Ausdruck unserer Überzeugung, dass wir als Christen eine Verpflich-
tung haben, uns gesellschaftspolitisch zu engagieren. Ich spreche
mehrfach in der Woche Menschen an und sage ihnen: »Denkt
doch mal darüber nach, euch in einer politischen Partei oder einer Bürgerbewegung für das Gemeinwohl zu engagieren.« Wenn
dann Leute in gesellschaftlich verantwortungsvolle Positionen
kommen, dann kann ich das nur begrüßen. Das nimmt ja keinem
anderen die Chance, es ihm nachzutun. Es wird niemand Ministerpräsident, bloß weil er katholisch oder evangelisch ist, sondern
weil er gut ist.
HOLLICK: Ich habe da eine ganz andere Sicht, denn bei uns spie-
gelt das nicht die gesellschaftlichen Verhältnisse.
VESPER: Aber die Leute werden doch gewählt. Insofern wider-
spiegeln sie die gesellschaftlichen Mehrheiten.
HOLLICK: Bei einer Wahlbeteiligung von 25 Prozent hat nur jeder
Vierte gewählt.
VESPER: Es darf doch kein Nachteil sein, wenn man evangelisch
oder katholisch ist und sich politisch engagiert und Erfolg hat!
HOLLICK: Wir haben ja fast nur noch Ministerinnen und Minis-
ter, die evangelisch oder katholisch sind.

Aber heißt das nicht, dass sie engagierter sind?
HOLLICK: Nein, sie haben einfach bessere Netzwerke. Nach der
Wende war die Unterstützung aus dem Westen sicherlich notwendig. Aber die Netzwerke waren gewaltig. Es ist nicht so, dass man
als Nicht-Gläubiger die gleichen Chancen hat wie als Gläubiger.

Gibt es in der Linken keine Netzwerke?
HOLLICK: Die können wir in der Form noch gar nicht haben. Wir
sind ja nicht an der Macht. Außerdem hatten wir eine historische

Last zu tragen. Und die haben wir getragen. Da haben wir keine Ansprüche gestellt.

VESPER: Ich kann das nicht nachvollziehen. Ich nehme jetzt ein böses Wort in den Mund, das ich nicht so meine: Das klingt für mich wie eine Verschwörungstheorie. Viele von uns sind zum Beispiel über die Schulpolitik aktiv geworden. So gehen sie in Parteien und kommen in Ämter hinein. Zu unterstellen, der Katholik zieht den Katholiken nach oder der Protestant den Protestanten, ist falsch. Nach dem Katholiken Dieter Althaus wurde in Thüringen die Protestantin Christine Lieberknecht Ministerpräsidentin. Das war nicht konfessionell nachgezogen. Das war CDU-Parteipolitik.

HOLLICK: Die hätten nie eine Konfessionslose genommen. Dafür lege ich meine Hand ins Feuer. Ich möchte, dass Nicht-Christen die gleichen Chancen haben wie Christen. Und die haben sie nicht – zumindest nicht ab einer bestimmten Ebene.

Frau Hollick, könnte das alles nicht auch damit zusammen hängen, dass die SED den Bürgern das Engagement einfach ausgetrieben hat und die Christen jetzt im Vorteil sind?
HOLLICK: Das ist mir zu einfach.

Trotzdem haben zum Beispiel die Parteien im Westen deutlich mehr Mitglieder als im Osten, auch prozentual gesehen.
HOLLICK: Da gebe ich Ihnen Recht. Das macht mir auch Sorgen. Ich kann Meckern und Nicht-Wählen ohnehin nicht leiden. Diese Passivität bringt uns gemeinsam nicht voran.

Gregor Gysi hat kürzlich gesagt, die Linke müsse sich der Gesellschaft stärker öffnen, und dabei ausdrücklich die Kirchen genannt. Teilen Sie das?
HOLLICK: Ich habe damit kein Problem. Aber wo öffnen wir uns denn nicht? Im Übrigen: Scheuklappen gibt es auf beiden Seiten. Und das sozialistische Menschenbild hat sich immer am christlichen Menschenbild orientiert. Da haben wir keine Unterschiede. Das fängt bei der Ehrlichkeit an.

VESPER: Da wäre ich vorsichtig. Ich sehe da schon Unterschiede.

HOLLICK: Natürlich gibt's Unterschiede. Aber die wesentlichen Werte haben wir gemeinsam. Und auch wenn ich nicht zum Gottesdienst gehe: Ich fahre zum 31. Oktober auch zum Reformationstag nach Wittenberg und schaue mir an, was dort los ist. Genauso wünsche ich mir, dass sich die Christen für die Geschichte der Arbeiterbewegung interessieren. Verstehen Sie, was ich meine?

VESPER: Sie haben Recht. Wir sind sogar Teil der Geschichte der Arbeiterbewegung, zum Beispiel in Gestalt der katholischen Arbeitnehmerbewegung.

HOLLICK: Ich will Ihnen mal ein Beispiel nennen. Wir gedenken des in Berlin-Plötzensee hingerichteten Widerstandskämpfers Carl Friedrich Goerdeler. Mit Recht. Aber die acht Leipziger Kommunisten, die am gleichen Tag 1944 verhaftet wurden, werden mit keinem Wort erwähnt. Das bricht mir das Herz. Wir haben in der DDR den kommunistischen Widerstand überhöht, jetzt ist es umgekehrt.

Frau Hollick, noch ein ganz anderer Punkt. Ich war in der von Ihnen erwähnten Lutherstadt Wittenberg mal auf einer nicht-kirchlichen Beerdigung. Und da wurde »We are the champions« gespielt, weil der Tote Fußball-Fan war. Ehrlich gesagt, mir kam das unheimlich trostlos vor.

HOLLICK: Ich gehe zu kirchlichen und nicht-kirchlichen Beerdigungen. Ich wage da keine Wertung.

Aber ist es nicht so, dass die Atheisten für zentrale Ereignisse des Lebens keine Formen und Rituale haben, die den Menschen wirklich Halt geben können?

HOLLICK: Ich hätte diese Musik sicherlich auch nicht gewählt. Aber ich will das nicht bewerten.

VESPER: Ich stimme Ihnen da ganz zu. Im Übrigen gibt es auch in säkularen Sphären Liturgien, etwa in Fußball-Stadien. Dass es auch bei uns im Westen zunehmend nicht-religiöse Beerdigungsfeiern gibt, das zu akzeptieren, fällt mir allerdings schwer. Da finde ich es schade, dass die Kirche nicht als die Institution empfunden wird, die die Menschen in Trauer gut begleitet.

Zum Schluss noch zwei Fragen. Die erste an Sie, Frau Hollick: War der Kommunismus nicht auch eine Religion?
HOLLICK: In der DDR gab es keinen Kommunismus.

Aber er ist den Menschen doch versprochen worden, nämlich als Zustand, in dem alle glücklich und zufrieden sind. War das nicht das Ziel?
HOLLICK: Nein. Das ist auch etwas, worin wir uns in Ost und West unterscheiden: Sie wissen immer genau, wie das bei uns war. Als meine Tochter ihr Referendariat in Gummersbach machte, sagte sie: »Ich muss gar nicht sagen, wie es in der DDR war. Die wissen das alle viel besser als ich.« Ich habe zwar selbst auch manchmal etwas zu eng gedacht. Aber die DDR hat uns nicht benebelt. Das ist eine Plattitüde.

Dann komme ich Ihnen, Herr Vesper, jetzt auch mit einer Plattitüde, nämlich dem Wort von Karl Marx, wonach Religion »Opium fürs Volk« sei. Den Kirchen wird ja vorgeworfen, dass sie das Gegenteil dessen machen, was die Kommunisten wollen: dass sie aufs Jenseits vertrösten, statt in der Gegenwart für Veränderungen zu kämpfen. Ist da nicht was dran?
VESPER: Nein, die Kirche ist spätestens seit dem II. Vatikanischen Konzil eine Kirche mitten unter den Menschen geworden. Und der Papst legt sehr viel Wert auf Barmherzigkeit. Aber auf die Frage, ob es etwas Größeres gibt als uns, sagen wir Christen natürlich: »Ja.« Wir sind in einer größeren Macht geborgen, die uns in Verantwortung ruft und nicht nur in die reine Selbstverwirklichung. Wir haben eine Verantwortung für den Nächsten. Am schönsten ist es gesagt im Leitwort des Katholikentages: »Seht, da ist der Mensch!«

»Die Echos begleiten uns«

*Der sächsische Stasi-Landesbeauftragte Lutz Rathenow
und der Linksparteivorsitzende Bernd Riexinger
über Anpassung*

Als Lutz Rathenow (62, links im Bild) und Bernd Riexinger (59)
aufeinander treffen, erklärt der eine dem anderen erst einmal den
Ort, an dem wir uns befinden. Denn der Bürgerrechtler Rathenow
wohnt am Ost-Berliner Strausberger Platz , in einem der Gebäude,
die in der Frühphase der DDR im Stile des Sozialistischen Klassi-
zismus errichtet wurden und architektonisch am stärksten daran
erinnern, dass der zweite deutsche Staat einst zum Ostblock gehörte. Hier leben überwiegend alte SED-Kader, also Menschen,
die zum Klientel des Vorsitzenden der Linkspartei, zu Riexingers
Klientel, zählen. Rathenow, zu DDR-Zeiten mehrmals verhaftet,
passt nicht an diesen Ort. Riexinger schon eher. Auch sonst haben

die beiden wenig gemein. Der eine kommt aus dem thüringischen Jena, der andere aus dem schwäbischen Stuttgart. Der eine wurde Dichter, der andere Gewerkschaftssekretär. Der eine ist eher ein Liberaler, der andere demokratischer Sozialist. Riexinger kommt mit einer knallroten Umhängetasche zum Gespräch, auf der deutlich sichtbar Die Linke steht. Rathenow legt am Ende ein berühmtes Buch von Jean Améry auf den Tisch: *Hand an sich legen*.

Herr Riexinger, Herr Rathenow musste wegen seiner Überzeugung zu DDR-Zeiten massive berufliche Nachteile erleiden und wurde sogar zweimal verhaftet. Nötigt Ihnen das Respekt ab?
BERND RIEXINGER: Ja. Denn mir nötigt immer Respekt ab, wenn Leute bereit sind, für ihre Überzeugungen einzustehen. Das gehört für mich zum Leben.

Wie haben Sie die politische Verfolgung im Osten damals von Stuttgart aus wahrgenommen?
RIEXINGER: Ich habe mich mit dem Staatssozialismus damals intensiv auseinandergesetzt. Wir haben uns ja immer gestritten, ob das in der DDR eigentlich Sozialismus ist, Staatskapitalismus oder staatskapitalistischer Sozialismus. Dazu gab es in der undogmatischen Linken, aus der ich komme, durchaus unterschiedliche Ansichten. Zum ersten Mal richtig gegenwärtig wurde mir das bei der Auseinandersetzung um Wolf Biermann, der sich damals noch als Sozialist oder Kommunist definierte.

Er sang bei seinem legendären Kölner Konzert 1976 unter anderem: »So oder so, die Erde wird rot.« Trotzdem sperrte ihn das SED-Regime aus, weil er entgegen eindeutiger Loyalitätsbekundungen zur DDR eben auch viel Kritik übte.
RIEXINGER: Ich habe damals für ihn demonstriert und auch eine Unterschriftenliste unterschrieben. Von daher war das, was in der DDR geschah, schon gegenwärtig.

Manche Ihrer West-Genossen haben die DDR seinerzeit verteidigt.
RIEXINGER: Ja, insbesondere die DKP (Deutsche Kommunisti-

sche Partei), die in allen Bündnissen, in denen sie war, Kritik an der DDR ausgeklammert hat. Das haben wir in der undogmatischen Linken nicht getan. Da haben wir relativ klare Kritik formuliert, insbesondere am repressiven Charakter der DDR – ausgehend von der Überzeugung, dass Sozialismus und Demokratie nicht getrennt werden können.

Sie sind jetzt Vorsitzender einer Partei, deren östlicher Teil die Unterdrückung historisch zu verantworten hat. Schämen Sie sich dafür? Oder sagen Sie, ich habe damals im Westen gelebt und mich geht das nichts an?

RIEXINGER: Leider kann man sich das nicht so einfach machen, sondern muss sich der Geschichte stellen. Ich habe auch den Eindruck, dass die PDS das gemacht hat. Wenn ich die Dokumente und Debatten von damals nachlese, dann gibt es einen eindeutigen Bruch mit dem Mauerbau und dem repressiven Charakter der DDR. Und es gibt einen eindeutigen Bruch mit dem Stalinismus. Die Menschen in unseren Vorständen sind da sehr glaubwürdig. Das ändert wiederum nichts daran, dass es eine Menge Leute in unserer Partei gibt, die diese Geschichte repräsentieren und sie auch mit ihrer eigenen Lebensgeschichte verbinden.

Herr Rathenow, sind Sie manchmal noch sauer auf die Partei, der Herr Riexinger vorsitzt?

LUTZ RATHENOW: Ach, sauer ist ein Wort, das ich nicht gebrauchen würde. Ich sehe sie natürlich in einer Verantwortung für die Hinterlassenschaften des sowjetisch geprägten Realsozialismus, auch für die finanziellen Hinterlassenschaften.

Sie meinen das verschwundene SED-Vermögen.

RATHENOW: Zum Beispiel. Die letzte Überweisung erfolgte an eine palästinensische Organisation, bevor das Parteiengesetz griff. So gibt es ganz viele Dinge, bei denen ich sagen würde: Die Echos begleiten uns. Aber die Echos der Gegenwart sind andere, als die vor 25 Jahren. Die Diskussion darüber, wie man in eine offenere Gesellschaft kommt, haben wir schon zu DDR-Zeiten geführt. Mit

16 Jahren habe ich mich in Jena als Trotzkist betrachtet, mit 17 als Anarchist, mit 18 habe ich die Black-Panther-Party gegründet. Und dann haben wir Alexander Solschenizyn und Ulrike Meinhof gleichzeitig gelesen. Ich fand beide Bücher hochinteressant, wobei Solschenizyns *Archipel Gulag* mich mehr beeindruckt hat und auch besser geschrieben war. Für die Gegenwart interessiert mich: Was bleibt von diesen totalitären Hinterlassenschaften, die sich in verschiedene Elemente auflösen? Wirtschaftliche, finanzielle, mentale. Einige wirken weiter, andere nicht. Der Wille zum Neuanfang und zur Veränderung allein reicht nicht. Ich sehe bei der Linken nach wie vor viele Defizite. Andererseits ist mir nicht entgangen, dass sie bei der Lösung lokaler oder regionaler Probleme praktische Arbeit macht. Dabei ergeben sich Allianzen, die nicht nur alte Feindbilder fortschreiben.

Wo wirkt etwas bei der Linken im kritischen Sinne fort?
RATHENOW: Kürzlich saß ich in Dresden-Neustadt in einem Café. Da unterhielten sich neben mir zwei ältere Herrschaften aus der marxistisch-leninistischen Ecke. Die redeten über den Krieg in der Ukraine. Da sagte der eine: »Hinter allem steckt Obama.« Der andere vertrat die kühnere These: »Obama wird provoziert. An ihm vorbei hat die Rüstungslobby das alles eingetütet.« Da spüre ich alte Feindbilder und alten Anti-Amerikanismus. Das ist in Jena, Leipzig und Halle, wo die amerikanischen Truppen zuerst waren, etwas anders. Meine Eltern sagten: »Die Amerikaner haben uns befreit. Und die Russen haben uns besetzt.«

Kritiker meinen, die SED hätte sich 1989 gleich auflösen müssen. Meinen Sie beide das auch?
RATHENOW: Ich bin da kein objektiver Ratgeber. Ich gehöre zu den Leuten, die es toll fanden, dass wir die DDR vor allem in den südlichen Landesteilen hinweg demonstriert haben, auch wenn sich einige von uns veränderte Formen des Sozialismus durchaus vorstellen konnten. Die SED und das Ministerium für Staatssicherheit waren dabei die Hauptfeinde. Und ich wäre wie Erich Loest dafür gewesen, sie unter bestimmten Konditionen zu verbieten.

Aber nur in einer ganz bestimmten Zeit. Danach war das kein Thema mehr. Die Transformation der Partei war legitim. Trotzdem hatte die SED eine besondere Verantwortung, wenn auch nicht jedes Mitglied gleichermaßen. Die Mitverantwortung für das große Ganze, und die konkrete für das eigene Wirken, hängen natürlich sehr von dem eigenen gesellschaftlichen Wirkungspunkt ab. Bei Verantwortung oder Schuld muss man genau hinsehen. Je weiter die Zeit wegrückt, desto genauer sollte der Blick zurück sein.

RIEXINGER: Ob eine Auflösung und Neugründung der Partei besser gewesen wäre, das kann ich nicht beurteilen. Tatsache ist, dass 95 Prozent der SED-Mitglieder die Partei verlassen haben. Da stellt sich die Frage, wie viel Opportunismus zu DDR-Zeiten geherrscht hat. Die PDS hat die Leute, die drin geblieben sind, in eine demokratische Partei integriert. Das ist eine durchaus historische Leistung. Geldtransfers haben heute keine Bedeutung mehr für uns. Wir haben quasi kein Vermögen. Wir leben von der Hand in den Mund. Mit der Linken ist eine neue Partei entstanden – auch wenn man seine Geschichte immer mitnimmt.

Man könnte ja sagen: Ganz schön clever von der Linken. Da stellt sie mit Bernd Riexinger oder Bodo Ramelow frühere Westdeutsche in die erste Reihe und ist damit fein raus.

RATHENOW: Man schickt die logischerweise Unkundigeren über das Minenfeld. Das ist zwar das gute Recht der Partei. Man kann damit die Verantwortung aber nicht weg delegieren.

RIEXINGER: Bodo Ramelow ist in Sachen DDR-Aufarbeitung absolut glaubwürdig. Er hat sich zum Beispiel mit den Opferverbänden getroffen. Aber ich würde gern noch mal kurz auf die Ukraine zurückkommen: Als ich Parteivorsitzender wurde, da wusste ich über die Ukraine nichts. Für jemanden, der in Stuttgart lebt und politisiert wurde, haben die östlichen Länder nicht die Rolle gespielt wie für diejenigen, die im Osten groß geworden sind. Ich musste mir da sehr viel aneignen. Aber Gregor Gysi hat Recht: Die Ukraine ist ein gespaltenes Land. Deshalb darf man auch nicht in die westliche Richtung einseitig sein. Die Position der Parteiführung war immer sehr differenziert.

RATHENOW: Ob solche Stellungnahmen allen Mitgliedern entsprechen? Leserbriefe lassen anderes vermuten. Die putineske Machtausdehnung verdient auch mal ein klares: »So nicht!«

Herr Riexinger, Sie sind jetzt seit drei Jahren Vorsitzender der Linken. Was haben Sie in dieser Zeit über den Osten gelernt?
RIEXINGER: Die Basis im Osten unterscheidet sich ganz stark vom Westen. Außerdem holt die Partei im Osten bei Wahlen in der Regel 20 Prozent plus x und ist dadurch ein Machtfaktor. Dabei darf man nicht unterschätzen, dass die Leute in den ersten Jahren nach 1989 sehr ausgegrenzt wurden. Von manchen wollte man ja zunächst kein Stück Brot mehr nehmen. Das hat Spuren im Bewusstsein hinterlassen. Die Mitglieder betrachten es als besondere Leistung, dass sie die Partei wieder an die Bevölkerung herangeführt haben. Das wiederum hat ihr Verhältnis zur West-Linken geprägt nach dem Motto: »Jetzt kommen die daher und wollen uns sagen, wo es langgeht, ohne zu begreifen, was wir in all den Jahren geleistet haben.«

Herr Rathenow, haben die, die in der PDS geblieben sind, tatsächlich Respekt verdient, weil sie es aus Überzeugung und gegen Widerstände taten?
RATHENOW: Ich habe das anders erlebt. Für manche war die PDS eine Karriere- und Aufsteigerpartei, in der man etwas werden konnte.

Aber das war 1990 noch nicht absehbar, oder?
RATHENOW: Stimmt. Aber in dem Viertel, in dem wir hier leben, hatte sie immer die Mehrheit. Hier sind ihre Direktwahlkreise. Und hier hat sie das dominierende soziale Milieu gestellt. Anfangs, als ich meine PDS-kritischen Kommentare in der *Berliner Zeitung* schrieb, wurde ich auf der Straße angesprochen nach dem Motto: »Heute war Ihr Kommentar ja mal ganz in Ordnung. Da geht's ja gegen Argentinien.« Einmal stand ich in der Post in der Schlange vor dem Paketschalter. Da kam ein älteres Pärchen rein, und die Frau nölte: »Nö, der Rathenow, den ertrage ich heute nicht.« Dann drehte sie sich um. Im Grunde ist die PDS/Linkspartei eine

riesige ABM-Maßnahme geworden. Ausgegrenzt fühlten sich dagegen viele Dissidenten. Bürgerrechtler gewesen zu sein, war nicht unbedingt die Visitenkarte für einen Aufstieg im Westen – zu wenig erwartbare Disziplinbereitschaft.

RIEXINGER: In jeder Partei gibt es Jobs zu verteilen. Im Übrigen hatten die Leute ihre Überzeugungen. Die wollten sie nicht vollkommen abstreifen. Wir unterscheiden uns nur in einem Punkt von allen anderen Parteien: Wir haben zwei gleich starke westdeutsche und ostdeutsche Arme – obwohl in Ostdeutschland viel weniger Menschen leben. Ja, wir haben im Osten sogar mehr Mitglieder als im Westen. In allen anderen Parteien sind die West-Landesverbände dominant.

Herr Rathenow, trotzdem noch einmal nachgefragt: Auch wenn es sicher richtig ist, dass die Bürgerrechtler nach 1989 nicht immer auf Rosen gebettet waren: Ist es nicht trotzdem so, dass die, die in der PDS geblieben waren, viel Gegenwind hatten? Wenn man sich zum Beispiel die ganzen Stasi-Debatten der 90er Jahre anguckt oder die Roten Socken, die der damalige CDU-Generalsekretär Peter Hintze 1994 plakatieren ließ, um vor linken Bündnissen zu warnen?

RATHENOW: Na ja, die Roten Socken sind ja nun mehr ein Anlass zum Schmunzeln gewesen. Ich hatte Anfang der 90er Jahre mal eine Steuerprüfung, bei der die Prüferin sinngemäß sagte: »Na ja, das ist schlimm in den westlichen Verhältnissen. Ich weiß, den Autoren wird es schwer gemacht. Aber ich muss jetzt mit Geld von Ihnen wiederkommen.« Die Bereitschaft, den neuen Druck aus dem Westen mit anti-westlichen Ressentiments zu verknüpfen und durch Überanpassung abzureagieren, schien mir im Umfeld der PDS in den 90er Jahren stärker zu sein. Die, die drin geblieben sind, bildeten oft mentale Abschottungsgemeinschaften.

Herr Rathenow, Herr Riexinger hat im Westen zu einer Zeit den Wehrdienst verweigert, als das noch nicht sehr üblich war. Außerdem ist er Gewerkschaftsfunktionär geworden in einer traditionell bürgerlichen Gegend. Würden Sie sagen, das ist Zivilcourage? Oder sagen Sie, in einem demokratischen Land ist da nichts weiter dabei?

RATHENOW: Wie viel Respekt mir das abnötigt, kann ich nicht sagen, weil ich die genauen Umstände nicht kenne. Als Besucher in Ost-Berlin hatte ich mit Wehrdienstverweigerern aus West-Berlin häufiger zu tun. Ungehorsam hat für das Leben in sehr autoritären Strukturen immer etwas Anregendes. Die Nationale Volksarmee war für mich ein Trauma, dem ich nicht ausweichen konnte. Ich war nicht christlich geprägt, als Bausoldat wäre ich nicht akzeptiert worden – außerdem war das auch Armee, nur ohne Waffe. Die Zeit bei der NVA, noch dazu bei den Grenztruppen, hat meine kritische Haltung zur Machtstruktur in der DDR entscheidend geprägt. Ich selbst habe mich in dieser Situation als feige erlebt, weil ich nicht »Nein« sagte, als man mir die Kalaschnikow umhängte. Insofern verstehe ich jeden gut, der keine Lust auf Armee hatte – auch im Westen.

Die NVA war eine Knochenmühle. Und die Grenztruppen waren noch mal ganz besonders heikel, weil sie auf Republikflüchtlinge schießen mussten.
RATHENOW: Ja. Da nützte es auch nichts, sich vorzunehmen, deutlich vorbeizuschießen. Wenn dein Mit-Genosse traf, gab es Prämie und Medaille. Schon die Vorstellung erzeugte Ekel vor einem selbst. Darüber habe ich an anderer Stelle ausführlich geschrieben. Mein Fazit: Nie wieder nur Befehlsempfänger sein!

Herr Riexinger, was hat es für Sie damals bedeutet, sich renitent verhalten zu haben?
RIEXINGER: Man darf nicht verkennen, dass die westdeutsche Gesellschaft in den 60er Jahren noch in hohem Maße durch den Faschismus geprägt war. Die Erziehung war zum Teil sehr autoritär.

Sie sind Jahrgang 1955.
RIEXINGER: Ja. In meiner Generation hatten viele Kinder noch Eltern, die in der NSDAP waren und auch dazu standen – meine zum Glück nicht. Der Spruch »So lange du deine Füße unter meinen Tisch stellst, machst du, was ich sage« war ein Alltagsspruch. Es war normal, dass Kinder geschlagen wurden.

Wurden Sie geschlagen?
RIEXINGER: Zu Hause hielt sich's in Grenzen. Meinen Eltern ist ab und zu mal die Hand ausgerutscht. Aber in der Schule gab's offiziell noch Tatzen mit dem Schlagstock. Die Bundesrepublik war eine sehr formierte Gesellschaft. Die Studentenbewegung war ein Reflex darauf. Das war ein Glücksfall für die spätere Entwicklung und hat in der DDR so nicht stattgefunden. Ich wurde von Lehrern geprägt, die Gedanken der Studentenbewegung in die Schule brachten. Ich habe mich dann ein bisschen mit der Dritten Welt beschäftigt und mir überlegt, ob ich Entwicklungshelfer werden will. Es war nicht so einfach, sich zu wehren. In meinem ersten Ausbildungsjahr stieß ich mit dieser Haltung und langen Haaren auf einen Ausbildungsleiter, der Offizier der Wehrmacht gewesen war. Ich war Jugendvertreter. Da hat's geknallt. Ich sollte nach der Lehre nicht übernommen werden und habe dagegen geklagt. Das stand überall in den Zeitungen. Denn es war damals nicht üblich, dass man gegen seinen Arbeitgeber klagt. Ich musste das auch gegenüber meinen Eltern durchsetzen, die darüber ganz unglücklich waren. Und die Berufsverbote haben natürlich Existenzen vernichtet. Das hat ein Klima der Anpassung erzeugt. Für seine Überzeugungen einzustehen, hat Rückgrat erfordert.
RATHENOW: Sprüche wie »So lange du deine Füße unter meinen Tisch stellst, machst du, was ich sage« gab's im Osten auch.

Beide deutsche Staaten sind ja aus derselben autoritären Tradition hervorgegangen.
RATHENOW: Es gab im Osten auch nicht nur die Diktatur und die durchherrschte Gesellschaft von oben. Es gab auch dieses Muffig-Disziplinierte von unten. Ich hatte lange Haare und musste deshalb auch einmal die Schule verlassen. Zur Zwangsabschneidung auf offener Straße durch die Polizei wie in Saalfeld oder Rudolstadt kam es in Jena nicht. Den Spruch »Früher bei Hitler hätte man dich vergast« habe ich aber ein paar Mal hören müssen – und nicht auf Anweisung der Partei. Ich sehe mich trotz allem nicht so sehr als Opfer, sondern als einer, der über seine Anpassung hinaus in ein subversives Handeln hinein gewachsen ist und mit anderen

zusammen Methoden gefunden hat, Eigensinn zu entwickeln und zu leben. Dabei spielte der Westen als Resonanzraum eine große Rolle. Durch den Rausschmiss an der Uni war dann der Lebensweg ins Abseits vorprogrammiert. Nicht studieren zu dürfen, war schon eine rigide Ausgrenzung.

Sie haben gesagt, Sie fühlen sich nicht als Opfer. Hat die DDR-Geschichte Ihr Leben am Ende aber dennoch beschädigt – oder anders herum vielleicht sogar trotz aller Schwierigkeiten bereichert, weil sie Sie zu dem gemacht hat, der Sie heute sind?

RATHENOW: Objektiv ist meine Biografie beschädigt, vor allem wenn ich meinen Rentenanspruch angucke. Das ist auch durch meine jetzige Tätigkeit in Dresden nicht mehr zu reparieren. Andererseits ist es schon so: Das ist mein Leben. Und es war wahnsinnig spannend in der DDR. Noch spannender war es, ihr Verschwinden erleben und auch ein wenig mitgestalten zu können. Die Zeit danach blieb und bleibt ereignisfroh. Das will ich alles nicht missen. Gleichzeitig ist das kein Muster für alle. Denn ich habe es wie etwa auch Roland Jahn geschafft, Strukturen zu bauen, in denen wir unser Ding machen konnten und nicht zerstört worden sind. Zu viele Menschen in der DDR hatten das berechtigte Gefühl, ihre Möglichkeiten, ihr Potential nicht entfalten zu können.

Wie ist es denn heute um die gesellschaftliche Anpassung bestellt? Manche Menschen im Osten behaupten ja, sie müssten mehr vor ihrem Chef kuschen als vor der SED.

RATHENOW: Ich habe gar keinen Chef. Mich kann der Landtag jederzeit abwählen. Und wenn ich irgendwo eine Rede halte, trage ich nie eine Krawatte. Die Lust an den langen Haaren habe ich in dem Moment verloren, als sie niemanden mehr interessierten. Einen Bart habe ich nur, weil ich zu faul bin, mich täglich zu rasieren. Ich versuche also nicht, Opposition mit aller Gewalt fortzuführen. So finde ich auch den Satz von Schriftstellerkollegen »Der Markt ist eine andere Form der Zensur« nicht richtig. Er ist nicht falsch. Er stimmt manchmal. Aber der Markt ist eben etwas ganz anderes als Zensur. Der Markt kann sehr brutal sein. Andererseits ist er eine großartige Erfindung, die persönliche Entfaltung ermöglicht.

Bei vielen Ostdeutschen hatte man den Eindruck, sie hätten die Anpassungserfordernisse nach 1989 schlechter ertragen als die vorher.

RATHENOW: Das würde ich so nicht sagen. Was schlecht ertragen wurde, ist Ungewissheit – etwa in finanziellen Dingen. Und was ich erlebt habe, waren zum Teil irre Erwartungshaltungen hinsichtlich der Frage, was der Westen jetzt eigentlich bedeutet. So lief der Handwerker, der unser Schloss auswechseln sollte, zwei Tage nach der Währungsunion im Laufschritt. Da fragte ich ihn: »Warum eilen Sie denn so?« Darauf antwortete er: »Jetzt gibt's Westgeld. Jetzt arbeite ich doppelt so schnell.« Einen Tag vorher kam der Eierverkäufer aus West-Berlin mit schon teureren West-Eiern, obwohl es in der Markthalle noch billige aus DDR-Produktion gab. Er beharrte auf West-Qualität und verkaufte sie im Haus körbeweise. Da sagte ich zu ihm: »Die sind doch nicht gesund. Da ist doch Cholesterin drin.« Darauf erwiderte er – das sind Sätze, die ich nie vergesse: »Ach, das Cholesterin ist nur in den Ost-Eiern. In den West-Eiern mit ihrer dickeren Schale kommt keins rein.« Ich habe ihm aus Erschütterung sogar Eier abgekauft.

Das konnte ja nur in Frust umschlagen.

RATHENOW: Ja, der Frust war vorprogrammiert. Andererseits ist auch die Unzufriedenheit eine Fortsetzung aus DDR-Zeiten. Manche haben genölt wie die Weltmeister. Nicht ganz so lustig ist, was mir damals jemand in Wolfen sagte nach einer Lesung, als die Arbeitslosigkeit langsam einsetzte. Er oder sie sagte: »Im Westen werden sie die Türken ja jetzt nach Hause schicken.« Da entgegnete ich: »Nee, das werden sie nicht. Das können sie gar nicht.« Gleichwohl gab es in Ostdeutschland ganz viel Transformationsbereitschaft. Und es gibt viele, die es gepackt haben.

Herr Riexinger, diese Anpassungsleistungen des Ostens hat man ja bis heute im Westen nicht richtig wahrgenommen. Oder sehe ich das falsch?

RIEXINGER: Stimmt, das hat man im Westen gewaltig unterschätzt. Aber auch im Osten. Es gab viele Illusionen. Die Gewerkschafter, zu denen ich seinerzeit Kontakt hatte, haben alle geglaubt, sie kriegen das Betriebsverfassungsgesetz, und dann wird das alles gut. Daraufhin habe ich gesagt: »Die betrieblichen Mitbestimmungsmöglichkeiten waren in der DDR oft größer.« Manche Handelsbetriebe im Osten konnten sich nicht vorstellen, dass sie in wenigen Monaten gar nicht mehr existieren würden, weil sie von Lidl oder anderen überrannt werden. Die blühenden Landschaften gab es ja so nie.

RATHENOW: Ist die Industrie weg, blühen die Landschaften.

RIEXINGER: Die De-Industrialisierung war massenhaft. Das würde man so auch nicht mehr wiederfinden, dass man sich einfach einem anderen Landesteil anschließen kann und damit alle Hoffnungen verbindet. Jeder künftige Umbruch wird anders verlaufen. Es gab im Westen eine gewisse Überheblichkeit, dass das eigene System überlegen ist und das andere nichts taugt. Das war auch in der Gewerkschaft so. Die Westler wurden Gewerkschaftsführer, nicht die Ostler. Überall wurden den Ostdeutschen die Westler vorgesetzt. Das war nicht immer einfach. Es gab ja dann auch entsprechende Reflexe und hat sicher einen Teil des Wahlerfolgs der PDS ausgemacht. Dabei hätte man ein paar Dinge übernehmen können, etwa im Bildungssystem oder in der medizinischen Struktur. Das nicht getan zu haben, war ein Fehler und liegt in der Konsequenz dessen, wie Kapitalismus funktioniert. Das war eine Landnahme.

RATHENOW: Aber eine vom Osten gewollte.

RIEXINGER: Das will ich gar nicht bestreiten. Aber viele haben unterschätzt, was da auf sie zukommt.

Noch mal zurück zur Anpassung heute. Wo sehen Sie denn Anpassungserfordernisse, an denen das Individuum nicht vorbeikommt? Wir sind uns wahrscheinlich einig darin, dass in der privaten Lebensführung vieles an Anpassungsdruck weggefallen ist.

RIEXINGER: Es gibt einen guten Spruch von Bertolt Brecht, der gesagt hat: »Jeder muss sich anpassen. Er darf dabei aber nicht verpassen, zu sagen, das passt mir nicht.« Ich glaube, dass die neoliberale Gesellschaft, die ganz stark auf Wettbewerb setzt und soziale Verhaltensmuster zurückdrängt, die Menschen oft krank macht.

Darunter leiden auch viele – etwa in Form von Burnouts. Das fängt ja schon damit an, dass ihre Kinder im Kindergarten wettbewerbsfähig erzogen werden. Die Ökonomie erfordert ungeheure Anpassungsleistungen. Gerade die Mittelschichteltern machen alles, damit die Kinder nicht ausbrechen. Wir konnten damals ausbrechen und haben trotzdem wieder reingefunden. Das ist heute ungleich schwerer. Ein Aufbegehren wie damals in der Studentenbewegung findet man heute eher selten. Nur die Äußerlichkeiten sind nicht mehr so entscheidend. Die Eltern hören die gleiche Musik wie die Kinder. Bei uns galt das als »Negermusik«, die man verteidigen musste. Diesen Anpassungsdruck werden die Leute nicht ewig mitmachen. Es wird wieder größere Brüche geben. Als Linker befürworte ich das.

RATHENOW: Das weckt in mir Widerspruchsgeist. Denn ich freue mich, gleich in den Zug nach Dresden steigen und heute Nacht bis um 24 oder 1 Uhr selbstbestimmt arbeiten zu können. Allerdings kann ich das auch festlegen. Ich arbeite nicht im Supermarkt an der Kasse. Bei jungen Leuten beobachte ich heute oft eine Orientierungssuche, eine Suche nach Strukturen, die Anpassung ermöglichen.

Herr Riexinger, Herr Rathenow hat gesagt, dass er die Anpassungserfordernisse in seinem Job lässig überspringen kann. Sie müssen sich ja dagegen den eigenen Leuten anpassen. Wie schwer ist das?
RIEXINGER: Da muss man wirklich aufpassen. Denn das ist enorm. Als Parteivorsitzender ist man stärker eingemauert. Ich kann schon alles sagen. Ich muss nur aufpassen, dass nicht alles veröffentlicht wird. *(lautes Lachen)* Man muss seine eigene Meinung zurückstellen und gucken, wie man Gemeinsamkeiten formuliert. Zugleich merke ich, wie ich schon morgens immer in die Nachrichten reingucke und überlege, wozu ich etwas sagen kann. Das tyrannisiert den Alltag in einer Art und Weise, die problematisch ist. Man verheddert sich da leicht und vergisst die langen Linien. Allerdings kann man neue Ideen einbringen. Das ist durchaus möglich, auch für eine linke Partei.

RATHENOW: Wenn wir helfen sollen, Sie von irgendetwas zu befreien, dann melden Sie sich.

Haben wir insgesamt in Deutschland mehr Freiheit erlangt?

RATHENOW: Ja, ich würde das schon sagen, auch wenn natürlich ein starker Druck von Szenen, Gruppen und Arbeitsbedingungen außerhalb staatlicher Strukturen ausgehen kann. Es gibt mehr Wahlmöglichkeiten über die Formen der Anpassung. Das wiederum könnte einen stärkeren Entscheidungsdruck bedeuten: Ja oder Nein sind nicht mehr die Alternativen. Ich zum Beispiel muss mir überlegen, wie ich in einem Monat bei einer Konferenz in Uljanowsk (Russland) mit Polen, Russen und Deutschen über Vergangenheitsaufarbeitung rede – und eine Woche später vor amerikanischen Kongressabgeordneten in Dresden. Spannender kann es im Grunde nicht sein. Ich würde jedem wünschen, dass er seine Fähigkeiten und Interessen einbringen kann und dann, wenn es schon beruflich nicht so klappt, wenigstens politische, künstlerische und zivilgesellschaftliche Teilhabe gefördert und ermutigt wird. Da ist der Osten ja immer noch benachteiligt.

Herr Riexinger, wie ist Ihre Bilanz – gemessen an Ihrem Aufwachsen in den 60er Jahren?

RIEXINGER: Gemessen an den 60er Jahren sind die Freiheitsrechte insbesondere in der privaten Lebensgestaltung deutlich gestiegen. Da gab es einen Umbruch. Wenn Sie heute beispielsweise eine andere sexuelle Orientierung haben, dann ist es leichter.

RATHENOW: Wichtiges Thema.

RIEXINGER: Die Haltung zur Homosexualität war in meiner Kindheit völlig reaktionär. Das war kein Thema und wurde entweder verspottet oder beschimpft. Patchworkfamilien gab es, aber eher so unter der Hand. Und insgesamt ist die Haltung der Bevölkerung weltoffener geworden, allein durch die vielen Migranten und die Reisen, die die Leute machen. Allerdings sehe ich auch die andere Entwicklung. Ich hatte schon 1990 die Befürchtung, dass wir bei den sozialen Rechten zu einem *roll back* kommen, wenn nicht auch im Westen eine Bürgerbewegung entsteht. Die Vereinigung hatte insofern gravierende Folgen. Bis 1989 wirkte die DDR als Korrektiv. Danach sind viele Hüllen gefallen. Wir erleben einen gewaltigen Demokratieabbau. Die Sachzwänge – etwa bei der Rettung des Euro – schränken die Demokratie erheblich ein. Da war der vorherrschende Tenor: Wir müssen uns den Finanzmärkten anpassen. Dabei müssen wir im Gegenteil höllisch aufpassen, dass die gewählten Repräsentanten entscheiden und nicht etwa Großkonzerne.

Zum Schluss noch eine Frage. Von Jean-Paul Sartre stammt der Satz: »Niemals waren wir freier als unter der deutschen Besatzung.« Er meinte die Situation im Frankreich der 40er Jahre und wollte damit sagen, dass sich die individuelle Freiheit besonders in unfreien Verhältnissen materialisiert, weil sie eine Entscheidung verlangt. Können Sie mit dem Satz etwas anfangen?

RATHENOW: Damit kann ich etwas anfangen. Aber das heißt: Freiheit als Rausch, als Ausnahmezustand. In dem Sinne war ich nie freier als zu Zeiten der Gefahr, permanent verhaftet zu werden. Doch das ist Freiheit als Illusion und damit ein Zustand, der immer von einem Bedeutungsmehrwert ausgeht. Die Freiheit, im Deutschlandfunk ein Interview zu geben, weil es keine unabhängigen Politiker gibt, die das machen, muss man sich selbst wieder nehmen wollen. Diese von mir erlebte Dissidentenfreiheit in der DDR bei gleichzeitig schärfster Überwachung hatte als Preis immer die Unfreiheit anderer, die man interpretieren und ausdeuten sollte.

RIEXINGER: Sartre war Existentialist. Und für ihn war Freiheit ganz stark bestimmt durch die individuelle Entscheidung. Ich glaube aber, das ist nur ein Teil der Wahrheit. Denn jeder Mensch ist auch ein gesellschaftlicher Mensch und agiert unter gesellschaftlichen Rahmenbedingungen. Da gibt dir eine demokratische Gesellschaft mehr Freiheitsrechte.

RATHENOW: Richtig.

RIEXINGER: Ich würde auch sagen, eine sozialistische Gesellschaft gibt dir mehr Freiheitsrechte, da du in ihr nicht immer unter Existenzangst lebst.

RATHENOW: Verhaftet werden zu können, bedeutet auch Existenzangst.

RIEXINGER: Der Mensch ist jedenfalls Individuum und gesellschaftlicher Mensch. Es geht immer um beides.

RATHENOW: Das ist wahr.

»Die Franzosen wären noch beim Einigungsvertrag«

Die Deutschland-Korrespondentinnen Pascale Hugues und Izabella Jachimska über den Blick von außen

Pascale Hugues (56, links im Bild) kam 1989 aus London nach Deutschland und Izabella Jachimska (55) ein Jahr später aus Warschau. Seither beobachten die beiden Deutschland journalistisch, die eine – im elsässischen Strasbourg unweit der deutsch-französischen Grenze geboren – für das französische Magazin *Le Point* und den *Tagesspiegel*, die andere zunächst für die polnische Zeitung *Super Express* und jetzt für das Internetportal *onet.pl*. Sie kennen das Land also gut. Und nachdem nun 27 Deutsche zu Wort gekommen sind, sollen Hugues und Jachimska zum Abschluss ein bisschen von außen auf uns gucken. Ein Ost-West-Gespräch auch dies, aber eben ein anderes. Wir treffen uns deshalb im Café Lenzig in Berlin-Schöneberg. Das Wetter ist schön. Es ist Anfang Mai. Alles blüht. Und die Kolleginnen sind so, wie sie Deutschland beschreiben: entspannt. Dabei hätten Hugues und Jachimska, wie sich gleich zu Beginn unseres zweistündigen Beisammenseins herausstellt, aus den von mir erwähnten Ost-West-Themen sehr gern die Liebe ausgewählt. Leider war das Thema schon vergeben. Ein andermal vielleicht.

Frau Hugues, Frau Jachimska, heute ist der 11. Mai 2015. Das 70. Jubiläum des Kriegsendes liegt gerade hinter uns. Wie schauen Franzosen und Polen heute auf Deutschland?
PASCALE HUGUES: Entspannt, normal, kooperativ. Mit den üblichen Spannungen, die es bei einem so engen Paar wie Deutschland und Frankreich gibt. Manchmal ärgert man sich. Manchmal geht es besser.
IZABELLA JACHIMSKA: Die deutsch-französischen Beziehungen waren früher immer ein Vorbild für Polen. Es hieß: Wir brauchen Ewigkeiten, um auf das gleiche Niveau zu kommen. Jetzt kann man feststellen: Die Feindschaften von früher sind nicht mehr da. Auch wenn es mal Unstimmigkeiten zwischen Berlin und Warschau gibt: Die meisten Polen denken, dass die Deutschen nach dem Krieg ihre Hausaufgaben gemacht haben. Es gab natürlich Streitpunkte wie das Vorgehen der Preußischen Treuhand und des Bundes der Vertriebenen oder den Bau der Ostseepipeline zwischen Russland und Westeuropa. Es gab auch lange Zeit giftige Kommentare in der polnischen Presse über deutsche Revanchisten. Aber heute herrscht Normalität. Es gibt keine bösen Kommentare mehr.

Es gibt gar keine bösen Kommentare mehr?
JACHIMSKA: Nein, über das Ende des Krieges und seine Folgen nicht.

Und auch nicht mehr über Erika Steinbach, die langjährige Vorsitzende des Bundes der Vertriebenen?
JACHIMSKA: Nein. Es gab ja mal das Bild, das Erika Steinbach in SS-Uniform auf dem Titel der Zeitschrift *Wprost* zeigte. Das war

starker Tobak. Aber heute weiß man, dass sie die Geschichte nicht umschreiben kann. Insbesondere die jungen Leute wissen das. Früher dachten viele Polen, der Bund der Vertriebenen entscheide über die deutsche Politik. Jetzt wissen sie es besser.

Deutschland hat 1939 Polen überfallen und später Teile Frankreichs besetzt. 1945 war unklar, was werden würde. 1990 wurde Deutschland wiedervereinigt und ist heute zumindest wirtschaftlich die stärkste Macht Europas. Ist das etwas anderes als unverschämtes Glück?

HUGUES: Meine elsässische Großmutter sagte bis in die 70er Jahre hinein: »Ich verstehe das nicht. Die Deutschen haben den Krieg verloren. Und jetzt sind sie reicher als wir.« Dieser Tenor ist in Frankreich noch da. Es existiert schon ein bisschen Neid nach dem Motto: »Wie schaffen die das denn? Haben die ein Chromosomen mehr, dass sie wirtschaftlich immer besser dastehen als wir?« Um sich zu beruhigen, sagen sich die Franzosen: »Na ja, kein Wunder! Die Deutschen arbeiten ja nur. Sie können einfach das Leben nicht genießen. Dann lieber leben, genießen und nicht so reich sein.« Dadurch dämmt man den eigenen Neid etwas ein. Zugleich gibt es viel Anerkennung für die Deutschen und das deutsche Modell – diese Effizienz und diese Sozialpartnerschaft. Und plötzlich wundert man sich über diesen Bahnstreik im Moment und dass das deutsche Modell auf einmal nicht mehr greift. Dann heißt es, dieser Gewerkschaftsführer ist aus der DDR. Der hat Schlichtung und Sozialpartnerschaft nicht gelernt. Er geht sofort in die Konfrontation.

Dass der Vorsitzende der Gewerkschaft der Lokführer, Claus Weselsky, in der DDR geboren wurde, wird in Frankreich zur Kenntnis genommen?

HUGUES: Ja. Das haben die Medien erwähnt. Das ist selbstverständlich ein nennenswerter Faktor. Denn im Ganzen nimmt man Deutschland als positives Beispiel wahr. So hat der letzte Präsident Nicolas Sarkozy sehr auf Gerhard Schröder geschworen und seine Agenda 2010. Ich werde noch heute ständig von meiner Redaktion angerufen und gefragt: »Wie machen das die Deutschen, also die Rente mit 67 und die Reform des Arbeitsmarktes?« Neben der

Bewunderung ist man nur insgeheim eben auch ein bisschen sauer, dass es den Deutschen so gut geht und sie immer die Besten in der Klasse sind. Man freut sich sogar, wenn den Deutschen mal etwas nicht so gelingt.

Mittlerweile heißt es ja auch in der politischen Elite Deutschlands, Frankreich müsse es so machen wie wir, dann wäre es auch seine Probleme los.

HUGUES: Ja. Aber das stimmt nicht. Denn die Gesellschaft und die Struktur der Industrie sind bei uns ganz anders. Man kann das deutsche Modell nicht so einfach auf Frankreich übertragen. Es gibt weniger Konsens in der Gesellschaft und weniger Bereitschaft, kurzfristig auf etwas zu verzichten, um langfristig einen Gewinn davon zu haben. In Frankreich sind Streiks an der Tagesordnung. Und jede politische Diskussion wird sehr schnell sehr hitzig.

Frau Jachimska, diesen Neid, von dem Pascale Hugues gerade sprach, gibt's den in Polen auch? Polen hätte ja in gewisser Weise noch mehr Grund dazu. Denn es hat unter dem Krieg noch schwerer gelitten. Und zugleich geht es Polen wirtschaftlich ja auch noch einmal schlechter als Frankreich.

JACHIMSKA: Na ja. Die Stimmung in Polen schwankte lange zwischen Angst und Bewunderung. Kurz vor der Vereinigung gab es bei uns eine Umfrage der Konrad-Adenauer-Stiftung. Und dabei stellte sich heraus, dass 68 Prozent der Bevölkerung Angst vor diesem neuen starken Nachbarn hatten. Wir dachten, auf der einen Seite ist Russland und auf der anderen Seite ist Deutschland. Und plötzlich war die Erinnerung an 1939 wieder lebendig. Aber im Laufe der Zeit haben die Polen die Deutschen viel besser kennengelernt. Früher hat man sich über die Zielstrebigkeit der Deutschen noch lustig gemacht. Heute sind wir selbst zielstrebig und gehen den gleichen Weg. Neid gibt es allerdings bei uns auch. Denn die Ostdeutschen haben in den 90er Jahren zwar geklagt über die wirtschaftlichen Folgen der Wiedervereinigung. Trotzdem hatten sie in Westdeutschland einen starken Partner, der gesagt hat, ihr seid nicht so viel wert wie wir, gleichzeitig aber finanziell sehr geholfen hat.

Und Polen hatte diese Hilfe nicht.

JACHIMSKA: Nein. Wir waren nur auf uns allein gestellt. In Polen fragt heute zum Beispiel niemand nach der Arbeitszeit. Die Arbeitszeit von acht Stunden steht nur auf dem Papier. Gleichzeitig verdienen die Leute viel weniger als hier. Aber ich will noch einmal auf die Vergangenheit zurückkommen. Meine erste Erinnerung an Deutschland ist eine Reise mit Freunden mit dem Auto nach Ost-Berlin. Da mussten wir an der Grenze anhalten, aussteigen und zur Personenkontrolle hinübergehen. Als das Auto dann offen stehend zurückblieb und ich den DDR-Grenzbeamten etwas besorgt darauf hinwies, sagte er: »Machen Sie sich keine Sorgen. Wir sind hier nicht in Polen.« Damit wollte er sagen: Es wird hier nicht gestohlen. Und daran merkte man, dass die offizielle Freundschaft zwischen Polen und der DDR bloß auf dem Papier stand. Ich habe mich ein bisschen wie ein Mensch zweiter Klasse gefühlt, nicht auf Augenhöhe. Ähnliche Klischees gab es auch noch nach 1989 im wiedervereinigten Deutschland.

Jetzt fühlen Sie sich nicht mehr wie ein Mensch zweiter Klasse?

JACHIMSKA: Nein. Die wirtschaftliche Stärke Deutschlands werden wir zwar ohnehin nie erreichen, schon weil wir viel kleiner sind. Deshalb haben wir auch so gekämpft für den Beitritt zur Europäischen Union. Wir wollten als gleichberechtigte Partner anerkannt werden. Doch heute sind wir es. Der Blick der Deutschen auf uns hat sich verändert. Vor zwei Jahren gab es eine Umfrage des Meinungsforschungsinstituts Emnid. Sie ergab, dass nur noch 17 Prozent der Deutschen die Polen als Autodiebe sehen. Das finde ich bemerkenswert.

Weil es früher umgekehrt war.

JACHIMSKA: Na klar. Vor zehn Jahren wurde man in Deutschland auch noch schief angeguckt, wenn man auf der Straße Polnisch gesprochen hat. Man merkte: Da ist noch etwas. Sie haben auf uns wie auf billige Arbeitskräfte geschaut nach dem Motto: Die haben vielleicht ein paar gute Filme gedreht und ein paar gute Bücher geschrieben. Aber ansonsten haben sie der Welt nicht viel anzubieten.

Was Sie gerade geschildert haben, heißt aber auch, dass das deutsch-polnische Verhältnis heute besser ist als das Verhältnis Polens zur DDR.
JACHIMSKA: Ja. Es war und ist seit 1989 vor allem ehrlicher. Wir kennen jetzt unsere Stärken und unsere Schwächen. Und wir Polen kennen auch unseren Wert.

Noch eine ganz andere Frage, nämlich zur deutschen Außenpolitik: Die Linke in Deutschland warnt etwa angesichts der Äußerungen von Bundespräsident Joachim Gauck, Deutschland müsse international mehr Verantwortung übernehmen, notfalls auch militärisch, vor einem neuen deutschen Militarismus. Polnische Politiker hingegen würden sich erklärtermaßen oft nicht mehr Zurückhaltung wünschen, sondern mehr deutsche Führung. Was meinen Sie?
JACHIMSKA: Der frühere polnische Außenminister Radosław Sikorski hat sich so geäußert. Und es stimmt auch: Angst vor einer militärischen Überlegenheit Deutschlands hat in Polen heute eigentlich niemand mehr. Eher im Gegenteil. Man wünscht sich mehr Unterstützung gegenüber Russland, beispielsweise im Ukraine-Konflikt.
HUGUES: Ich verstehe nicht, wie man auf die Warnung vor einer militärischen Überlegenheit Deutschlands heute überhaupt noch kommen kann.

Ich halte diese Sorge ja auch für vollkommen unbegründet. Aber unter anderem in der Linkspartei wird sie weiterhin geäußert.
HUGUES *(macht eine wegwerfende Handbewegung)*: Ach, die Linkspartei!

Wir haben jetzt über die Politik und die Wirtschaft gesprochen. Wie steht es denn um die Deutschen selbst? Sie, Frau Hugues, sind ausgerechnet 1989 als Korrespondentin aus London hierher gekommen, ein paar Monate vor dem Mauerfall. Wie hat sich Deutschland seither verändert?
HUGUES: Es hat sich enorm verändert. Als ich 1989 von London in die damalige Bundeshauptstadt Bonn zog, habe ich zunächst nur gedacht: Oh Gott, was habe ich getan! Mein Vermieter hat be-

nutzte Tampons aus der Mülltonne geholt und sich beschwert, dass ich den Müll nicht trenne. Es war unglaublich. Das ist überhaupt ein Problem mit den Deutschen: Sie haben viele Regeln; und jede Regel macht Sinn. Das gilt für Fahrradhelme genauso wie für die Mülltrennung. Vom Elsass aus – ich bin in Strasbourg aufgewachsen – war ich früher außerdem oft in Baden-Württemberg. Es war sehr eng und spießig.

Schaffe, schaffe, Häusle baue.
HUGUES: Ja, und das Essen war auch nicht gut. Heute ist das Essen in Baden-Württemberg oft besser als im Elsass. Und die Deutschen verstehen mittlerweile genauso viel vom Wein wie die Franzosen. Oder schauen Sie sich die Frauen an! Vor 25 Jahren hatten sie noch Haare auf den Beinen, weil sie sich nicht epilierten. Sie waren nicht sehr weiblich. Das hat sich völlig verändert. Heute sehen die jungen Frauen viel femininer aus.

Und wie ist es politisch?
HUGUES: Auch in der Weltpolitik verhalten sich die Deutschen jetzt anders. Sie verteidigen ihre Sichtweisen und ihre Interessen, aber ohne sich zu echauffieren, sondern ganz ruhig und viel selbstbewusster. Das war bei Joschka Fischer so, und es ist bei Frank-Walter Steinmeier so. Auch Frau Merkel regt sich nie auf. Deutschland ist nicht mehr der politische Zwerg. Die Deutschen sind viel entspannter geworden. Das finde ich sehr gut und das ist auch sehr wichtig für seine Partner.

Frau Jachimska, wie sehen Sie das?
JACHIMSKA: Ich finde, dass die Deutschen viel offener geworden sind, natürlich vor allem in Berlin. In anderen Ecken Deutschlands sieht das vielleicht anders aus. Diese Offenheit ist ein Grund, warum ich mich hier so wohl fühle. Manche Polen sagen zwar, die Deutschen seien ausländerfeindlich. Aber wenn man selbst Tür an Tür mit Ausländern lebt, die sich manchmal nicht so verhalten, wie man sich das vorstellt, dann hat man gleich einen ganz anderen Blick auf die »Ausländerfeindlichkeit« von Deutschen. Der

Umgang der Deutschen mit anderen Nationalitäten wird immer auch im Kontext der Geschichte des Zweiten Weltkrieges gesehen. Die Deutschen haben diese Last zu tragen, gehen aber mit dem sensiblen Thema heute offener um. Wenn Deutsche früher nach Polen kamen, dann waren sie ganz klein, wenn sie über die Geschichte sprachen. Auch wenn die jungen Menschen persönlich nicht verantwortlich waren: Sie haben sich dennoch irgendwie schuldig gefühlt. Heute ist das Verhältnis zwischen Deutschen und Polen wesentlich entspannter. Und vieles ist geregelt. Wenn Polen und Deutsche heute beispielsweise über die gemeinsame Grenze fahren, dann merken sie nicht einmal mehr, dass sie die Grenze überschreiten. Grenzkontrollen existieren schon lange nicht mehr. Dieser Zustand ist heute gelebte Normalität.

Und die ganzen Konflikte, die es in den letzten 25 Jahren zwischen Ost- und Westdeutschen gab – können Sie die nachvollziehen?
HUGUES: Ich fand den Prozess der Vereinigung sehr spannend, aber auch schwer zu verstehen, weil wir so eine Situation nicht kennen. Ein Land, in dem man wie bei uns Französisch spricht, das an unser Land angrenzt, das bis 1945 die gleiche Kultur und Geschichte hatte und sich danach ideologisch und auch sonst vollkommen anders entwickelt – das kennen wir nicht. Plötzlich sind die beiden Landesteile wieder gleich, aber doch nicht ganz. Das war sehr interessant. Als französische Journalistin hatte ich da eine besondere Position. Denn ich war nicht Ossi und nicht Wessi. Deshalb haben die Menschen sich sehr geöffnet. Das waren journalistisch wunderbare Jahre. Und Deutschland ist immer noch nicht ganz vereint.

Wie haben Sie den Leuten in Frankreich die deutsch-deutschen Konflikte damals erklärt?
HUGUES: Das war ein Clash der Systeme und der Bilder, die bis 1989 entstanden waren. Die Wessis waren Vertreter des kapitalistischen Auslands, die Nylon-Strümpfe, Kaffee, Jeans und den *Spiegel* über die Grenze brachten. Für die Ostdeutschen war das hart. Der Cousin im Westen war fett und reich geworden, während man auf

der anderen Seite der Mauer weniger hatte, nicht das schöne Auto und nicht die Freiheit, zu sprechen und zu leben, wie man wollte. Die Franzosen hatten viel Sympathie für die Ostdeutschen, wahrscheinlich weil wir so entzückt waren, dass es plötzlich Deutsche gab, die nicht so reich waren wie die Westdeutschen.

Und dass es plötzlich Deutsche gab, die die Westdeutschen so gesehen haben, wie die Franzosen die Westdeutschen gesehen haben.
HUGUES: Genau. Man hatte einen Verbündeten gefunden. Ich muss sagen: Ich habe Deutschland durch die DDR lieben gelernt. Baden-Württemberg mit Stuttgart und Karlsruhe war für mich als Teenager wirklich nicht der Hit. Es war bieder und langweilig. Und dann die DDR mit ihren unangetasteten Landschaften und ihren wunderschönen Städten, die nicht voll waren mit Fußgängerzonen, Sparkassen und Autohäusern von Mercedes-Benz! Diese westdeutschen Städte können ja zum Schießen glatt und sauber sein. Außerdem war es in der DDR sehr spannend, mit den Leuten zu sprechen. Da traf man Leute, die noch nie ihre Geschichte erzählt hatten. Es war Neuland und extrem aufregend.

Ihre Sympathien galten auch den Ostdeutschen, Frau Jachimska?
JACHIMSKA *(überlegt):* Hm. Ich kannte sie besser als die Westdeutschen. Die Westdeutschen kannte ich eigentlich gar nicht. Die Ostdeutschen wiederum hatten zwar wirtschaftlich ähnliche Schwierigkeiten. Aber sie hatten jemanden, der helfen konnte. Wir hatten niemanden. Während nicht konkurrenzfähige ostdeutsche Firmen durchaus auf staatliche Unterstützung zählen konnten, wurden viele Firmen in Polen wegen fehlender staatlicher Unterstützung zugemacht oder verkauft. Die polnische Regierung wollte die freie Marktwirtschaft. Und sie kannte nur diesen einen Weg. Die Ostdeutschen hatten den Vorteil, dass bei ihnen der Umbruch sozial abgefedert wurde. Diese Möglichkeit war der jungen polnischen Demokratie nicht gegeben. Noch heute können polnische Arbeitslose von der Höhe einer deutschen Arbeitslosenunterstützung nur träumen.

Doch Sie persönlich konnten sich in die Ostdeutschen besser hinein-
versetzen.

JACHIMSKA: Ja, für sie wie für uns waren diese Umbruchzeiten
Hoffnung und Fluch zugleich. Wir hatten existenzielle Angst. Zu
kommunistischen Zeiten tat man dem Staat einen Gefallen, wenn
man zur Arbeit ging. Die Arbeit selbst war nicht so wichtig. Heute sucht man Arbeit und bekommt keine, auch wenn man will.
Nicht ohne Grund arbeiten so viele junge Polen in England oder
Deutschland. Doch selbst wenn man Arbeit hat: Die Löhne sind
immer noch niedrig. Wir hatten damals Hemmungen, auszuwan-
dern. Im vereinten Europa haben junge Menschen diese Hemmungen nicht mehr. Sie begreifen sich als Europäer.

Sind Ostdeutsche anders als Westdeutsche?

HUGUES: Das ist eine Generationenfrage. Die jüngeren Leute
sind sich heute viel ähnlicher. Trotzdem wirft die Sozialisation
lange Schatten. Es wird noch dauern, bis man keinen Unterschied
mehr merkt. Bei der Generation, die zur Wende schon erwachsen
war, merkt man die Unterschiede außerdem noch sehr. Manche
ältere Ostdeutsche sind sehr glücklich, dass sie endlich die Freiheit
haben. Da gibt es viele Beispiele. Sie können ein neues Leben anfangen. Sie können reisen. Sie müssen nicht immer aufpassen, was
sie sagen. Wie wunderbar! Aber es gibt auch viele Ostdeutsche, die
durch die Wende sehr viel verloren haben: ihre Arbeit, ihre Würde,
eine bestimmte Sicherheit, eine billige Wohnung. Ein fester Rahmen in einer streng kontrollierten Gesellschaft – das war für viele
sehr beruhigend. Was nützt die Freiheit, wenn man kein Geld hat,
zu verreisen? Und die Freiheit kann auch Angst machen. Nicht jeder kann damit umgehen und sich entfalten.

JACHIMSKA: Ich denke die ganze Zeit über die Antwort nach. Die
Westdeutschen waren vor ein paar Jahren noch selbstbewusster
als die Ostdeutschen. Zugleich haben die Ostdeutschen uns Polen
ein bisschen herablassend angeguckt. Sie haben die harte Lektion
durch die Westdeutschen gelernt und ihren Unmut darüber –
glaube ich – dann an uns ausgelassen.

HUGUES: Man sucht sich immer einen Schwächeren.

JACHIMSKA: Ja. Die Deutschen sahen in Polen oft billige Arbeitskräfte. Das Gleiche kann man allerdings auch beim Umgang der Polen mit Ukrainern beobachten, die in Polen arbeiten. Insofern ist dies kein deutsches Phänomen. Wir Polen verhalten uns daher auch nicht immer korrekt. Trotzdem waren mir die Ostdeutschen näher, weil ich sie besser kannte. Die Polen haben die Westdeutschen um ihre uneingeschränkte Freiheit beneidet. Die Ostdeutschen waren ja noch mehr eingesperrt als wir – obwohl wir im gleichen politischen System lebten.

Und wie kommen Ihnen die Ostdeutschen heute vor?
JACHIMSKA: Früher konnte man Ostdeutsche relativ schnell an der Art erkennen, wie sie sich kleiden – und an der Aussprache. Heute nicht mehr unbedingt. Die Wiedervereinigung hat hier kräftige Spuren der Anpassung hinterlassen.

Vor 20 Jahren war das noch anders.
HUGUES: Ja. Man konnte Ost- und Westdeutsche zum Beispiel an den Schuhen erkennen. Die Ostdeutschen trugen oft so Schuhe aus Kunststoff.
JACHIMSKA: Ich konnte die Ostdeutschen oft auch an einer bestimmten Sorte von Hemden aus grauem Leinen mit Muster erkennen, die sie in grenznahen Märkten in Polen gekauft hatten. Diese Hemden gingen weg wie warme Semmeln.

Sehen Sie die Deutschen denn heute noch als gespaltenes Volk?
HUGUES: Nein.
JACHIMSKA: Das, was die Deutschen spaltet, ist ihre materielle Situation. Aber die spaltet alle Menschen auf der Welt.
HUGUES: Ich spüre eher eine große Regionalidentität. Ich war kürzlich in Dresden. Und da sind die Leute Sachsen. Dann geht man nach Bayern oder nach Norddeutschland, und es ist wieder anders. In Frankreich gibt es das auch. Aber Frankreich ist ein sehr zentralistisches Land. Da sind die Regionalidentitäten nicht so stark wie hier. Dresden habe ich übrigens fast nicht mehr wieder erkannt. Ich kannte Dresden sehr gut. Und es ist unglaublich, wie

es sich verändert hat und wie viele Westdeutsche da leben und sich absolut integriert haben. Ich war kürzlich auch in Berlin-Karlshorst bei einer privaten Lesung im Haus einer Westdeutschen, die aus Frankfurt am Main kam. Alle Nachbarn waren da. Und das waren vielfach Ostdeutsche. Ich konnte an dem Abend nicht mehr sagen, wer wer ist. Ich glaube, es war fifty-fifty.

JACHIMSKA: Polen und Frankreich sind zentralistische Staaten. Deutschland dagegen ist ein föderaler Staat. Das hat viele Vor-, aber auch Nachteile. Nehmen wir zum Beispiel die Schulbildung. Die ist Ländersache. Sehr viele Schulen – insbesondere in Berlin – befinden sich in einem bedauernswerten baulichen Zustand. Man kann den Eindruck gewinnen, dass das reiche Deutschland lieber in den Straßenbau investiert als in sein Bildungswesen. Da ist man in Polen weiter.

Wenn Sie in Frankreich und Polen über Deutschland berichten, ist da das deutsch-deutsche Thema überhaupt noch von Interesse?
HUGUES: Bei mir leider nicht. Ich würde so gern Reportagen über Ostdeutschland und dieses Thema schreiben. Aber über das 25. Jubiläum des Mauerfalls habe ich fast nichts geschrieben – bis auf einen kleinen Text über die Lichtinstallation durch Berlin am 9. November.

Das mit der Einheit will keiner mehr wissen?
HUGUES: Nein. Aber das liegt auch an der Presse, die sich sehr verändert hat. Man will nicht zurück, sondern mehr in die Zukunft gucken.

Und die Vereinigung gilt als abgeschlossen?
HUGUES: Ja, absolut. Ich muss immer noch an die großen finanziellen Transferleistungen des Westens erinnern. Die waren enorm. Trotzdem redet man fast nicht mehr darüber. Vielleicht ist das auch die deutsche Macke, die immer noch da ist.

Sie meinen, dass wir immer noch fragen, wie uns die Nachbarn sehen?
HUGUES: Ja. Man könnte denken, die Franzosen und die Polen sind jede Minute damit beschäftigt, zu fragen, wie es den Deut-

schen geht. Aber es gibt auch viele Tage, an denen man über Deutschland nicht mehr nachdenkt. Dass wir nach Deutschland und den Deutschen gefragt werden, ist natürlich wunderbar für unsere Berufe. Ich habe das Gefühl, ich bin die französische Botschafterin. Alle fragen: »Wie sehen uns die Franzosen?« Nur: So etwas würde ein Franzose umgekehrt nie fragen. Kein französischer Publizist würde auf die Idee kommen, die deutschen Korrespondenten in Paris um ihre Meinung zu bitten! Es ist uns Franzosen doch egal, was die Deutschen über uns denken. Daran merkt man, dass die Deutschen so selbstbewusst noch nicht sind. Sie geben der Wirkung im Ausland eine große Wichtigkeit. Vielleicht denken sie doch etwas Böses über uns. Für uns Journalisten ist das natürlich gut. Denn das ist unser täglich Brot.

JACHIMSKA: Früher war das, was im Ausland geschah, sehr wichtig. Heute konzentriert man sich oft nur noch auf das Geschehen im eigenen Land.

HUGUES: Ja, bei mir auch. Das ist unglaublich. Gestern Abend habe ich einen Bericht über die Wahl in Bremen angeboten – allerdings nur pro forma, weil ich wusste, wie die Antwort lautet. Vor zehn Jahren habe ich über jede Landtagswahl berichtet. Selbst über Bundestagswahlen berichte ich heute sehr viel weniger als früher.

JACHIMSKA: Ich frage schon gar nicht mehr nach, weil ich weiß, welche Antwort ich bekomme.

Für Europa ist es aber kein gutes Zeichen, wenn sich alle nur noch für sich selbst interessieren.

HUGUES: In Frankreich ist sehr wichtig, was in Afrika und den islamischen Ländern passiert. Und das nachlassende Interesse an Deutschland kann auch ein Indiz dafür sein, dass sich die Beziehungen so normalisiert haben, dass die Berichterstattung darüber als ein wenig belanglos wahrgenommen wird.

JACHIMSKA: Ja, das wäre dann ein gutes Zeichen.

Haben Sie denn das Gefühl, dass die Vereinigung gut gelaufen ist, vielleicht auch was den Umgang mit der Vergangenheit angeht?

HUGUES: Ich finde, es ist glatt und vor allem sehr schnell gelaufen. Die Franzosen wären immer noch dabei, den Einigungsvertrag zu verhandeln. Es ist typisch Deutsch.

Zacki, zacki?
HUGUES: Ja, zacki, zacki! Und ohne sozialen Aufruhr und ohne Gewalt. Aber psychologisch ist es kompliziert. Da sind viele Ostdeutsche sehr verletzt worden. Besonders die verlorene Generation derer, die während der Wende 45 oder 50 Jahre alt war, nie wieder in den Beruf zurückgefunden und sehr viele Kränkungen erfahren hat. Diese Kränkungen sind unüberwindbar. Und das ist auch für die Kinder sehr schwierig. Diese ganze Entwertung des Ostens, die Behauptung, dass die Ostdeutschen engstirnig und spießig seien und nicht in der Lage, ihr Schicksal selbst in die Hand zu nehmen – das war wirklich hart. Da hatte Westdeutschland zu wenig Taktgefühl. Wobei ich den Übergang von einer Diktatur zur anderen sehr spannend finde. Denn die DDR war schon eine hässliche Diktatur. Ich habe eben sehr romantisiert, weil ich diese zerfallenden Städte so schön fand – bis ein französischer Freund zu mir sagte: »Guck mal, die Schutzengel dieser Demokratischen Republik waren die Leute von der Stasi.« Als ich dann mit deutschen Freunden die ersten Stasi-Akten durchgeblättert habe, war ich sehr froh, im Westen geboren zu sein.
JACHIMSKA: Niemand wusste, wie viel Geld, Arbeit und Kraft diese blühenden Landschaften kosten würden. Aber trotzdem denke ich: Besser kurz und schmerzlos. Im Nachhinein kann man viel diskutieren. Doch diese Vereinigung war einmalig in der Welt. Deutschland hatte auch kein Beispiel, an dem es sich orientieren konnte. Außerdem wusste niemand, wie sich die Lage in Russland dauerhaft entwickelt. Insgesamt ist das Experiment gelungen. Deutschland ist ein friedliches Land. Und die Beziehungen mit den Nachbarn sind geregelt. Politiker schaffen einen Rahmen. Aber dafür, dass wir uns besser verstehen, dafür müssen die Menschen sorgen. Kein Vertrag der Welt kann uns einander näher bringen als wir selbst.

Das Verhältnis der Deutschen zur eigenen Nation hat sich ebenfalls entspannt, oder?

HUGUES: Ja, und das zu ihrer eigenen Geschichte. Man trägt die Verantwortung. Aber man kreist nicht mehr darum. Hier wurde bei der Aufarbeitung der NS-Vergangenheit viel geleistet – was ich über mein Land nicht sagen kann. In Frankreich liegt noch sehr viel unter dem Teppich: die Kollaboration mit dem Vichy-Regime zum Beispiel. In Deutschland ist da viel passiert.

Wir sind »Weltmeister der Aufarbeitung«, wie der britische Historiker Timothy Garton Ash sagte.
HUGUES: Ja, aber es ist gut, dass es so ist.
JACHIMSKA: Heute sind die Deutschen stolz, deutsch zu sein. Früher gab es da Hemmungen.
HUGUES: Früher war alles, was sexy, genussvoll und leidenschaftlich war, französisch. Und die Deutschen waren die, die geackert haben. Heute wehren sich die Deutschen gegen dieses Bild. Und wie! Dass diese Klischees nicht mehr passen, finde ich gut.

Sind Ihnen die Deutschen heute eher sympathisch oder eher unsympathisch?
HUGUES: Natürlich sympathisch. Sonst würde ich hier nicht leben.
JACHIMSKA: Die unsympathischsten Leute sind die U-Bahn-Kontrolleure. Aber das ist auf der ganzen Welt so. Die Deutschen insgesamt sind hilfsbereit. Wenn man sich in Berlin mal verlaufen hat und fragt, dann begleiten sie einen manchmal sogar. Das entspricht nicht dem, was ich früher über die Deutschen gehört habe. Sie stören sich auch nicht mehr daran, wenn jemand nur gebrochen Deutsch spricht. Und wenn Polen den Deutschen vorwerfen, rassistisch und ausländerfeindlich zu sein, dann sage ich immer: »Komm nach Berlin und lebe hier ein paar Monate!«

Frau Hugues, Frau Jachimska, ist noch eine Frage offen geblieben?
HUGUES *(überlegt):* Ich merke, wenn wir reden, wie abgefahren der Zug ist. Hätten Sie mich vor zehn Jahren nach dem Thema gefragt, ich hätte gesprudelt vor Ideen. Jetzt ist es normal. Das letzte Mal, das ich gedacht habe, das ist ein Ost-Phänomen, war bei Pegida. Das war schrecklich.

JACHIMSKA: In den ersten Jahren nach meiner Ankunft hier habe ich furchtbar gelitten. Ich hatte Heimweh. Heute sehe ich das gelassener. Man schaut in die Zukunft. In Deutschland leben mittlerweile 600 000 Polen. Man nennt uns die schweigende Minderheit, weil wir uns so gut assimilieren. Wir und die Deutschen sind uns im Grunde sehr ähnlich. Uns verbindet viel.

Die deutsche Einheit ist den Deutschen keine Debatte mehr wert

Ein Schlussessay

Am 3. Oktober werden sie wieder singen. Die Spitzen des Staates werden sich beim Festakt von ihren Plätzen erheben. Und die Hymne aus der Feder des August Heinrich Hoffmann von Fallersleben wird erwartungsgemäß beginnen mit: »Einigkeit und Recht und Freiheit für das deutsche Vaterland!« Das nahe am Wasser gebaute Staatsoberhaupt Joachim Gauck wird womöglich feuchte Augen kriegen. Denn ohne die Einheit wäre Gauck nicht das, was er ist. Im Übrigen wird es vor dem Festakt allerlei Berichte und Diskussionen geben. Doch am Tag danach wird vermutlich wieder Ruhe sein.

An diesem Buch sieht man: Es gibt noch eine Menge zu reden. Eigentlich. Man muss es nur tun. Im Alltag ist den Deutschen die deutsche Einheit jedoch schon längst keine Debatte mehr wert. Sie gilt als leidlich vollendet. Und was da nicht vollendet ist, wird den Ostdeutschen zwar immer mal wieder schmerzlich bewusst. Aber weil sie es nicht ändern können, legen sie darüber den Mantel des Schweigens. Die Westdeutschen wiederum übersehen das Unvollendete mit seit Jahrzehnten eingeübter Routine, so wie sie die da drüben auch vor 1989 gern übersehen haben. Ja, man kann hierzulande über vielerlei Ungleichheit sprechen, über die zwischen Reichen und Armen, Männern und Frauen, Deutschen ohne und mit Migrationshintergrund. Die nach wie vor existierende Kluft zwischen Ost- und Westdeutschland hingegen ist nach einem Vierteljahrhundert beinahe ein Tabuthema geworden. Und wenn es im politischen Berlin dann doch noch einmal aufgerufen wird, sind die Ostdeutschen regelmäßig unter sich.

Tatsächlich besteht Grund zur Freude, sogar viel mehr als am 3. Oktober 1990. Denn wer in die Welt blickt, der muss schon sehr ignorant oder herzenskalt sein, um die Deutschen nicht als

Beschenkte wahrzunehmen. Arabien und weite Teile Afrikas werden von gewaltsamen Konflikten erschüttert. Der westliche Balkan hat sich von den ethnischen Auseinandersetzungen der 90er Jahre bis heute nicht erholt; die dort lebenden Menschen wollen zu uns. Griechenland kämpft mehr oder weniger um die Existenz. In Westeuropa gibt es Unabhängigkeitsbestrebungen, am stärksten in Katalonien. Und im Lichte des Ukraine-Konflikts können, ja müssen wir die Frage, ob die deutsche Einheit in der Großwetterlage des Jahres 2015 ein weiteres Mal gelingen würde, mit einem klaren Nein beantworten. Damit wirken die Stimmen derer, die sich eine langsamere, organischere und damit letztlich gleichberechtigtere Vereinigung der beiden Deutschländer gewünscht hätten, endgültig illusionär. Auch wenn die machtpolitischen Motive Helmut Kohls unübersehbar bleiben: Es ist richtig, dass der damalige Kanzler so entschlossen durch das Fenster der Gelegenheit schlüpfte. Das alles mitbedenkend, kann der Gesang am 3. Oktober gar nicht laut genug ausfallen. Eine französische und eine polnische Deutschland-Korrespondentin spiegeln uns das auf den zurückliegenden Seiten.

Wahr ist auch, und das ist keine Petitesse, dass viele ostdeutsche Städte mittlerweile zu den schönsten der Republik zählen. Dresden glänzt trotz der Zerstörung im Zweiten Weltkrieg. Leipzig wird gehypt als das zweite Berlin. Aus Erfurt ist ein Schmuckstück geworden. In Jena explodieren die Immobilienpreise. Potsdam zieht die Schönen und Reichen an. Wismar, Schwerin und Rostock – jedes für sich ein Kleinod im Nordosten. Wer von Westen kommend in diese Städte fährt, der tut dies auf breiten Autobahnen und zuweilen überdimensionierten Umgehungsstraßen und sieht dabei Landschaften, die sich von den Umweltsünden der DDR prächtig erholt haben. Abends legt er sich in die Betten von Hotels, die meistens moderner sind als Hotels im Westen, weil deren Bau oder Modernisierung länger zurückliegen. Das alles gering zu schätzen, hieße, pathetisch gesprochen, das Leben gering zu schätzen. Der Zustand dieser und anderer Orte ist im Übrigen ein Hinweis darauf, dass der Osten den Umbruch im Ganzen gut bewältigt hat. Die 90er Jahre, als die neuen Länder mit Arbeitslosenquoten von nominal 25 Prozent und real 50 Prozent einem Notstandsgebiet glichen, sind vorüber – wenn auch um den Preis der anhaltenden Abwanderung gerade junger Menschen. Und noch etwas ist unübersehbar: Der Osten differenziert sich aus. Das boomende Chemnitz und der Speckgürtel um Berlin haben mit dem leer laufenden Mansfelder Land ebenso wenig zu tun wie mit der zwar schönen, aber wirtschaftlich darbenden Uckermark. Dieser Prozess wird weitergehen und sich wohl eher noch verstärken. Wie sagte der Journalist Sergej Lochthofen? »Der Osten ist jetzt eingetütet.« Ungeachtet all dessen sind die Probleme doch unübersehbar. Ja, es ist nicht falsch, zu sagen, die deutsche Vereinigung sei an zentralen Punkten mindestens optimierungsbedürftig. Wenn man böse sein wollte, könnte man auch sagen, sie sei in Teilen gescheitert. Darüber muss man reden dürfen, wenn es mit der Inneren Einheit langfristig noch etwas werden soll.

Unbestreitbar ist – Problem Nummer eins – der Unterschied in den ökonomischen Kennzahlen. Der Jahresbericht zum Stand der deutschen Einheit 2014 weist dies wie alle seine Vorgänger unmissverständlich aus. So lag das durchschnittliche Bruttoinlandsprodukt pro Einwohner im Ostdeutschland des Jahres 2013 bei 23 585 Euro; in Westdeutschland betrug es 35 391 Euro. Zwar verdoppelte sich die ostdeutsche Wirtschaftsleistung gegenüber dem Jahr 1991 von einem Drittel auf zwei Drittel der westdeutschen Wirtschaftsleistung. Dennoch erwirtschaftete der Durchschnittsostdeutsche 2013 eben nur 66,6 Prozent des Durchschnittswestdeutschen. Und das nicht, weil, wie die Ostbeauftragte der Bundesregierung, Iris Gleicke (SPD), zutreffend feststellt, die Ossis faul und doof sind. Vielmehr gibt es in den neuen Ländern weniger Industrie. Und die innovativen Abteilungen für Forschung und Entwicklung residieren bei den großen Konzernzentralen, die zu 95 Prozent im Westen stehen. Das ökonomische Gefälle wirkt sich auch steuerlich aus und prägt damit wesentlich die Handlungsfähigkeit des Ostens. So konnten die Ost-Länder ihre Ausgaben zuletzt nur zu rund 58 Prozent aus eigenen Steuereinnahmen decken; im Westen betrug diese sogenannte Steuerdeckungsquote über 75 Prozent. Das ökonomische Gefälle hinterlässt seinerseits soziale Spuren. Die durchschnittliche Arbeitslosenquote lag im Osten im Jahr 2013 bei 10,3 Prozent und im Westen bei 6 Prozent. Daraus folgt, dass die Ostdeutschen weniger Einkommen haben, weniger Vermögen akkumulieren und damit weniger an die nächste Generation weiterreichen können. Als Julia Friedrichs im Frühjahr 2015 ihr Buch *Wir Erben: Was Geld mit Menschen macht* publizierte, vermerkte sie darin auch, wer nicht oder kaum erbt: die Ostdeutschen. Der materielle Rückstand verschiebt sich in die nächste Generation.

Nun gibt es Einwände. Einer lautet: »Gut Ding will Weile haben.« Dazu muss man sagen: Gut Ding will in Deutschland sehr viel Weile haben. Denn während die ostdeutsche Wirtschaft Anfang der 90er Jahre um bis zu 13,3 Prozent pro Jahr wuchs und die westdeutsche Wirtschaft teilweise gar nicht oder sogar schrumpfte, sind die Wachstumskurven mittlerweile fast identisch. Verstetigt sich dieser Prozess, und alles deutet daraufhin, dann heißt das: Wenn die Ostwirtschaft derzeit lediglich zwei Drittel der Stärke der Westwirtschaft hat, dann kann unter diesen Umständen keine weitere Angleichung mehr stattfinden – oder allenfalls in sehr langen Zeiträumen. Der vormalige Ostbeauftragte der Bundesregierung, Wolfgang Tiefensee (SPD), benannte dafür im Herbst 2013 das Jahr 2100. Dann also, nach 110 Jahren, wäre die Einheit ökonomisch gesehen vollendet. Unrealistisch ist das keineswegs. Der Dialog der Regierungschefs von Sachsen-Anhalt und Baden-Württemberg beweist es.

Der andere Einwand lautet: »Auch im Westen gibt es Unterschiede.« Das stimmt. Es stimmt aber auch, dass das wirtschaftlich schwächste westdeutsche Bundesland Schleswig-Holstein vor zwei Jahren mit einem Bruttoinlandsprodukt pro Kopf von 27 684 immer noch über 3000 Euro vor dem stärksten ostdeutschen Bundesland Sachsen mit 24 226 Euro rangierte. Zwischen den Ostländern gibt es hingegen kaum nennenswerte ökonomische Differenzen. Mag sein, dass sich dieses Bild rascher ändert als das Ost-West-Gefälle insgesamt. Doch bis auf Weiteres existiert das Gefälle im Großen wie im Kleinen. Eine letzte Zahl mag den Unterschied verdeutlichen: Ein Durchschnittsbürger Mecklenburg-Vorpommerns erwirtschaftete im Jahr 2013 weit weniger als 50 Prozent dessen, was ein Durchschnittsbürger Hamburgs erwirtschaftete. Rezepte, wie dies zu verändern wäre, existieren nicht. Sie existieren auch deshalb nicht und können nicht existieren, weil die Herausforderung als solche gar nicht mehr offen formuliert wird. Die vorherrschende Meinung im Westen lässt das nicht mehr zu – wenn man auf Krisenregionen wie das Ruhrgebiet schaut, verständlicherweise. Klar ist den politisch Verantwortlichen lediglich, dass die neuen Länder auf unabsehbare Zeit die finanzielle Hilfe der alten Länder brauchen werden. Sonst sind Erstere nicht lebensfähig.

Das zweite zentrale Problem resultiert aus den eben beschriebenen, wird aber mit zunehmender Dauer und Schärfe zu einem Bremsklotz eigener Art: Es ist die Demografie. Zwar verlautete im Herbst 2013, die Abwanderung von Ost nach West sei gestoppt. Tatsache ist überdies, dass auch die westdeutsche Gesellschaft altert – und in einigen Regionen ähnlich stark wie in den Problemzonen des Ostens. Tatsache ist freilich ebenso, dass schon die Behauptung, die Abwanderung von Ost nach West sei gestoppt, so nicht zutrifft. Denn wie der Jahresbericht zum Stand der deutschen Einheit 2014 ausweist, ist dies allein »auf die Anziehungskraft der Hauptstadt zurückzuführen« (Seite 52). Nimmt man Berlin heraus, betrug der Wanderungssaldo zuletzt immer noch 10 500 Menschen. Unterm Strich ist und bleibt die Bevölkerungsentwicklung des Ostens seit 1989 desaströs. Von 1991 bis 2012 nahm die Zahl der Einwohner dort um 11 Prozent ab, Tendenz steigend. Der Anteil der Alten wächst unaufhörlich. Und in der Altersgruppe der 18- bis 29-Jährigen gibt es vielerorts über 25 Prozent mehr männliche als weibliche Einwohner. Die jungen Frauen sind besser ausgebildet und mobil und fallen als potenzielle Mütter für den Osten aus, was die Alterung der dortigen Gesellschaft zusätzlich beschleunigt. Im Wettbewerb um Fachkräfte droht Ostdeutschland somit erneut ins Hintertreffen zu geraten – zumal Löhne und Gehälter weiter um bis zu einem Viertel niedriger liegen. Es droht ein Teufelskreis. Dass die berühmt-berüchtigt gewordenen Patriotischen Europäer gegen die Islamisierung des Abendlandes (Pegida) ausgerechnet das zu verhindern trachten, was den neuen Ländern helfen könnte, Zuwanderung aus dem Ausland, ist fatal.

Das dritte wesentliche Problem Ostdeutschlands ist die Elitenbildung – und zwar die Elitenbildung in Ostdeutschland selbst
und die Elitenbildung in Gesamtdeutschland. Es ist auch das am
stärksten tabuisierte Problem. Oberflächlich betrachtet stellt sich
die Frage nach den Eliten nicht mehr, seitdem Joachim Gauck im
Jahr 2012 zum Bundespräsidenten aufstieg. Seither nehmen mit
Kanzlerin Angela Merkel und eben jenem Pfarrer aus Rostock
zwei Ostdeutsche die höchsten Positionen des Staates ein. Ein besseres Indiz dafür, dass Ostdeutsche es schaffen können, gibt es nicht.
Es widerspricht übrigens auch einem Klischee früher Tage, wonach sie zu harmoniebedürftig und damit durchsetzungsschwach
seien. Dennoch kam der Görlitzer Soziologe Raj Kollmorgen, ein-
samer Experte auf diesem Gebiet, noch 2012 zu dem Ergebnis, dass
Ostdeutsche mit ungefähr fünf bis neun Prozent der Eliteposi-
tionen bei einem Bevölkerungsanteil von rund 17 Prozent nur die
Hälfte der Führungspositionen besetzen, die sie besetzen müssten.
(*Berliner Zeitung*, 16.11.2012) Nur ein Bundeswehr-General komme aus dem Osten, hat er herausgefunden – und bloß zwei von
180 Dax-Vorständen. *Die Zeit* wiederum recherchierte 2013, dass
drei Viertel der leitenden Positionen in den ostdeutschen Lan-
desministerien anhaltend von Westdeutschen besetzt werden.
(*Die Zeit*, 26.9.2013) Noch immer ist es auch so, dass man bei
Betriebsbesichtigungen in ostdeutschen Unternehmen westdeutschen Geschäftsführern begegnet. Merkel und Gauck sind so gesehen für die Elitenbildung, was Autobahnen und sanierte Innenstädte für den Aufbau Ost insgesamt sind: optische Täuschungen.

Zweifellos ist die ostdeutsche Elitenbildung Folge des Trans-
formationsprozesses der 90er Jahre. Mit Vertretern der Ost-Eliten
konnte und sollte es nicht weitergehen. Zugleich kam die Einheit
gleichsam wie ein Gewitter über Deutschland. Es ging schnell.
Nicht zuletzt die Ostdeutschen wollten es ja schnell; sie am aller-
meisten. Umso mehr war man auf allen Ebenen von Politik, Verwaltung, Wirtschaft und Gesellschaft auf Menschen angewiesen,
die es schnell machen konnten. Das konnten nur Westdeutsche
sein. Somit war der Überhang von Westdeutschen in den Eliten
anfangs zwangsläufig. Zudem haben Eliten überall auf der Welt

die Neigung, sich aus sich selbst zu rekrutieren. Der Ministerpräsident von Baden-Württemberg, Winfried Kretschmann (Grüne), hat schließlich absolut recht, wenn er sagt: »Wenn man eine Ossi-Quote fordern würde, wären die Ossis erst mal beleidigt, dass sie immer noch nicht als normaler Bestandteil der Gesellschaft angesehen werden. Das ist eine Dialektik, aus der man ganz schlecht rauskommt. Alle haben beklagt, dass man von Ossis und Wessis redet. Aber wenn man darüber nicht mehr reden will, dann kann man auch die Quote nicht machen. Sonst müsste man dazu stehen und sagen: ›Wir sind Ossis und wollen an die Fleischtöpfe ran.‹« Ohnehin wird man für einen endgültigen Befund abwarten müssen, bis sich die Generation der westdeutschen Aufbauhelfer, die unbestreitbare Verdienste hat, ganz in den Ruhestand verabschiedet.

Auf jeden Fall ist die Schieflage bei der Elitenbildung aber von Übel. Dass Ostdeutsche in leitenden Positionen angemessen vertreten sind, ist eine Frage der Gerechtigkeit – so wie es auch bei Frauen oder Migranten eine Frage der Gerechtigkeit ist. Außerdem ist es eine Frage der Identifikation. Und zusammen genommen ist es eine der Demokratie. Denn Menschen, die in der DDR sozialisiert wurden, bringen andere Sichtweisen ein; viele Menschen, die im Ostdeutschland der Nachwendezeit sozialisiert wurden, tun dies ebenfalls noch. Erst wenn sie ihre Sichtweisen in diesem Land adäquat realisieren und es damit steuern können, werden sie sich vollständig mit ihm identifizieren. Das allerdings setzt voraus, dass sich die Ostdeutschen vor allem in politischen Parteien stärker engagieren, als sie es bisher tun. Denn in den Parteien werden die politischen Eliten gebildet, die über die Elitebildung in anderen Bereichen, die politischem Einfluss unterliegen, mitentscheiden.

Ein viertes und letztes Problem hängt mit Problem Nummer drei eng zusammen und betrifft die Deutungshoheiten, also die Meinungsmacht. Die landesweiten Debatten um Pegida oder das Örtchen Tröglitz, das sich gegen den Zuzug von Flüchtlingen wehrte und in dem eine Unterkunft brannte, zeigen dies. Man könnte die Ereignisse auch als Anpassungsverweigerung lesen.

Die deutsche Vereinigung war ja neben allem Politischen und Ökonomischen ein kultureller Prozess. Der Osten unterlag mal ausgesprochen und häufig unausgesprochen der Erwartung, sich auch im Denken anpassen zu sollen. Teil der Anpassungserwartung war, dass die Ostdeutschen das Credo einer weltoffenen Gesellschaft übernehmen. Genau diese Anpassungserwartung haben sie vielfach unterlaufen. Und in dem Maße, in dem sie sie unterlaufen haben, reagierten die Westdeutschen unverständig. Den Mechanismus hat Sachsen-Anhalts Ministerpräsident Reiner Haseloff (CDU) mit Blick auf Tröglitz treffend beschrieben. So zitierte ihn der in Sachsen geborene Mitteldeutschland-Korrespondent der *Süddeutschen Zeitung*, Cornelius Pollmer, in einer Tröglitz-Reportage indirekt mit den Worten, »in Nordrhein-Westfalen sei in der Vorwoche eine geplante Flüchtlingsunterkunft angezündet worden, und in den Hauptnachrichtensendungen sei davon keine Rede gewesen«. (*Süddeutsche Zeitung*, 20.3.2015) In Tröglitz schon. Pollmer selbst schreibt: »Ja, die Zivilgesellschaft des Ostens scheint weniger wehrhaft zu sein als die im Westen.« Er fügt dann jedoch hinzu: »Es gibt nachvollziehbare Gründe dafür. Dem Osten ist vor einem Vierteljahrhundert erst ein anderes Land übergestülpt worden. Es folgten herausfordernde Jahre, und wer sein komplettes Leben neu organisieren muss, der kommt nicht als Erstes auf die Idee, ein Begegnungscafé zu eröffnen oder sich für den Gemeinderat aufstellen zu lassen. Der Osten hat also weiterhin Nachholbedarf. Das eigentliche Problem aber berührt die Gesellschaft in Ost und West gleichermaßen. Die Übermacht des Egoismus verändert die Gesellschaft, das ist das Kernproblem.« (*Süddeutsche Zeitung*, 11.3.2015) Hier wird die westdeutsche Deutungshoheit in einem West-Medium gleich zweimal zurückgewiesen.

Kurz nach den Vorfällen in Tröglitz wurde eine Untersuchung bekannt, der zufolge die Ausländerfeindlichkeit in Sachsen-Anhalt bundesweit am größten sei – gefolgt von Bayern. Doch während mit Tröglitz, das in Sachsen-Anhalt liegt, all die für Ostdeutschland üblichen Assoziationsketten verbunden werden (autoritär geprägt, sozial schwach, das Zusammenleben mit Fremden nicht gelernt etc.), gilt Ausländerfeindlichkeit in Bayern wahlweise als Teil politischer Folklore oder als lässliche Sünde. Da können die betroffenen Ostdeutschen natürlich leicht auf die Idee kommen, es ginge auch ein bisschen gegen sie. Ja, unter Umständen muss die im Osten weiter verbreitete Fremdenfeindlichkeit sogar als eine versteckte Revolte gegen den westlich dominierten Common Sense interpretiert werden. Dies könnte die Pegida-Bewegung teilweise erklären, deren Absurdität ja darin bestand und besteht, dass sie gegen etwas Front macht, was es in den neuen Ländern überhaupt nicht gibt. So betrachtet wäre das Ganze eine Camouflage, hinter der sich die eigentliche Aussage verbirgt: »Wir haben uns 25 Jahre angepasst; und jetzt ist Schluss!« Der Ost-West-Dialog, das zeigt sich hier, funktioniert nicht gut.

All die Defizite schmälern die Fortschritte nicht, die es in Deutschland unbestreitbar gibt und die dieses Buch sichtbar werden lässt. So treten die Ostdeutschen selbstbewusster auf. Und die Westdeutschen hören aufgeschlossener zu. Die Ersteren haben das neue System nun intus. Und Letztere kommen nicht mehr mit der Keule des Verdachts, was ihr Gegenüber denn wohl früher getan habe. Die Ost-Frauen sind vielfach weiter. Und die West-Frauen können es einräumen. Zugleich werden die Perspektiven vielgestaltiger. Ein ostdeutscher Regisseur möchte sich nicht aufs Ostdeutsche reduzieren lassen. »Sein« westdeutscher Schauspieler hingegen möchte die Ost-West-Unterschiede nicht wegdiskutieren, obwohl Westdeutsche das sonst gern tun. Überhaupt ergeben sich mit neuen Generationen neue Sichtweisen. So will die junge Netzfeministin das Ostdeutsche so wenig unterschlagen wissen, wie die junge Post-Migrantin die Geschichte ihrer Vorfahren unterschlagen wissen will. Beide schauen ein wenig vom Rand auf dieses größer gewordene Deutschland und dadurch womöglich schärfer als andere. Kurzum: Es werden nicht mehr allein die bekannten deutsch-deutschen Schlachten geschlagen, sondern endlich auch mal die bis dato unbekannten. Es ging und geht gemeinsam vorwärts. Doch mit Verlaub: Das reicht nicht.

Die Einheit zu vollenden, wird jedenfalls nicht gelingen, wenn die Probleme auf dem Weg dorthin nicht weiter beharrlich benannt und bearbeitet werden. Auch dieser Gedanke sollte am Gedenktag Platz haben.

Anhang

Kurzbiografien

ANKE DOMSCHEIT-BERG wurde 1968 in Premnitz (Brandenburg) als Tochter einer Kunsthistorikerin und eines Arztes geboren und wuchs in Müncheberg auf. Nach dem Abitur studierte sie ab 1987 zunächst Textilkunst an der Fachschule für angewandte Kunst in Schneeberg und später internationale Betriebswirtschaft in Bad Homburg und Newcastle (England), wo sie mit dem Master abschloss. Nach ihrem Studium arbeitete Domscheit-Berg als Unternehmensberaterin bei Accenture und McKinsey sowie als Direktorin bei Microsoft. 2011 gründete sie die Unternehmen Fempower.me und Opengov.me. Domscheit-Berg hat mehrere Bücher geschrieben. Zuletzt erschien: *Ein bisschen gleich ist nicht genug! Warum wir von Geschlechtergerechtigkeit noch weit entfernt sind.* Sie lebt mit ihrem Mann, dem ehemaligen Wikileaks-Sprecher Daniel Domscheit-Berg, und ihrem Sohn in Fürstenberg/Havel.

ANDREAS DRESEN wurde 1963 in Gera (Thüringen) geboren und wuchs in Schwerin auf. Sein Vater ist der Theaterregisseur Adolf Dresen, seine Mutter die Schauspielerin Barbara Bachmann. Nach Abitur und Wehrdienst in der Nationalen Volksarmee der DDR arbeitete Dresen als Tontechniker am Theater Schwerin. 1985 und 1986 absolvierte er ein Volontariat im DEFA-Studio für Spielfilme. Darauf folgte bis 1991 ein Regiestudium an der Hochschule für Film und Fernsehen Potsdam-Babelsberg. Seit 1992 ist Dresen freier Autor und Regisseur. Nach seinem Debütfilm *Stilles Land* (1992) arbeitete er zunächst für das Fernsehen. Seit *Nachtgestalten* (1999) dreht er vor allem Kinofilme. Die bekanntesten sind *Halbe Treppe* (2002), *Sommer vorm Balkon* (2005), *Wolke 9* (2008) und *Halt auf freier Strecke* (2011). Der neueste Film *Als wir träumten* (2015) ist die Verfilmung des gleichnamigen Romans von Clemens Meyer. Dresen lebt in Potsdam und arbeitet regelmäßig mit dem Schauspieler Axel Prahl zusammen, mit dem er auch Musik macht.

RAINER EPPELMANN wurde 1943 als Sohn eines Zimmermanns und einer Schneiderin in Ost-Berlin geboren. Er ging zunächst in West-Berlin zur Schule, musste den Schulbesuch aber wegen des Mauerbaus 1961 abbrechen. In der DDR durfte Eppelmann kein Abitur machen, weil er nicht der FDJ angehörte. Da er den Dienst an der Waffe in der Nationalen Volksarmee verweigerte, wurde er zu acht Monaten Gefängnis verurteilt. Anschließend studierte Eppelmann evangelische Theologie, arbeitete als Pfarrer und veranstaltete in Berlin »Bluesmessen« für unangepasste Jugendliche. Zugleich engagierte er sich in der Friedensbewegung der DDR. Nach der Wende wurde Eppelmann Mitglied der Volkskammer, Minister für Abrüstung und Verteidigung der ersten frei gewählten Regierung der DDR unter Lothar de Maizière (CDU) und von 1990 bis 2005 CDU-Bundestagsabgeordneter. Er ist heute Vorstandsvorsitzender der Bundesstiftung zur Aufarbeitung der SED-Diktatur und lebt in Berlin.

ARNE FRIEDRICH wurde 1979 in Bad Oeynhausen (Nordrhein-Westfalen) geboren. Nach der Realschule absolvierte er eine kaufmännische Ausbildung und schloss mit der Fachhochschulreife ab. Von 1999 bis 2000 leistete Friedrich Zivildienst im Herz- und Diabeteszentrum Nordrhein-Westfalen. Danach war er Profi-Fußballer. Friedrich spielte für den SC Verl, zwei Jahre für Arminia Bielefeld in der Zweiten Bundesliga und ab 2002 für Hertha BSC in der Ersten Bundesliga. Dort blieb er bis 2010 und spielte noch drei Jahre für den VfL Wolfsburg und den Chicago Fire SC in der Major Soccer League der USA. Friedrich hatte 82 Einsätze in der Nationalmannschaft und nahm an den Weltmeisterschaften 2006 und 2010 teil. Dabei schoss er ein Tor beim WM-Viertelfinalspiel gegen Argentinien, das 4:0 ausging. 2011 endete seine Länderspielkarriere, 2013 seine aktive Fußballer-Laufbahn. Friedrich ist heute Co-Trainer der U-18-Nationalmannschaft und lebt in Berlin.

IRIS GLEICKE wurde 1964 in Schleusingen (Thüringen) geboren und ist Ingenieurin für Hochbau. 1990 gründete sie in ihrer Heimatstadt die SPD und zog im gleichen Jahr in den Bundestag ein, wo sie von 1994 bis 1998 Mitglied der Enquete-Kommission »Überwindung der Folgen der SED-Diktatur im Prozess der Deutschen Einheit« und Mitglied im Kuratorium der Bundeszentrale für politische Bildung war. Des Weiteren war Gleicke stellvertretende Fraktionsvorsitzende (1998 bis 2002), Parlamentarische Staatssekretärin bei Bundesminister Manfred Stolpe (2002 bis 2005) sowie Parlamentarische Geschäftsführerin (2005 bis 2013) und Sprecherin der Landesgruppe Ost der SPD-Bundestagsfraktion. Seit 2014 ist sie als Parlamentarische Staatssekretärin beim Bundesminister für Wirtschaft und Energie Beauftragte der Bundesregierung für die neuen Bundesländer. Gleicke ist evangelisch, hat einen Sohn und ist verheiratet. Sie lebt in Berlin und Schleusingen.

RAINALD GREBE wurde 1971 in Köln geboren und wuchs in einer evangelisch-bürgerlichen Familie in Frechen (Nordrhein-Westfalen) auf. Nach dem Abitur machte er Zivildienst in einer psychiatrischen Klinik in Bielefeld und zog von dort weiter nach Berlin. Von 1993 bis 1997 studierte Grebe an der dortigen Hochschule für Schauspielkunst Ernst Busch. Er schloss das Studium mit einem Diplom im Fach Puppenspiel ab und arbeitete ab 2000 als Dramaturg, Schauspieler und Regisseur am Theaterhaus in Jena. Seit mehreren Jahren ist Grebe überwiegend mit Solo-Programmen unterwegs, zuletzt unter anderem mit der Kapelle der Versöhnung und mit wachsendem Erfolg. Er tritt auch im Fernsehen auf. Am bekanntesten sind vielleicht seine Lieder über die sogenannten fünf neuen Bundesländer, allen voran »Brandenburg«. Grebe, der lange Zeit schwerpunktmäßig in Ostdeutschland engagiert war, lebt in Berlin und in der Uckermark.

REINER HASELOFF wurde 1954 in Bülzig bei Wittenberg (Sachsen-Anhalt) geboren. Sein Vater war Schlosser, seine Mutter Facharbeiterin. Haseloff studierte in Dresden und Berlin Physik und schloss 1978 mit dem Diplom ab. 1991 wurde er an der Berliner Humboldt-Universität promoviert. Der überzeugte Katholik trat 1976 in die Ost-CDU ein. Direkt nach der Wende engagierte er sich für die gesamtdeutsche CDU intensiv in der Kommunalpolitik, saß im Stadtrat und im Kreistag von Wittenberg, wurde 1990 zunächst stellvertretender Landrat des Landkreises und dann 1992 dort Direktor des Arbeitsamtes. Schließlich wechselte Haseloff in die Landespolitik, wurde Staatssekretär im Wirtschaftsministerium Sachsen-Anhalt und später Wirtschaftsminister. 2011 wurde er als Nachfolger Wolfgang Böhmers Ministerpräsident des Landes in einer großen Koalition aus CDU und SPD. Haseloff lebt in Wittenberg.

BENJAMIN-IMMANUEL HOFF wurde 1976 in Ost-Berlin geboren. Seine Eltern arbeiteten als Akademiker im DDR-Kultursektor. Er studierte von 1995 bis 2001 Sozialwissenschaften an der Humboldt-Universität Berlin, wo er auch promovierte und später lehrte. Hoff trat 1993 in die PDS ein und war von 2010 bis 2013 Bundessprecher des Forums Demokratischer Sozialismus, in dem sich die Reformer der Linken versammeln. Von 2006 bis 2011 war er Staatssekretär in der Senatsverwaltung für Gesundheit, Umwelt und Verbraucherschutz in Berlin. 2010 wurde er zum Honorarprofessor an der Alice-Salomon-Fachhochschule ernannt. Seit Dezember 2014 ist Hoff Chef der Thüringer Staatskanzlei und Minister für Kultur, Bundes- und Europaangelegenheiten. 2009 heiratete er die bayerische Psychologin Karin Hoff.

KARIN HOFF wurde 1977 in Kaufbeuren im Allgäu (Bayern) auf einem Bauernhof geboren und katholisch erzogen. Nach dem Abitur in Marktoberdorf studierte sie von 1996 bis 2001 Psychologie an den Universitäten von Saarbrücken, Trier sowie Sydney (Australien) und schloss mit dem Diplom ab. Von 2002 bis 2008 forschte Hoff in München und bildete sich zur Psychologischen Psychotherapeutin weiter. Sie promovierte 2004, arbeitete danach in der Psychiatrie am Uniklinikum Rechts der Isar in München und von 2008 bis 2010 in der Psychiatrie am Uniklinikum Dresden. Seit 2011 ist Hoff in der Psychiatrie der Charité im St. Hedwigkrankenhaus in Berlin beschäftigt. 2009 heiratete sie den Ost-Berliner Sozialwissenschaftler Benjamin-Immanuel Hoff. Die beiden haben zwei Kinder, die 2010 und 2011 geboren wurden, leben im Berliner Prenzlauer Berg und erwarteten zuletzt ihr drittes Kind.

MARGITTA HOLLICK wurde 1948 in Leipzig (Sachsen) geboren. Ihre Eltern Elisabeth und Hermann Luft waren Mitglieder der KPD und im kommunistischen Widerstand gegen den Nationalsozialismus aktiv. Nach dem Abitur war sie zunächst Chemiefacharbeiterin und studierte danach Chemie und Mathematik. Hollick arbeitete von 1971 bis 1978 als Lehrerin und anschließend als stellvertretende Schuldirektorin sowie Direktorin an Polytechnischen Oberschulen in Leipzig. Nachdem ihr 1992 gekündigt worden war, ließ sie sich zur Referentin für Bank- und Kreditwesen umschulen, klagte aber auf Weiterbeschäftigung als Lehrerin, gewann und war bis 2012 als Berufsschullehrerin tätig. Hollick trat 1967 der SED bei und blieb Mitglied sowohl der PDS als auch der Linken. Seit 1990 gehört sie dem Leipziger Stadtrat an. Bundesweites Aufsehen erregte Hollick 2014, als sie einen Leipziger NPD-Ratsherren als »Nazi« bezeichnete und dieser sie verklagte. Die Klage wurde abgewiesen.

PASCALE HUGUES wurde 1959 in Strasbourg (Frankreich) geboren und wuchs dort auf. Sie war von 1986 bis 1989 Korrespondentin der Tageszeitung *Libération* in Großbritannien, danach bis 1995 in Deutschland in Bonn und Berlin. Seit 1995 schreibt Hugues regelmäßig für das Wochenmagazin *Le Point* und verschiedene deutsche Zeitungen, unter anderem *die tageszeitung* und den *Tagesspiegel*. Daneben hat sie Filme für den deutsch-französischen TV-Sender Arte gedreht. Für den Film *L'est c'est fini* über ostdeutsche Jugendliche und den Text »In den Vorgärten blüht Voltaire« in ihrer *Tagesspiegel*-Kolumne »Mon Berlin« wurde Hugues jeweils mit dem Prix du journalisme franco-allemand in den Sparten Fernsehen und Presse ausgezeichnet. 2013 erschien ihr Buch *Ruhige Straße in guter Wohnlage. Die Geschichte meiner Nachbarn*. Sie lebt in Berlin, fährt aber mehrmals im Jahr in ihre französische Heimat.

IZABELLA JACHIMSKA wurde 1960 in der polnischen Hauptstadt Warschau geboren. 1985 absolvierte sie die Fakultät für Journalistik und Politische Wissenschaft an der Warschauer Universität. Nach dem Abschluss des Studiums war Jachimska zunächst als Reporterin bei der polnischen Tageszeitung *Express Wieczorny* in Warschau tätig. Seit 1990 arbeitet die Journalistin als Auslandskorrespondentin in Deutschland und versorgt polnische Leser mit wichtigen Informationen aus dem westlichen Nachbarland. Anfangs tat sie dies für die Zeitung *Super Express*, zurzeit ist sie für das Internetportal *onet.pl* aktiv. Jachimska ist Mitglied im Verein der Auslandspresse, der seinen Sitz in Berlin hat und dem die dort akkreditierten Auslandskorrespondenten angehören. Sie ist mit einem Deutschen verheiratet und lebt in Berlin, fährt aber mehrmals im Jahr in ihre polnische Heimat.

OLAF GEORG KLEIN wurde 1955 in Ost-Berlin geboren. Er studierte an der Humboldt-Universität Berlin evangelische Theologie mit den Schwerpunkten Philosophie und Psychologie und schloss 1984 mit dem Diplom ab. Anschließend arbeitete er bis 1985 an der Evangelischen Akademie Berlin-Brandenburg in der Erwachsenenbildung und wurde 1986 freier Autor. Seit 1991 ist Klein neben seiner Arbeit als Autor auch als Coach und Berater tätig. 1998 trat er dem Verein zur Verzögerung der Zeit bei, 2004 dem PEN-Zentrum Deutschland. Bekannt wurde Klein durch das 2001 veröffentlichte Buch *Ihr könnt uns einfach nicht verstehen. Warum Ost- und Westdeutsche aneinander vorbeireden*, das zum Bestseller avancierte. Darin seziert er die Kommunikation der Deutschen aus beiden Landesteilen und die daraus entstehenden Probleme. Klein lebt in Berlin.

ROBERT KOALL wurde 1972 als Sohn eines Richters und einer Übersetzerin in Köln (Nordrhein-Westfalen) geboren und machte dort Abitur. Anschließend studierte er zunächst einige Semester Jura, Neue deutsche Literatur, Geschichte und Philosophie an der Freien Universität Berlin, bevor er von 1995 bis 1998 als Assistent von Christoph Schlingensief tätig war. Danach wirkte Koall als Dramaturg am Deutschen Schauspielhaus in Hamburg, am Schauspielhaus Zürich und am Schauspiel Hannover. Seit 2009 ist Koall Chefdramaturg am Staatsschauspiel Dresden und war deshalb intensiv in die Auseinandersetzung um die islamfeindliche Bewegung Patriotische Europäer gegen die Islamisierung des Abendlandes verwickelt, aus der das Buch entstand: *Dresden. Ein Winter mit Pegida*. Aus der Auseinandersetzung um Pegida rührt auch der enge Kontakt mit dem Direktor der Sächsischen Landeszentrale für politische Bildung, Frank Richter. Koall lebt in Dresden.

RENATE KÖCHER wurde 1952 in Frankfurt am Main (Hessen) geboren. Sie studierte Volkswirtschaftslehre, Soziologie und Publizistik an den Universitäten Mainz und München und promovierte 1985 zur »Berufsethik von deutschen und britischen Journalisten«. 1977 begann Köcher als wissenschaftliche Mitarbeiterin am seit 1947 existierenden Institut für Demoskopie Allensbach, das damit auch das älteste Meinungsforschungsinstitut in Deutschland ist, und wurde 1980 Projektleiterin. 1988 trat sie an der Seite der Begründerin des Instituts, Elisabeth Noelle-Neumann, in dessen Geschäftsführung ein. Seit 2010 ist Köcher alleinige Geschäftsführerin. Sie ist Mitglied mehrerer Aufsichtsräte bedeutender Unternehmen wie etwa Allianz und BMW, gehört zahlreichen Kuratorien von Stiftungen wie dem der Robert-Bosch-Stiftung an und schreibt analytische Texte für diverse Zeitungen. Köcher lebt in Konstanz.

WINFRIED KRETSCHMANN wurde 1948 in Spaichingen (Baden-Württemberg) geboren und wuchs in einem liberalen katholischen Elternhaus auf. Seine Eltern stammten aus dem Ermland (heute Polen). Kretschmann studierte an der Universität Hohenheim Biologie und Chemie für das Lehramt an Gymnasien. Er war Mitglied der katholischen Studentenverbindung Carolingia und der Hochschulgruppe des Kommunistischen Bundes Westdeutschland, nannte Letzteres aber später einen »fundamentalen politischen Irrtum«. Nach dem Studium war Kretschmann an Gymnasien als Lehrer tätig, zuletzt als Oberstudienrat mit den Fächern Biologie, Chemie und Ethik. Er gehörte in den 70er Jahren zu den Mitbegründern der Grünen und streitet sich zuweilen mit deren linkem Flügel. 2002 wurde Kretschmann Vorsitzender der

Grünen-Fraktion im baden-württembergischen Landtag und 2011 dort erster grüner Ministerpräsident. Er lebt in Sigmaringen.

AXEL KRUSE wurde 1967 in Wolgast (Mecklenburg-Vorpommern) geboren und wuchs dort auf. Bei Dynamo Wolgast und Motor Wolgast begann er mit dem Fußball. 1981 entdeckte ihn Hansa Rostock. Kruse ging in das Jugendinternat des Vereins und wurde mit 18 Jahren Mitglied der Profimannschaft in der DDR-Oberliga. 1989 setzte er sich bei einem Auswärtsspiel in der dänischen Hauptstadt Kopenhagen ab. Kruse spielte anschließend bei Hertha BSC, Eintracht Frankfurt, dem VfB Stuttgart und dem FC Basel in der Schweiz. Er war Teil mehrerer Jugend-Nationalmannschaften der DDR und besuchte 1992 einen Sichtungslehrgang der gesamtdeutschen A-Nationalmannschaft unter Trainer Berti Vogts. 1998 beendete Kruse seine Fußballer-Karriere, ließ aber von 1999 bis 2003 eine zweite Karriere im American Football folgen. Heute ist er Geschäftsführer der Film- und Fernsehproduktionsfirma Farbfilm Media GmbH. Kruse lebt in Kleinmachnow bei Berlin.

HARALD KUJAT wurde 1942 im westpreußischen Mielke (heute Polen) geboren. Er ist in der Nähe von Hannover aufgewachsen, ging in Kiel zur Schule und legte dort auch das Abitur ab. Nach Eintritt in die Bundeswehr 1959 war Kujat Personaloffizier sowie persönlicher Mitarbeiter der Verteidigungsminister Helmut Schmidt und Georg Leber. Von 1975 bis 1977 absolvierte er die Generalstabsausbildung an der Führungsakademie der Bundeswehr. 1980 wurde Kujat sicherheitspolitischer Berater der Bundeskanzler Helmut Schmidt und Helmut Kohl, 1998 Leiter des Planungsstabes des Verteidigungsministeriums und 2000 Generalinspekteur der Bundeswehr. In dieser Funktion wurde er von den Generalstabschefs der Nato-Mitgliedstaaten zum Vorsitzenden des Nato-Militärausschusses gewählt und leitete das höchste militärische Amt des Bündnisses von 2002 bis 2005. Kujat trat 2005 in den Ruhestand und lebt im Norden von Brandenburg.

ESRA KÜCÜK wurde 1983 in Hamburg als Tochter eines türkischen Vaters und einer mazedonischen Mutter geboren. Dort wuchs sie auch auf. Nach dem Abitur studierte Kücük Sozialwissenschaften und absolvierte ein deutsch-französisches Doppeldiplom an der Westfälischen Wilhelms-Universität Münster und am Institut d'Etudes Politiques in Frankreich. Anschließend erwarb sie den M.A. in European Studies in den Niederlanden. In ihren Arbeiten beschäftigte sich Kücük mit der deutschen und europäischen Migrationspolitik. Ihr letztes Forschungsprojekt widmete sich politischen Meinungsführern innerhalb der türkischen Diaspora. Nachdem Kücük einige Arbeitserfahrungen in der Deutschen Gesellschaft für Auswärtige Politik sammelte, arbeitet sie seit Anfang 2010 für die Stiftung Mercator und gründete dort die Junge Islam Konferenz mit: ein Dialogforum für junge Muslime und Nicht-Muslime zwischen 17 und 25 Jahren. Kücük lebt in Berlin.

SERGEJ LOCHTHOFEN wurde 1953 in der Gulag-Stadt Workuta im Norden Russlands als Sohn eines inhaftierten deutschen Emigranten und der Tochter eines verbannten russischen Revolutionskommissars geboren. Als Fünfjähriger übersiedelte er in die DDR und besuchte eine russische Garnisonsschule. 1970 ging er auf eine Kunstschule in Simferopol, Krim. 1971 bis 1973 volontierte Lochthofen, studierte anschließend Journalistik in Leipzig, war von 1977 bis 1990 Nachrichtenredakteur bei der Erfurter SED-Zeitung *Das Volk*, wurde nach einer geheimen Wahl 1990 Chefredakteur der *Thüringer Allgemeine* und blieb es bis 2009. Er trat regelmäßig im ARD-Presseclub auf. Seit 2012 ist Lochthofen freier Autor. 2012 veröffentlichte er das dokumentarische Buch *Schwarzes Eis* – eine Familiengeschichte aus der Zeit des stalinistischen Terrors. 2014 folgte *Grau*, eine Lebensgeschichte aus einem untergegangenen Land. Lochthofen lebt in Erfurt.

HUGO MÜLLER-VOGG wurde 1947 in Mannheim (Baden-Württemberg) geboren. Nach dem Abitur war er Zeitsoldat bei der Bundeswehr. Er schloss das Studium der Volkswirtschaftslehre und

Politischen Wissenschaft in Mannheim als Diplom-Volkswirt ab und promovierte dort 1978. Müller-Vogg volontierte parallel zum Studium beim *Mannheimer Morgen*, wurde Redakteur und wechselte 1977 zur *Frankfurter Allgemeinen Zeitung*. Später wurde er FAZ-Korrespondent in Düsseldorf und New York. Von 1988 bis 2001 war er Mitherausgeber der *FAZ*. Seit 2001 schreibt Müller-Vogg als freier Journalist unter anderem für die *Welt am Sonntag*, *Bild*, *Superillu* und ist häufig Gast in Talkshows. Er hat zahlreiche Bücher geschrieben, darunter zwei Gesprächsbände im Jahr 2004: mit der CDU-Vorsitzenden Angela Merkel und mit Bundespräsident Horst Köhler. Sein neustes Buch lautet: *Jedes Volk hat die Regierung, die es verdient*. Müller-Vogg lebt in Berlin und Bad Homburg.

AXEL PRAHL wurde 1960 in Eutin geboren und wuchs in Neustadt (Schleswig-Holstein) auf. Seine Mutter war Verkäuferin, der Stiefvater beim Arbeitsamt beschäftigt. Der leibliche Vater kam aus Ost-Berlin. Nach dem Abitur studierte Prahl fünf Semester Musik und Mathematik an der Pädagogischen Hochschule Kiel. Von 1982 bis 1985 folgte ein Schauspielstudium in Kiel. Danach war er zunächst am Schleswig-Holsteinischen Landestheater tätig, anschließend in Berlin am Renaissance-Theater, am Grips-Theater sowie an den Kammerspielen des Deutschen Theaters und machte parallel Musik. Die Zusammenarbeit mit dem Film-Regisseur Andreas Dresen war für Prahl prägend. Er besetzte ihn in *Nachtgestalten* (1999), *Die Polizistin* (2000), *Halbe Treppe* (2002) und *Willenbrock* (2005). Seit 2002 ermittelt Prahl gemeinsam mit Jan Josef Liefers im Münster-*Tatort*. Er lebt in Berlin.

LUTZ RATHENOW wurde 1952 in Jena (Thüringen) geboren. Er studierte Geschichte und Deutsch. 1973 gründete Rathenow in Jena den Arbeitskreis Literatur und Lyrik, der 1975 verboten wurde. 1977 wurde er aus politischen Gründen kurz vor Abschluss des Studiums exmatrikuliert und arbeitete danach als Transportarbeiter und Beifahrer. 1978 zog Rathenow nach Ost-Berlin. Er lancierte Informationen über die sogenannte Prenzlauer-Berg-Szene in westdeutschen Medien und wurde 1980 nach der West-Veröffentlichung des Buches *Mit dem Schlimmsten wurde schon gerechnet* verhaftet. Nach drei Monaten wurde das Verfahren wegen zahlreicher Proteste eingestellt. Rathenow arbeitete danach konspirativ und zunehmend gegen die DDR weiter. Nach deren Ende tat er sich als Kinderbuchautor und Kolumnist hervor. Seit 2011 ist Rathenow Sächsischer Landesbeauftragter für die Stasi-Unterlagen. Seine eigene Akte hat 15 000 Seiten. Er lebt in Berlin.

FRANK RICHTER wurde 1960 in Meißen (Sachsen) geboren. Nach dem Abitur studierte er katholische Theologie in Erfurt und Neuzelle und wurde 1987 zum Priester geweiht. Als Mitglied der »Gruppe der 20« nahm er an der Friedlichen Revolution in der DDR teil. Weil Richter heiraten wollte, ließ er sich 2005 laisieren und ging zur Altkatholischen Kirche, für die er 2006 und 2007 als Pfarrer im hessischen Offenbach tätig war. 2009 wurde Richter Direktor der Sächsischen Landeszentrale für politische Bildung. Er hat sich seither immer wieder als Vermittler engagiert, so im Streit um das Gedenken an die Bombardierung Dresdens 1945 oder die Unterbringung von Flüchtlingen. Besondere Aufmerksamkeit fand seine Vermittlung im Konflikt um die islamfeindliche Bewegung Patriotische Europäer gegen die Islamisierung des Abendlandes (Pegida), aus der auch der enge Kontakt mit dem Dramaturgen am Staatsschauspiel Dresden, Robert Koall, rührt. Richter lebt in Dresden.

BERND RIEXINGER wurde 1955 in Leonberg bei Stuttgart (Baden-Württemberg) geboren. Seine Eltern waren Arbeiter. Riexinger wurde nach der Haupt- und Handelsschule zum Bankkaufmann ausgebildet. Danach arbeitete er bis 1980 in diesem Beruf. Von 1980 bis 1990 war er freigestellter Betriebsrat bei der Leonberger Bausparkasse, von 1991 bis 1998 wirkte er in der Landesleitung Baden-Württemberg der Gewerkschaft Handel, Banken und Versicherungen, ab 1998 als deren Geschäftsführer. Nach Gründung der Gewerkschaft Verdi wurde Riexinger Geschäftsführer im Verdi-Bezirk Stuttgart. Er verweigerte den Wehrdienst, war aktives Mitglied der Jugendzentrums- und Lehrlingsbewegung und zehn Jahre Landesvorsitzender des Bundes Deutscher

Pfadfinder, einem linksdemokratischen Jugendverband. Er war außerdem Mitbegründer der Wahlalternative Arbeit und Soziale Gerechtigkeit (WASG) und deren gewählter Landesvorsitzender, danach war er Landesvorsitzender der Linken. 2012 wurde Riexinger gemeinsam mit Katja Kipping und im Zuge einer innerparteilichen Ost-West-Auseinandersetzung überraschend zum Vorsitzenden der Linkspartei gewählt und 2014 im Amt bestätigt. Er lebt in Stuttgart und Berlin.

GESINE SCHWAN wurde 1943 als Tochter des Volksschullehrers und späteren Oberschulrates Hans R. Schneider in Berlin geboren. Die Eltern gehörten im Nationalsozialismus zu protestantischen und sozialistischen Widerstandskreisen. Schwans Mutter Hildegard engagierte sich später in der Frauen- und Friedensbewegung. Gesine Schwan studierte Romanistik, Geschichte, Philosophie und Politikwissenschaft, promovierte und habilitierte sich und war danach lange als Professorin für Politikwissenschaft an der Freien Universität Berlin tätig. 1999 wurde sie Präsidentin der Europa-Universität Viadrina in Frankfurt an der Oder und blieb es bis 2008. Schwan engagierte sich jahrelang in der SPD, rieb sich aber auch an ihr, so etwa an der Entspannungspolitik der 80er Jahre. 2004 und 2009 wurde sie von der SPD und den Grünen jeweils für das Amt der Bundespräsidentin nominiert. Schwan lebt in Berlin.

STEFAN VESPER wurde 1956 in Düsseldorf (Nordrhein-Westfalen) geboren. Nach dem Zivildienst in einem Jugendheim studierte er Geschichte und Katholische Theologie in Köln und Bonn. Nach dem Referendariat und dem Zweiten Staatsexamen war Vesper von 1987 bis 1995 und von 1998 bis 1999 Pädagogischer Mitarbeiter am Katholisch-Sozialen Institut der Erzdiözese Köln in Bad Honnef. 1992 promovierte er mit einer Arbeit zu den »Herausforderungen und Chancen katholisch-sozialer Erwachsenenbildung am Beispiel des konziliaren Prozesses für Gerechtigkeit, Frieden und Bewahrung der Schöpfung« zum Dr. phil. Später nahm Vesper einen Lehrauftrag am Seminar für Katholische Theologie der Universität Köln im

Bereich Religionspädagogik über »Umweltethik lehren und lernen« wahr. Seit 1999 ist er Generalsekretär des Zentralkomitees der deutschen Katholiken, in dem die Laien unabhängig von der Amtskirche organisiert sind. Vesper lebt in Bad Honnef.

HANS-ECKARDT WENZEL wurde 1955 in Kropstädt (Sachsen-Anhalt) geboren und wuchs in Wittenberg auf. Sein Vater war Kunstlehrer. Wenzel studierte von 1976 bis 1981 an der Humboldt-Universität Berlin Kulturwissenschaften und Ästhetik und gründete 1976 das Liedertheater Karls Enkel, das 1985 aufgelöst wurde. Seit 1981 arbeitet er als Autor, Sänger, Schauspieler und Regisseur. Von 1979 bis Ende der 90er Jahre arbeitete Wenzel eng mit dem Schauspieler, Sänger und Autor Steffen Mensching zusammen, mit dem er zahlreiche Bühnenprogramme, meist hintergründig-philosophische Clownsstücke, zusammenstellte und aufführte, so etwa: »Hammer=Rehwü« und »Neues aus der Da Da eR«. Wenzel vertonte unter anderem Woody Guthrie und Theodor Kramer und bekam zahlreiche Preise, so den Johannes-R.-Becher-Preis (1978) und zweimal den Deutschen Kleinkunstpreis (1991 und 2002). Er lebt in Berlin und Mecklenburg-Vorpommern.

ANNE WIZOREK wurde 1981 in Rüdersdorf (Brandenburg) geboren. Ihre Mutter ist Maschinenbau-Ingenieurin, ihr Vater Diplom-Chemiker. Nach dem Abitur studierte Wizorek Neuere Deutsche Literatur und Skandinavistik an der Freien Universität und der Humboldt-Universität Berlin. Seit 2008 twittert sie unter @marthadear, 2011 organisierte sie die Online-Konferenz re:publica mit, seit 2013 betreibt sie den Blog *Kleinerdrei.org*. Bekannt wurde Wizorek, als sie unter dem Hashtag *#Aufschrei* eine Internetkampagne gegen Sexismus organisierte. Der *#Aufschrei*, der mit dem Grimme Online Award ausgezeichnet wurde, fiel zusammen mit der Debatte über die Äußerung des FDP-Politikers Rainer Brüderle zu einer *Stern*-Reporterin (»Sie können ein Dirndl auch ausfüllen«). Wizorek publizierte 2014 das Buch *Weil ein #Aufschrei nicht reicht* und arbeitet als Digital Media Consultant und Speakerin. Die Feministin lebt, wie sie schreibt, »im Internet und in Berlin«.

Dank

Ich danke allen Gesprächspartnern fürs Mitmachen. Besonders danke ich Karin und Benjamin-Immanuel Hoff für ihre Offenheit, auch über vergleichsweise persönliche Dinge zu sprechen.

Ich danke dem Fotografen Markus Wächter dafür, dass er immer recht kurzfristig und trotzdem verlässlich zur Stelle war.

Ich danke Johanna Links, Christoph Links, Edda Fensch und Anne-Sophie Schmidt für die schöne Zusammenarbeit.

Ich danke Jochen Loreck für Hinweise und Kritik.

Und ich danke meiner Liebsten Christiane Biedermann fürs Gegenlesen und Mitdenken.

Zum Autor

Markus Decker

Markus Decker, 1964 geboren, Studium der Politikwissenschaft, Soziologie und Romanistik in Münster und Marburg; ab 1994 Redakteur in Lutherstadt Wittenberg und Halle, seit 2001 Berliner Parlamentskorrespondent für die *Mitteldeutsche Zeitung* und den *Kölner Stadt-Anzeiger*, seit 2012 auch für die *Berliner Zeitung* und die *Frankfurter Rundschau* sowie seit 2015 für den *Weser-Kurier*; 2006 erhielt Decker den Journalistenpreis Münsterland für einen autobiografischen Text über seine Eltern. Zuletzt erschien sein Buch *Zweite Heimat. Westdeutsche im Osten* (Ch. Links, 2014). Er lebt in Berlin.

Markus Decker

Zweite Heimat

Westdeutsche im Osten

2., überarbeitete Auflage
240 Seiten, Broschur
ISBN 978-3-86153-798-4
18,00 € (D); 18,50 € (A)

»Was dieses Buch so lesenswert macht, sind die offenherzig dargestellten Geschichten der Protagonisten. (...) In erfrischendem Reportage-Stil schreibt Decker über Erwartungen, erfüllte wie unerfüllte, Begeisterung über das neue Leben, aber auch Enttäuschungen und die Erkenntnis, dass das ›Abenteuer Ost‹ nicht zwangsläufig glücklich enden muss.«

Das Parlament

»Deckers Buch, das viele einzelne Erfahrungen aus Ost und West versammelt, ist ein Zeitzeugnis – dafür, dass die Deutschen wenigstens versuchen ein Volk zu werden.«

titel, thesen, temperamente (ARD)

www.christoph-links-verlag.de